深圳律师实务丛书

企业知识产权合规实务与指引

主　编　孙大勇

副主编　赵　龙　王海风　张　勇

QIYE ZHISHICHANQUAN HEGUI SHIWU YU ZHIYIN

法律出版社

LAW PRESS · CHINA

北京

图书在版编目(CIP)数据

企业知识产权合规实务与指引 / 孙大勇主编 ; 赵龙，王海风，张勇副主编. -- 北京 : 法律出版社，2023
(深圳律师实务丛书)
ISBN 978 -7 -5197 -7496 -7

Ⅰ. ①企… Ⅱ. ①孙… ②赵… ③王… ④张… Ⅲ. ①企业—知识产权—研究—中国 Ⅳ. ①D923.404

中国国家版本馆 CIP 数据核字(2023)第 010388 号

企业知识产权合规实务与指引
QIYE ZHISHI CHANQUAN HEGUI SHIWU YU ZHIYIN

孙大勇 主 编
赵 龙 王海风 张 勇 副主编

责任编辑 朱轶佳
装帧设计 汪奇峰 鲍龙卉

出版发行 法律出版社
编辑统筹 司法实务出版分社
责任校对 王晓萍 王语童
责任印制 胡晓雅
经 销 新华书店

开本 710 毫米×1000 毫米 1/16
印张 22.5 **字数** 392 千
版本 2023 年 3 月第 1 版
印次 2023 年 3 月第 1 次印刷
印刷 三河市龙大印装有限公司

地址:北京市丰台区莲花池西里 7 号(100073)
网址:www.lawpress.com.cn
投稿邮箱:info@lawpress.com.cn
举报盗版邮箱:jbwq@lawpress.com.cn

销售电话:010 -83938349
客服电话:010 -83938350
咨询电话:010 -63939796

书号:ISBN 978 -7 -5197 -7496 -7
定价:82.00 元

深圳律师实务丛书
编委会

本书编委会

主　　编：孙大勇

副 主 编：赵　龙　王海风　张　勇

编委会成员（以姓氏笔画为序）：

朱刘飞　许秋霞　李海霞

孟　海　徐　瑞　熊　静

撰 稿 人（以姓氏笔画为序）：

卜　韬　王宣玲　邓宏昌

刘孝璇　刘芸芸　肖寒梅

李雪雁　陈　盼　周　蓉

周　芮

审　　校：徐　瑞

朱刘飞

大成律师事务所合伙人、知识产权部副主任、电子竞技与网络游戏法律专业委员会副主任。为互联网、高新技术及文化传媒等领域的众多中国知名企业提供法律服务，不限于合规管理、投融资等相关法律服务。擅长互联网及文化传媒领域的商标、著作权、不正当竞争、商业秘密等相关领域的纠纷解决。

电子邮箱：liufei.zhu@dentons.cn

许秋霞

大成律师事务所律师，毕业于深圳大学，专注于知识产权领域法律服务，现任深圳市律师协会第十一届著作权法律专业委员会委员，为阿里巴巴集团等企业提供知识产权法律服务，所承办案例曾被深圳市律师协会评选为“深圳律师承办商标权十大典型案例”“深圳律师承办著作权十大典型案例”。

电子邮箱：qiuxia.xu@dentons.cn

李海霞

大成律师事务所合伙人，孙中山纪念会（香港总会）法律委员会主任，一带一路联盟律师成员，深圳市律师协会第十一届基金期货法律专业委员会干事。专注提供知识产权（含行政查处、刑事取缔和民事诉讼等）一站式法律服务，擅长商标、不正当竞争和信息网络传播权领域诉讼与维权。为探鱼、OPPO、天威视讯、威尼斯酒店、VOOPOO、YOOZ等国内外客户提供过法律服务。

电子邮箱：haixia.li@dentons.cn

本书编委会成员介绍

孟　海

中国人民大学法学硕士，深圳市律师协会信息网络法律专业委员会副主任，海南国际仲裁院仲裁员，深圳市知识产权专家库专家、广东（深圳）商业秘密保护基地专家。擅长知识产权诉讼、数据与信息网络治理、民商事争议解决。曾公开发表《知识产权案件的多元化纠纷解决机制初探》等多篇论文。

徐　瑞

法学博士，前法官，中国工经联知识产权委副主任。已从事法律工作17年，处理民商事纠纷案件3000余起，具备丰富的诉讼工作经验。以专业优势及团队协作，通过尽职调查、法律风险预警，亦综合运用调解、仲裁裁决和专家意见、司法诉讼等各种方法，为企业提供完善的法律解决方案。

熊　静

大成律师事务所律师，已专职从事知识产权相关法律工作逾17年。先后在深圳多家知名的专利代理机构及律师事务所专职从事知识产权、商业秘密、不正当竞争、技术许可、技术转让等领域的申报、确权及争议解决工作。

电子邮箱：jing.xiong@dentons.cn

卜　韬

大成律师事务所律师，美国代顿大学法学院法律博士（J.D.）及法学硕士（LL.M.），擅长领域为知识产权、跨境争议解决等。曾处理过大量涉外知识产权侵权诉讼和解谈判业务，对美国法及涉外争议解决有深刻理解。

电子邮箱：tao.bu@dentons.cn

王宣玲

拥有法律职业资格及专利代理人资格。2005年毕业于山东大学通信工程专业，曾在华为从事技术研发工作，后转做专利工作，先后在九阳股份和文鼎创数据科技公司从事企业知识产权管理近十年，积累了较丰富的专利工作经验。

邓宏昌

律师、英国皇家特许测量师（MRICS）、深圳市创业导师及深圳市福田区人民法院调解员。毕业于香港理工大学、北京建筑大学及北京航空航天大学。曾入选深圳市涉外律师新锐人才，专注于涉外知识产权、证券及股权投融资领域，代理的案件多次荣获“广东省商业秘密保护大事件”“深圳律师承办知识产权十大典型案例”等专业奖项。

刘孝璇

大成律师事务所律师，大成中国区IP专业委员会委员。专业从事知识产权类（含商标、专利、版权、不正当竞争、商业秘密等）、公司类、民商事争议和劳动争议类纠纷解决法律服务。代理的案件曾获得“2019年度深圳律师承办知产十大典型案例”“大成律所2020年度最佳项目案例”“2020年度大成知产十佳商标诉讼案例”“2021年度全国中小企业权益保护十大典型案例”等奖项。

刘芸芸

硕士研究生，律师、专利代理师，深圳市律师协会专利法律专业委员会委员。在专利纠纷、商业秘密纠纷领域具有丰富的执业经验。

本书撰稿人介绍

肖寒梅

硕士研究生，拥有民商法、知识产权法、刑法等多方向法律背景。曾担任国企在内的多家企业的常年法律顾问，处理了大量民商事、知识产权诉讼纠纷及知识产权专项维权、尽职调查、行政投诉、上市公司破产重整、国企市场化重组等非诉专项，尤其在互联网行业、传统制造业和政府投融资平台等方向诉讼和非诉经验丰富。

李雪雁

西南政法大学法学硕士（知识产权方向），曾任北京大成（深圳）律师事务所实习律师，现为互联网科技公司法务工作者。

陈　盼

大成律师事务所律师，毕业于西南政法大学，获知识产权法学硕士学位。现任深圳市律师协会信息网络法律专业委员会委员。2016年3月进入北京大成（深圳）律师事务所工作至今，主要为互联网游戏、直播、电商、动漫、娱乐等行业内公司或个人提供常年法律顾问服务、企业合规专项服务以及其他各类民商事诉讼服务。

电子邮箱：pan.chen@dentons.cn

周　蓉

大成律师事务所律师、专利代理师。从业10年，曾为周大福、TCL公司、Ubiquiti Networks，Inc.、MAYO CLINIC、森科、Amtel Cellular Sdn.Bhd.、招商证券等国内外知名客户提供知识产权法律服务。代理的多件知识产权案件分别获得广东省和深圳市典型案例奖，曾接受广东电视台的采访。被评为“2021-2022年度粤港澳大湾区40位知识产权新锐人物”。

电子邮箱：rong.zhou@dentons.cn

周　芮

大成律师事务所律师、专利代理师、专利信息分析专业人员（中级）、深圳市律师协会专利法律专业委员会委员兼秘书长。工学和法学学士，西南政法大学法律硕士在修。具有多年中外合资企业法务、专利代理师及律师经验，曾处理多个知识产权大型项目及疑难纠纷，擅长公司运营合规、风险管理及各类知识产权纠纷处理。

电子邮箱：zhourui@dentons.cn

践行初心使命　回归专业发展

律师行业如何专业化发展是个常谈常新的问题。作为社会分工精细化的必然产物，律师业务专业化发展是法律服务适应市场发展的内在要求，也是一种国际趋势。随着新技术、新模式、新业态的快速发展，律师从业环境不断变化，法律服务市场的竞争日益激烈，只有走专业化发展道路，才可能提高服务质量，寻求更好发展。专业化道路的探索不易，必将经历一些困局，那么如何打破这些困局，摸索破局之道呢？呈现在眼前的这套“深圳律师实务丛书”为我们提供了重要的世界观与方法论，这其中记载的逻辑思路、办案细则，为提供高质量专业法律服务创造了可能。

律师行业的专业化首先需要律师个人花费更多的心血研读专业书籍，花费更多的精力掌握本专业的实践知识。本套丛书大量采用以案释法的方式，锁定实务中存在的痛点，运用综合的法律视野，结合实际办案经验，精准实现了理论与实践的融合，知行合一，极大地提高了律师个人提升专业素养的效率，为实现律师行业专业化发展奠定了广泛的人才基础。

律师行业专业化还需要创新业务领域，追求多方面发展。开放的市场经济需要律师行业的专业化发展，但同时也会带来新的问题，产生实务领域上的法律业务空白，制约律师行业的专业化发展。本套丛书先行先试，勇于破冰探路，在前人著书立说尚少之处积极探索，紧密结合理论与实践需求，有针对性地阐明各类实务问题，通过全面深入地论证分析，在一定程度上填补了相关领域实务方面的空白。

深圳目前正处于“双区”驱动、“双区”叠加、“双改”示范及建设中国特色社会主义法治先行示范城市的重大历史时期，深圳律师应当树立终身学习理念,实现专业知识与市场需求相匹配;紧握行业动向,创新法律服务领域及模式;抢抓历史机遇,充分了解法治环境政策,实现专业化深耕,为深圳社会主义法治建设做贡献。

蒋小文

深圳市司法局党委书记、局长

2023 年 1 月 9 日

回归专业　潜心钻研
促进高质量发展

斗转星移,继往开来。深圳市律师协会自2012年启动“深圳律师实务丛书”(以下简称丛书)出版工作以来,至今已出版实务专著37部,内容涵盖诸多专业领域,全面展现了深圳律师业务的研究成果和实务经验,已成为深圳市律师协会推进行业专业化建设的品牌项目。

鼓励和引导律师著书立说是深圳市律师协会推动律师专业化的一项长期性的重点工作。丛书旨在充分发挥深圳市律师协会的业务指导作用,通过鼓励深圳律师和深圳市律师协会各专业委员会撰写实务专著,可以有效提升律师业务水平,增强律师业务能力,保证律师服务质量,以专业引领和成果共享助推深圳律师行业高质量发展。

本套丛书凝集着深圳律师的心血与经验,展现了深圳律师的专业水平。本套丛书在律师业务的众多领域,汇集了深圳律师的业务成果,总结了深圳律师的执业经验,体现了深圳律师的专业能力,彰显了深圳律师的职业精神。这一本本专著必将成为深圳律师专业化发展史上一颗颗璀璨的明珠,永远镶嵌在深圳律师专业化发展的史册上。

2023年是全面贯彻落实党的二十大精神的开局之年,深圳律师要深学细悟笃行党的二十大精神,让党的二十大精神在深圳律师行业落地生花,要以习近平法治思想为指引,大兴专业研究之风,切实回归专业,潜心研究,深挖专业和实务问题,以高品质的法律服务保障行业的高质量发展。开展业务和实务研究不能脱离实际,必须密切关注经济社会发展和法治建设,聚焦其中的热点、难点、堵点问题，深入开展有针对性的研究，进而提出应用对策与实践指引，也期待深圳律师能输出更多的法律实务研究成果，并能形成专著与同行共享，这本身也是律师业务领域的一种先行示范。

希望本套丛书成为广大实习人员、执业律师期待、必备的好工具，也希望未来能够出版更多、更好的供律师们学习提高、掌握律师实务知识与技能的好专著！

张　斌
深圳市律师协会会长
2023年1月9日

本书序

自20世纪80年代初，我国为顺应改革开放所带来的科技发展、文化发展以及经济发展的需求，从无到有地建立了知识产权制度。经过将近四十年的发展，我国现已跻身全球知识产权保护引领者行列，近几年更是修订了一系列更为切实的制度化举措，以加强知识产权保护。如今，知识产权已成为我国寻常百姓日常生活中的热门话题，科技创新、技术保护、版权意识、品牌文化等已深入人心，尊重原创、鼓励创新的氛围愈见浓厚。知识产权一头连着创新，一头连着市场，成为现代企业发展的核心竞争力，也成为推动经济增长的主要方式。保护知识产权，能更好地支撑创新、驱动发展，推动社会不断进步，将创新成果转化为生产力。这些既需要技术人员、创作人员的努力，也需要法律人对"知识产权强国"建设目标的坚定追求和日积月累的努力。

大成一直注重律师的专业化、团队化和品牌化建设与发展，注重律师、团队和业务部门的专业研发和知识共享。2016年启动并实施新一轮专业分类改革，标志着大成的专业化发展迈出了重要一步，实现了事务所专业化建设的重大进步。虽然中国律师行业的专业化道路还有很长的路要走，但我们一直在前进的路上。

大成的专业化建设除需要个体的专业能力发展外，更离不开律所内部的专业融合建设和团队协同作业。知识产权业务是大成所的重点发展业务领域。大成所知识产权部一直致力于知识产权各业务领域的专业化建设和法律服务产品研发，经过多年的努力，已取得了非常好的成绩。知识产权部的同事们在为客户提供高质量知识产权法律服务的同时，基于一直以来对社会经济各行业在技术创新和文化发展动态方面的关注，并结合自身积累多年的实践经验和专业积累，集合部门力量，经历数月，体系化地收集、总结、归纳了目前我国企业在生产、经营、管理等活动中遇到的有关专利与非专利技术、商标、著作权（包括计算机软件）、商业秘密与竞业禁止、集成电路布图设计、竞争等知识产权各方面的法律问题和风险点，并在此基础上以"问诊"的方式给出了有针对性的风险提示与建议，经过系统性的整理，编撰了此《企业知识产权合规实务与指引》，希望能借此惠济广大读者，并为我国知识产权事业的发展贡献一份绵薄之力。

张　健

北京大成（深圳）律师事务所

原主任、董事局主席

2023 年 2 月 20 日

前言

随着企业在知识产权方面的竞争日益突出，越来越多的企业选择以研发合作、技术引进、贴牌加工等方式来实现经营与发展目标，专利、商标、著作权（计算机软件）、商业秘密、集成电路布图设计等知识产权已逐渐成为企业利益冲突与争夺的焦点。因企业知识产权管理不慎、风险意识不足、风险控制不当导致的知识产权纠纷越来越多。“君子以思患而豫防之”，企业知识产权管理与风险控制已经成为摆在企业家、创业者、企业管理层乃至企业法律顾问面前，不得不面对且极为重要的问题。

知识产权风险主要来源于以下几个方面：第一，没有针对专利、商标、著作权以及商业秘密等的内部保护机制而造成无形资产流失；第二，未能根据市场优势和商业价值定位核心技术、主要品牌等，没有区分知识产权保护的轻重缓急，浪费了企业法务或者外部法律服务资源；第三，现有技术管理混乱，未能恰当地规划好知识产权保护的具体形式，或者没有对核心技术采用专利、著作权以及商业秘密的全方位保护措施而导致保护不力；第四，缺少对同行业竞争对手核心技术、发明人状况等知识产权法律状态和相关知识产权法律政策的实时关注与监控，使企业一直处于被动应付状态；第五，没有在海外布局专利、商标的意识，不了解海外知识产权保护规则，导致海外知识产权风险增多，产生不必要乃至严重的经济损失，甚至被迫退出海外市场。这些知识产权风险无疑会严重制约企业的经营发展，甚至使企业苦心积累的知识产权成果流失、毁灭。

实施知识产权合规与风险管控应当主要着眼于以下四个目标：第一，保障企业知识产权创设、运营、保护、维权以及综合管理等行为符合法律法规及相关规范性文件的要求；第二，保障企业知识产权风险管控与企业发展目标相匹配，且在企业可承受的限度内；第三，保障企业的经营管理制度和相关重大举措得以贯彻执行，确保企业经营管理的有效性和企业目标的稳步实现；第四，保障企业针对性建立各项知识产权重大风险发生后的危机处理制度，将企业因政策性风险、法律性风险、人为故意或失误风险而遭受的损失最小化。

为了帮助企业识别风险，尽早做好知识产权的管理和风险控制，做好知识产权合规工作，大成深圳知识产权部集合部门力量撰写了本书。全书按照知识产权通常分类标准分成专利篇、商标篇、著作权篇、商业秘密与竞业禁止篇、集成电路布图设计篇、不正当竞争及其他篇共六章。专利篇、商标篇、著作权篇（包括计算机软件、信息网络传播权等方面的内容）、商业秘密与竞业禁止篇、集成电路布图设计篇五章，顾名思义即可，在此不再赘述。不正当竞争及其他篇主要涉及不正当竞争、域名、企业名称、知识产权出资等内容。全书以“问诊式”的问题去启发、引导企业家、创业者、企业管理层以及企业法律顾问等去发现企业经营管理中的风险，并按照本书随后给出的启示和建议、法律规定等，有章可循地采取措施，做好知识产权合规工作，以预防或者消弭、化解风险，让知识产权为企业的发展壮大贡献自己的价值。

居安思危，思则有备，有备无患，希望阅读本书能够对大家更好地实施企业知识产权管理和风险管控、做好企业知识产权合规工作有所裨益。

目录

第一章　专利篇 …… 1
1. 企业的产品或生产工艺是否存在侵犯他人专利情形？自己的产品有专利是否能够确保企业的产品不会侵犯他人的专利权？ …… 3
2. 企业是否做了涉外专利申请的规划？ …… 4
3. 企业研发前、研发中和研发后是否已经做好了相应的专利申请规划？具体应如何规划？ …… 6
4. 企业可以从哪些角度入手，做好技术方案的专利布局？ …… 7
5. 对于中小企业而言，其所拥有的相关专利技术以股东个人名义或者公司名义申请专利，哪种方式更有优势，或者能使企业利益最大化？ …… 9
6. 委托开发、合作开发如何确定专利申请权归属？ …… 12
7. 可以单独委托某科研团队进行技术研发吗？可能会有什么风险？ …… 13
8. 企业的创新技术方案是否根据发明、实用新型和外观设计的不同类别进行了合理的区分申请？ …… 15
9. 企业是否有必要对员工进行知识产权背景调查？ …… 18
10. 企业借鉴他人的专利技术时需要考虑哪些问题？ …… 19
11. 企业是否同员工做好了职务发明创造的权属约定？ …… 20
12. 对员工职务发明应如何界定？如何规避员工私自发明？ …… 22
13. 职务发明应当如何奖励？ …… 23
14. 如果没有按照职务发明进行奖励，对专利申请有何影响？可能产生什么后果？ …… 25

15. 企业申请发明专利是否都要做预先专利检索？如何看待专利申请前的检索工作？ …… 26
16. 企业进行研发工作时有哪些专利检索的途径？国内外有哪些免费的专利检索工具？ …… 27
17. 若产品研发立项前检索发现已有现有技术，企业应如何应对？ …… 29
18. 企业不确定拟申请专利之技术的创新程度时，申请发明还是实用新型专利，企业应如何抉择？ …… 30
19. 企业是否意识到成套成品与组件产品在外观设计专利保护上的区别点，并有意识地调整申请的策略？ …… 32
20. 企业是否意识到相似的外观设计应当且只能作为一件专利合案申请？ …… 34
21. 什么是分案申请？企业可以如何利用分案申请？ …… 36
22. 企业如何利用专利优先权制度延长专利技术的储备期限？ …… 39
23. 企业在要求专利本国优先权时，有哪些注意事项？ …… 41
24. 不公布专利的发明人或者设计人要怎样做？企业这样做有何意义？ …… 43
25. 企业申请的发明专利如何提前公开？这样做有何意义？ …… 45
26. 各类专利申请从申请日起到授权大概要多长时间？是否有途径缩短该时间？ …… 46
27. 专利代理机构是否有提醒或者实际办理企业的专利申请费用减免？ …… 48
28. 企业因疏忽大意导致错过缴纳专利年费，该如何处理？ …… 49
29. 某个发明创造（设计或技术方案）申请专利后，是否还有必要申请其他知识产权保护？ …… 50
30. 如果发现竞争对手正在将公有领域的技术申请专利或者已经申请专利，其行为可能会对本企业乃至本行业产生影响，该如何处理？ …… 57
31. 什么是专利权评价报告？企业应如何看待和调整专利权评价报告的评价意见？ …… 58
32. 企业利用专利进行宣传营销时要注意哪些事项？ …… 62
33. 企业是否已经做好人员跳槽时技术泄露的预防措施？ …… 63

34. 为避免采购/代销产品侵犯他人专利而遭受损失，企业在采购/代销时应注意哪些事项？ …… 65
35. 企业收到专利侵权警告函时该如何应对？ …… 68
36. 企业若作为被告经受专利诉讼，被控制造侵权和销售侵权分别应如何应对？ …… 69
37. 对于企业在专利申请公布日至授权日期间生产的落入专利保护范围内的产品如何处理？ …… 71
38. 企业被诉侵权后可在何时提出现有技术抗辩？ …… 72
39. 企业主张现有技术抗辩时应将现有技术与被控侵权产品进行比对，还是与涉案专利权利要求进行比对？ …… 75
40. 企业被诉侵权时可否主张抵触申请抗辩？符合抵触申请抗辩条件的专利文献有哪些？ …… 76
41. 企业该如何应对或者摆脱他人就专利提起的恶意诉讼？ …… 78
42. 企业被诉专利侵权时明知涉案专利不能被宣告无效，该如何通过专利无效宣告程序维护自己的合法权益？ …… 79
43. 企业专利风险管理要注意哪些方面？ …… 81
44. 企业若有专利维权的计划或者准备，需要考虑哪些问题？做哪些准备？ …… 83
45. 对方产品同企业专利部分技术特征不同的情况下，如何判断对方是否构成等同侵权？ …… 84
46. 对方产品外观同企业外观设计专利并不相同的情形下，如何判断对方是否构成近似侵权？ …… 89
47. 启动专利诉讼，企业是否合理确定了相应的被告？ …… 95
48. 证据是专利侵权诉讼的关键，企业是否已经取得案件胜诉的全部必要证据？ …… 96
49. 对于专利侵权中网络证据的取证，除公证的方式外，是否还有其他方式？ …… 98
50. 专利侵权诉讼中，调查、组织高额赔偿证据有哪些途径和方法？ …… 100
51. 企业提起侵权诉讼过程中变更据以主张保护的权利要求的最晚时间是何时？ …… 103
52. 企业产品涉及对外出口的，企业对相关专利是否已经做了海关备

案保护？ …………………………………………………………… 106
53. 企业进行专利转让、实施许可活动时，有哪些注意事项？ ………… 107
54. 企业若有购买他人专利或者取得他人专利授权的计划，相关注意事项有哪些？ …………………………………………………… 109
55. 企业专利变现的途径有哪些？ ……………………………………… 110
56. 怎么办理专利权质押融资？哪几种情况下专利不能进行质押融资？ ……………………………………………………………… 111
57. 专利申请过程中尚未授权的技术可以作为技术出资吗？有何注意点？ …………………………………………………………………… 114

第二章 商标篇 ……………………………………………………… 117
1. 商标对企业意味着什么？不注册商标有哪些风险？ ……………… 119
2. 企业申请注册商标有哪些途径？为何建议企业寻求专业人士进行申请？ …………………………………………………………… 120
3. 企业是否意识到申请商标前应当进行商标检索？商标检索的途径有哪些？ ………………………………………………………… 121
4. 哪些标志可以申请注册为商标？ …………………………………… 122
5. 标识是地名或者含有地名的，是否可以作为商标注册？ ………… 122
6. 企业在申请注册商标时应如何选择商品或服务的类别？ ………… 125
7. 企业能否通过共存协议克服商标近似、商品类似认定而获准注册？ …………………………………………………………………… 126
8. 企业开发 App 的，注册商标时应该怎样选择商品和服务？在哪些类别上注册和保护是最规范、最有效的？ ………………………… 128
9. 为何说商标申请等业务具有较高的专业性？企业商标注册流程有哪些步骤？ ……………………………………………………… 128
10. 如果他人的商标申请侵害了企业的合法权益，应如何处理？如果企业自己的商标申请被异议了，应如何应对？ ………………… 130
11. 如果企业的商标申请被驳回，该如何处理？ ……………………… 131
12. 商标是非常重要的财产权益，哪些情形下企业必须办理注册商标或商标申请的转让/移转手续？ ………………………………… 132
13. 企业营业执照被吊销后，名下的商标是否可以转让？ …………… 133

14. 因企业改制、兼并、合并，以及继承、司法判决等事由发生的商标权属的变化，如何办理“转让”？ …… 134
15. 企业做驰名商标认定有哪些好处？ …… 135
16. 如何认定驰名商标？宣传、使用驰名商标有哪些注意事项？ …… 136
17. 企业经营过程中要避免侵犯他人的商标，企业是否了解侵犯他人商标的情形有哪些？ …… 137
18. 在中国注册了商标，就可以在全世界任意使用了吗？ …… 138
19. 在外国申请或注册了商标后在中国注册相同商标，是否享有优先权？ …… 139
20. 商标有有效期吗？到期不续展有什么风险？ …… 140
21. 企业若准备注册国外商标应如何申请？什么是马德里商标国际申请体系？ …… 141
22. 企业是否知道商标有哪些财产权益？ …… 141
23. 注册商标是否可以作价作为股东和有限合伙人的出资？ …… 142
24. 哪些信息对维持企业的商标权至关重要？如果这些信息变化了，是否需要及时变更？ …… 144
25. 企业是否了解注册商标连续三年不使用会被撤销？ …… 144
26. 企业若遇到注册商标三年不使用被申请撤销的情形，应对该类案件时如何组织使用证据？ …… 145
27. 有哪些正当理由连续三年不使用注册商标，商标仍不会被撤销？ …… 146
28. 防御商标和联合商标如何防止被他人提出“撤三”？ …… 147
29. 在先注册商标因连续三年不使用被撤销的，是否适用《商标法》第50条关于一年的隔离期限制，对企业与该在先商标相同或者近似的商标注册申请不予核准？ …… 148
30. 什么是商标的无效宣告？ …… 149
31. 什么是商标许可？如何办理商标许可备案？ …… 150
32. 商标申请可以撤回或更正吗？商标注册后如果不需要了，是否可以注销？ …… 151
33. 什么是通用名称？如何避免商标因沦为通用名称而被撤销？ …… 153
34. 什么是商标申请的部分驳回、分割申请？ …… 154

35. 企业在什么情况下需要考虑商标购买？商标购买服务的内容有哪些？ …… 155
36. 企业如果在商标申请、确权时对商标局的决定不服，是否可以向法院起诉商标局以维护自己的合法权益？ …… 156
37. 企业被诉商标侵权，如何利用通用名称进行抗辩？ …… 158
38. 企业商标若被侵权，通过行政投诉维权的效果如何？ …… 159
39. 将他人企业的注册商标在搜索引擎中设置为自己的搜索关键词，是否构成商标侵权？ …… 161
40. 通过司法诉讼进行商标维权的效果如何？ …… 162
41. 企业出售非自行生产的商品被起诉侵犯他人商标权，应当如何主张抗辩？ …… 163
42. 企业在代理国外品牌期间是否可以在外文商标上附加中文标识？企业在国外品牌上附加的中文标识经获准注册，代理关系结束后该国外品牌在国内继续使用或授权新的代理商使用该中文标识是否构成侵权？ …… 164
43. 企业未经授权在自己的商品上标注“某品牌同款”、标注“某明星同款”并使用相关明星照片，会有什么法律风险？ …… 166
44. 企业合理使用他人注册商标的情形有哪些？ …… 168
45. 假冒注册商标会坐牢吗？ …… 170
46. 什么叫同一种商品？假冒他人注册的服务商标是否能构成刑事犯罪？ …… 172
47. 企业使用注册商标有哪些注意事项？不按照注册商标标样使用商标会有什么法律风险？ …… 173
48. 对于企业而言，专门的商标法律顾问有什么价值？ …… 174

第三章　著作权篇 …… 177
1. 企业是否有必要对每一部作品进行著作权登记？软件著作权登记需要哪些材料？ …… 179
2. 企业若准备办理著作权登记、申请外观设计专利，著作权与外观设计专利应当一同申请还是选择一项进行申请？ …… 180
3. 企业为什么要保留作品底稿？保存作品原始底稿的方式有哪些？ …… 181

4. 如何让企业网页受到著作权法保护？ …… 181
5. 对于企业利用人工智能创作生成的作品是否可以进行著作权保护？ …… 182
6. 企业是否与员工约定了其在任职期间创作完成的作品的著作权归属企业所有？ …… 184
7. 企业的作品被第三方抢先进行著作权登记怎么办？ …… 185
8. 企业签订委托开发/设计/创作合同时应注意哪些问题？ …… 186
9. 企业在签署著作权许可或转让合同时该注意些什么？ …… 188
10. 企业与他人合作创作作品的著作权该如何行使？ …… 189
11. 企业要改编、翻译、注释、整理、汇编作品出版有哪些注意事项？ …… 191
12. 作品权利归属于企业的，产生纠纷时企业如何证明自己是作品的权利人？ …… 192
13. 企业的作品与他人的作品存在一定的相似，而企业的作品创作时间在后，是否就代表着一定侵权？ …… 193
14. 企业与第三方进行著作权交易时应该注意哪些问题？ …… 195
15. 企业的摄影作品被侵权时，如何举证说明企业的摄影作品的独创性？ …… 197
16. 企业因使用他人摄影作品被诉侵权的，如何进行有效抗辩，减少损失？ …… 198
17. 企业是否可以直接使用来自素材网站的图片？ …… 199
18. 企业进行自媒体宣传时如何避免被图片厂商投诉/诉讼？ …… 201
19. 企业在自己经营的同一个网站内多次发布同一侵权图片，是否构成多次侵权？对判赔数额是否有影响？ …… 202
20. 企业若是提供网络服务的平台商，平台用户自行上传了侵权的图片/视频等作品，企业如何应诉？是否需要承担侵权责任？ …… 202
21. 企业的商标、自媒体宣传、广告宣传等所使用的字体如何避免字体侵权？ …… 203
22. 企业仅为他人提供推广渠道，是否会有著作权侵权风险？ …… 204
23. 企业若收到字体或者软件开发企业的侵权通知函，该如何处理？ …… 205
24. 企业在网上下载免费的办公软件供员工使用，是否存在法律风险？ …… 206
25. 企业为软件运行数据设定的特定读取文件格式是否属于保护其软

件著作权的技术措施? …… 209
26. 网络游戏上线运营前是否需要取得《网络文化经营许可证》? …… 211
27. 网络游戏运营企业是否必须办理《网络出版服务许可证》? …… 212
28. 企业若打算上线一款App,上线之前在知识产权方面需要做哪些准备? …… 213
29. 企业开发软件游戏类产品,对游戏类著作权该如何保护? …… 214
30. 企业若发现他人未经允许直播介绍本企业游戏玩法或者直播本企业游戏画面,该未获授权的游戏直播是否构成著作权侵权? …… 215
31. 企业在宣传活动中是否可以播放一些背景音乐或者视频? …… 215
32. 企业进行直播、短视频项目要注意哪些可能涉及的著作权侵权问题? …… 217
33. 企业发现第三方网站擅自播放自己拍摄的短视频,应该怎么办? …… 218
34. 企业/个人对未获授权的影视作品进行解说(视频解说/图片解说),是否侵犯著作权? …… 219
35. 作为电商经营类企业,需要注意的著作权侵权问题有哪些? …… 221
36. 企业如何在电商平台上对侵犯摄影作品或美术作品著作权的商家进行投诉? 需要准备哪些证据? …… 222
37. 企业发现侵犯自身著作权的行为,应如何维权? …… 222
38. 企业发现侵犯自身著作权的产品/行为,有什么办法可以取得相关证据? …… 223
39. 企业如何对侵犯自身著作权的行为提起行政投诉? …… 224
40. 员工离职后开设了与企业业务同类的新企业,且该新企业的网站网页与企业网站页面相似,企业应如何处理? …… 225
41. 企业购买字画等美术作品时需要注意什么? 购买后可以直接将美术作品出版成册吗? …… 227
42. 企业盗版或者销售盗版作品是否会造成要承担刑事责任的后果? …… 228

第四章 商业秘密与竞业禁止篇 …… 233
1. 企业商业秘密的界定标准是什么? …… 235
2. 企业如何保护、管理自身的商业秘密? …… 236
3. 员工离职后“自立门户”,或可能抢夺企业的原有客户,客户名单通

过商业秘密保护的条件是什么？ …… 237
4. 员工未经企业同意擅自披露企业内部往来邮件信息，是否构成商业秘密侵权？ …… 239
5. 挖掘竞争对手的员工到本企业处理相同的业务，是否构成商业秘密侵权？ …… 240
6. 企业通过购买竞争对手产品获得对方的技术信息，是否构成侵犯商业秘密？ …… 242
7. 对于商业秘密，企业应当采取哪些保密措施？ …… 244
8. 企业对员工离职竞业限制补偿金的具体数额应如何约定？ …… 246
9. 如果员工违反竞业限制协议，企业有权从哪些方面全面主张自己的合法权益？ …… 247
10. 员工以其近亲属名义从事违反竞业限制义务的活动，是否可以认定违反了竞业限制协议？ …… 249
11. 企业未同员工约定竞业限制补偿金是否影响竞业限制协议效力？…… 251
12. 企业未向离职员工支付竞业限制补偿金是否影响竞业限制协议约束力？ …… 253
13. 企业是否可以主动解除竞业限制协议？ …… 254
14. 企业的商业秘密若遭侵权，有哪些救济途径？ …… 254
15. 企业没有同员工签署保密协议，可否对涉嫌侵犯企业保密信息的员工主张商业秘密侵权？ …… 257
16. 企业如何主张涉商业秘密的赔偿数额？ …… 258
17. 侵犯商业秘密刑事案件中，权利人主张损失赔偿是否需要提起刑事附带民事诉讼？ …… 260
18. 技术秘密可以作为技术出资吗？出资过程中有何注意点？ …… 261

第五章　集成电路布图设计篇 …… 263
1. 哪些人可以享有集成电路布图设计专有权？哪些产品可以获得集成电路布图设计专有权？ …… 265
2. 如何获得集成电路布图设计专有权？ …… 266
3. 企业若准备作集成电路布图设计登记，涉密信息应如何申请？ …… 268
4. 集成电路布图设计登记申请时，企业应当注意的事项有哪些？ …… 269

5. 企业提交布图设计登记时是否注意到法律对布图设计复制件或者图样的完整性要求? …… 272
6. 在提交集成电路布图设计登记的时候要填写创作完成日和首次商业利用日,企业是否清楚这两个日期有何意义? …… 274
7. 集成电路布图设计登记需要的时限是多长? 官方费用是多少? …… 275
8. 企业若就集成电路布图设计问题涉诉,是否知道布图设计独创性的举证规则是什么? …… 276
9. 企业该如何规避侵犯他人集成电路布图设计的风险? …… 278
10. 企业的集成电路布图设计被侵权怎么办? …… 279
11. 企业在进行集成电路布图设计侵权诉讼时,生产被诉侵权产品的光刻掩模版能否作为侵权比对的对象? …… 280
12. 企业在进行集成电路布图设计侵权诉讼时,对于集成电路布图设计的相同性或者实质相似性判断应考虑哪些因素? …… 281
13. 集成电路布图设计侵权诉讼中,如何判断被诉企业知道或者应当知道被诉产品侵权? …… 282
14. 企业对集成电路产品换标使用是否构成侵权? …… 283
15. 企业如何模仿他人芯片而不构成侵权? …… 284
16. 企业欲申请撤销他人的集成电路布图设计,国务院知识产权行政部门应依申请还是依职权启动撤销审查程序? …… 285
17. 企业想研究竞争对手的集成电路布图设计,如何办理查阅手续? …… 286

第六章　不正当竞争及其他篇 …… 289
1. 企业之间经营产品、服务种类不同,相互间能否构成不正当竞争? 司法实践中认定的竞争关系都有哪些特殊表现形态? …… 291
2. 我国《反不正当竞争法》中规定的经营者必须是国内企业或者个人,或者必须在国内有经营场所吗? …… 295
3. 如何防范及消除企业字号同他人字号或者商标冲突的风险? …… 296
4. 企业有一定影响的字号被他人用作企业名称,企业如何维护自己的合法权益? …… 298
5. 他人将企业的字号、商标或者域名作为搜索引擎的搜索关键词吸引客户流量,是否构成不正当竞争? …… 300

6. 什么是商业诋毁？商业诋毁构成不正当竞争侵权吗？如何看待通过随附《民事起诉状》和《案件受理通知书》式、发函式商业诋毁？ …… 301
7. 如何界定“虚假或者引人误解的商业宣传”？企业在商业广告中如何避免“虚假或者引人误解的商业宣传”？ …… 303
8. 企业如何识别因虚假宣传而引发的不正当竞争侵权纠纷？ …… 304
9. 抄袭他人商业模式是否构成不正当竞争？ …… 308
10. 企业进行有奖销售要如何避免违规？ …… 309
11. 企业的字号、简称若被他人注册为相同或相似的网络域名，企业应如何寻求救济？ …… 310
12. 企业域名如何保护？如果对方在域外注册相关域名，如何规制？ …… 311
13. 对于他人抢注企业注册商标为域名的行为该如何认定？ …… 313
14. 不正当竞争侵权纠纷案件如商业秘密侵权案件是否适用股东代表诉讼？ …… 315
15. 技术开发合同应当如何订立？ …… 317
16. 如何进行平台知识产权网络维权？ …… 320
17. 电商平台要求厂商统一购买某一标准化服务，如何规避？ …… 321
18. 知识产权出资应当注意些什么？一般知识产权的排他许可是否可以作为一个出资设立企业的全部注册资本？ …… 324
19. 具有重大研发成果的员工以专有技术出资入股，如何操作？ …… 326
20. 知识产权质押需要注意什么？ …… 331
21. 什么是知识产权保险？知识产权保险对企业有何用途？ …… 332

编写说明 …… 334

后记 …… 336

第一章

专 利 篇

1. 企业的产品或生产工艺是否存在侵犯他人专利情形？自己的产品有专利是否能够确保企业的产品不会侵犯他人的专利权？

【风险提示与建议】

中国目前正在加强专利的保护，每天都有不同的专利获得授权。企业的产品或生产工艺，尤其是新上马的产品或新的生产工艺，有可能在无意间侵犯他人的专利。企业尤其要注意在准备投融资上市时或者进行招投标时对自己的拳头产品、爆款产品进行侵权与否的分析评估，避免侵犯他人专利权。此外，一件产品中往往涉及多个技术点，即使企业对自己的产品的某个技术点拥有相关专利，也不能完全排除在其他技术点上侵犯他人专利的可能性。还有，企业对自己的产品技术申请的专利有可能是在后专利，而他人对该产品申请的相应专利在先，此时，法律保护在先专利，企业的在后专利不能对抗他人行使在先专利的保护权。

因此，企业应当注意在关键时点对自己的拳头产品、爆款产品或者新上马产品、新的生产工艺等进行专利侵权分析。专利侵权分析判断包括全面覆盖原则和等同原则，适用等同原则进行专利侵权分析判断时尤其复杂，故企业必要时须聘请专利律师或者相关专家协助分析。

【相关法条】

最高人民法院《关于审理专利纠纷案件适用法律问题的若干规定》

第十三条 专利法第五十九条第一款〔1〕所称的"发明或者实用新型专利权的保护范围以其权利要求的内容为准，说明书及附图可以用于解释权利要求的内容"，是指专利权的保护范围应当以权利要求记载的全部技术特征所确定的范围为准，也包括与该技术特征相等同的特征所确定的范围。

等同特征，是指与所记载的技术特征以基本相同的手段，实现基本相同的功能，达到基本相同的效果，并且本领域普通技术人员在被诉侵权行为发生时无需经过创造性劳动就能够联想到的特征。

---

〔1〕 本规定中适用的是2008年修正的《专利法》，相关规定参见2020年修正的《专利法》第64条第1款。

最高人民法院《关于审理侵犯专利权纠纷案件应用法律若干问题的解释》

第七条 人民法院判定被诉侵权技术方案是否落入专利权的保护范围,应当审查权利人主张的权利要求所记载的全部技术特征。

被诉侵权技术方案包含与权利要求记载的全部技术特征相同或者等同的技术特征的,人民法院应当认定其落入专利权的保护范围;被诉侵权技术方案的技术特征与权利要求记载的全部技术特征相比,缺少权利要求记载的一个以上的技术特征,或者有一个以上技术特征不相同也不等同的,人民法院应当认定其没有落入专利权的保护范围。

2. 企业是否做了涉外专利申请的规划?

【风险提示与建议】

专利权具有地域性,一个国家(或法域)授予的专利权只在该国家(或法域)有效。企业为在其他国家同样获得专利的保护,主要通过三种途径申请:(1)《专利合作条约》途径(针对发明或实用新型专利)或者海牙体系途径(针对外观设计专利);(2)《保护工业产权巴黎公约》途径;(3)普通国家直接申请途径。企业应根据申请专利的类别、申请国家等的不同,选择更适合自己的途径。对于三种途径具体介绍如下:

(1)《专利合作条约》途径或海牙体系途径。《专利合作条约》途径下,申请人只需要提交1次《专利合作条约》国际专利申请,便可在多个成员国中同时请求对其发明进行专利保护(保护客体为发明专利、实用新型专利)。《专利合作条约》途径可以选择中文进行申请、只需申请一次,但相比《保护工业产权巴黎公约》会多产生国际阶段的费用,且耗时较长。海牙体系,是指只需提交单一一件工业品外观设计国际注册,即可在77个《工业品外观设计国际注册海牙协定》的缔约方(涵盖94个国家)申请注册。国际注册后,如果申请人指定的国家局发出给予保护的声明或未在指定期限届满前发出驳回声明的,即可立即获得保护。

(2)《保护工业产权巴黎公约》途径,是指申请人为《保护工业产权巴黎公约》成员国的国民,申请人在首次提出本国国家专利申请后12个月(发明或实用新型)/6个月(外观设计)内,可直接向其他成员国的专利主管机关分别提出申请,要求享有优先权。此途径可节约《专利合作条约》或海牙体系国际阶段产生的费用,适合选择进入国家较少的情形。但提交专利申请时需要处理多种形式及语言的资料,且最长需在12个月内完成资料的翻译及提交,时间较为紧迫。

(3)普通国家直接申请途径,是指申请人根据申请国的相关法律制度、申请专利的程序、所需提供的资料、申请费用等,直接到申请国进行专利申请。受理单位是具体国家或地区的知识产权局或者部门。

【相关法条】

《专利合作条约》

第4条 请求书

(1)请求书应该包括:

……

(ii)指定一个或几个缔约国,要求这些国家在国际申请的基础上对发明给予保护("指定国");如果对于任何指定国可以获得地区专利,并且申请人希望获得地区专利而非国家专利的,应在请求书中说明;如果按照地区专利条约的规定,申请人不能将其申请限制在该条约的某些缔约国的,指定这些国家中的一国并说明希望获得地区专利,应认为指定该条约的所有缔约国;如果按照指定国的本国法,对该国的指定具有申请地区专利的效力的,对该国的指定应认为声明希望获得地区专利;

……

《工业品外观设计国际注册海牙协定》

第14条 国际注册的效力

(1)[依可适用法律规定的申请的效力]自国际注册日起,国际注册应在每一个被指定缔约方至少具有与要求依该缔约方法律对工业品外观设计予以保护所正规提出的申请同等的效力。

(2)[依可适用法律规定给予保护的效力]

(a)国际注册在其局未根据第12条发出驳回通知的每一个被指定缔约方中,应最晚自该局可以发出驳回通知的期限届满之日起,或者缔约方依实施细则已作出相应声明的,最晚于该声明中所确定的时间,具有与依该缔约方的法律对工业品外观设计所予保护同等的效力。

(b)如果被指定缔约方的局发出了驳回通知,而随后又将该驳回部分或全部撤回,该国际注册应在驳回被撤回的范围内,最晚自该驳回被撤回之日起,在该缔约方具有与依该缔约方的法律对工业品外观设计所予保护同等的效力。

(c)国际注册依本款被给予的效力,应按其由被指定的局从国际局所收到的,或在可适用的情况下,按其由该局办理的程序所修正的,适用于被提交国际注册的工业品外观设计。

……

《保护工业产权巴黎公约》

第四条

……

——C.(1)上述优先权的期间,对于专利和实用新型应为十二个月,对于外观设计和商标应为六个月。

(2)这种期间应自第一次申请的申请日开始;申请日不应计入期间之内。

……

3. 企业研发前、研发中和研发后是否已经做好了相应的专利申请规划?具体应如何规划?

【风险提示与建议】

企业应当根据自身行业技术特点,对技术研发在不同阶段进行专利申请规划。企业专利申请规划的误区主要包括:(1)自主研发成果不需要申请专利;(2)产品先量产后申请专利;(3)专利技术改进后不再后续申请专利;(4)一项成果只能申请一项专利;(5)手握专利证书就拥有专利权;(6)严格技术保密,技术方案不明晰;(7)专利申请前不检索;(8)先发表成果后申请;(9)缺乏有效的专利管理;等等。

企业在专利申请规划时应当注意以下几点:(1)专利权属于垄断权,不申请则无法得到保护,应当积极鼓励研发人员申请专利;(2)专利申请应当尽早进行,只要有切实可行的技术方案即应当开始着手申请;(3)获得专利权不代表可以高枕无忧，因为他人可以就技术改进再申请新的专利，反过来阻碍原有专利技术的发展；(4)一项产品可以同时申请多项专利的，应当同时申请；(5)只有在专利有效期内没有人针对其宣告无效，或提出宣告无效被驳回，该专利才是真正有效的专利；(6)大量的案例表明，如果一件专利申请被审查员以技术方案公开不充分为由而发出审查意见通知书，则这件专利申请有98%的可能性被驳回，因此专利申请应当明晰技术方案；(7)申请专利前进行系统性检索，避免无用功；(8)发表文章或成果鉴定不可避免地要公开技术内容，会使专利申请失去新颖性而得不到保护，对于此种情况需要尽量避免；(9)企业应当专门成立部门进行专利申请、管理，及时筛选、剔除无效或无价值专利，并进行专利监控，及时维护专利权。

【相关法条】

《专利法》

第二十二条第一款、第二款 授予专利权的发明和实用新型，应当具备新颖性、创造性和实用性。

新颖性，是指该发明或者实用新型不属于现有技术；也没有任何单位或者个人就同样的发明或者实用新型在申请日以前向国务院专利行政部门提出过申请，并记载在申请日以后公布的专利申请文件或者公告的专利文件中。

4. 企业可以从哪些角度入手，做好技术方案的专利布局？

【风险提示与建议】

《专利法》规定的发明专利和实用新型专利的保护客体为技术方案，且发明专利和实用新型需要满足新颖性、创造性和实用性的要求。但《专利法》并不要求该技术方案已经实际被实施。同时，专利申请实行“先申请原则”。基于此，企业在进行技术方案的专利布局时，可同时考虑以下两种方式：

第一种，随产品研发过程的推进而逐批次进行专利布局。在产品立项的初期，就有可能产生技术方案雏形，一旦产生了理论上可行的技术方案，企业便可立即进行专利申请，以获得较早的申请日。随着研发过程的进行，会由于技术方案的落地而不断产生新的具体的技术问题，研发人员往往也会据此不断调整技术方案，在此过程中，将会产生更加贴合实际生产的技术上的改进，此时，企业即可就改进后的技术方案提出专利新申请；也可以在在先申请的优先权期限内通过要求优先权的方式提交改进后的技术方案的专利申请。通过这样的方式，企业即可形成关于该产品的专利池，且该专利池往往可包含关于某一产品的多种不同的变化方案。在专利池基本形成后，企业还可就已申请的技术方案查漏缺阙，审核该专利池是否有被规避的风险，以不断完善对产品的保护。

第二种，根据产品的实际情况进行产业链上下游布局。一件产品的应用，不仅关系产品本身的研发、设计和制造，还关系其产业链上游的原材料供应及下游的具体应用。因此，企业在对产品进行专利布局时，仅仅考虑自有产品本身的研发、设计和制造环节往往是不够的，还应考虑产品在产业链上游环节是否可能由于没有知识产权保护而受制于人，导致无法成功交付产品；在产业链下游环节是否可能由于没有知识产权保护而影响销售，导致产品在转化成为面向消费终端的商品这一过程中遭到竞争对手的阻击。

技术方案在产业链上下游的专利布局中的重要性在上海纺织集团所遭遇的美国杜邦公司对其的专利围剿中可见一斑。上海纺织集团于2002年研制出具有耐高温阻燃特性的芳砜纶纤维，可用于制成耐高温阻燃织物。芳砜纶纤维的性能优于杜邦公司的Nomex（杜邦公司为其间位芳纶产品注册的商品名）且成本更为低廉，是Nomex的理想替代材料。上海纺织集团就芳砜纶纤维申请了制造方法的核心专利，并就该专利通过《保护工业产权巴黎公约》进入美国、日本、欧洲等世界主要市场进行了世界范围内的专利布局。然而，杜邦公司为了维护自身Nomex产品的市场优势地位，就芳砜纶纤维进行了产业链下游的专利挖掘和布局。根据芳砜纶纤维的主要应用场景，杜邦公司申请了技术主题为“对位芳族聚酰胺通风管及其应用，以及对位芳族聚酰胺在通风管中的应用”、技术主题为“由得自二氨基二苯砜的纤维和聚噁二唑纤维的共混物制成的阻燃短纤纱和由其制得的织物和服装以及它们的制备方法”等专利，使产业链下游的生产商在利用芳砜纶纤维生产相应的通风管、织物等产品时，很容易侵犯杜邦公司的专利权。因此，芳砜纶纤维虽然具有良好的性能、低廉的成本，但由于其应用专利被牢牢掌握在杜邦公司手中，为了避免侵犯杜邦公司的专利权，处于产业链下游的生产厂商不敢购买芳砜纶纤维进行相应产品的生产，导致上海纺织集团无法将芳砜纶纤维销售给产业链下游的厂商，故难以在市场上撼动 Nomex 的地位。[1] 通过上述案例可知，企业在进行专利布局时，应就产品的全产业链进行综合考量，才能达到较为全面的保护效果。

【相关法条】

《专利法》

第二条第二款、第三款　发明，是指对产品、方法或者其改进所提出的新的技术方案。

实用新型，是指对产品的形状、构造或者其结合所提出的适于实用的新的技术方案。

第九条第二款　两个以上的申请人分别就同样的发明创造申请专利的，专利权授予最先申请的人。

第二十二条　授予专利权的发明和实用新型，应当具备新颖性、创造性和实用性。

新颖性，是指该发明或者实用新型不属于现有技术；也没有任何单位或者个人就同样的发明或者实用新型在申请日以前向国务院专利行政部门提出过申请，并记载在申请日以后公布的专利申请文件或者公告的专利文件中。

创造性，是指与现有技术相比，该发明具有突出的实质性特点和显著的进步，该实用新型具有实质性特点和进步。

实用性，是指该发明或者实用新型能够制造或者使用，并且能够产生积极效果。

本法所称现有技术，是指申请日以前在国内外为公众所知的技术。

5. 对于中小企业而言，其所拥有的相关专利技术以股东个人名义或者公司名义申请专利，哪种方式更有优势，或者能使企业利益最大化？

【风险提示与建议】

对于很多中小企业而言，其所拥有的有关专利技术（包括职务发明

[1] 参见纺织科学研究院：《几近被海外巨头垄断的芳纶业，我国纺企如何从专利着手破壁?》，载纺织快报网，http://www.168tex.com/2020-05-26/1061560.html。

创造或者通过委托开发、受让等其他方式获得的发明创造）可能会选择以股东个人名义申请专利，最后专利权人为该股东，也可能会选择直接以企业名义申请专利，最后专利权人为企业。这两者方式，哪种会更有优势，或者能使企业利益最大化，需要根据股东及企业的具体情况，考虑以下几个方面的问题：

（1）费用减免方面。对于上年度月均收入低于5000元（年6万元）的个人，或者上年度企业应纳税所得额低于100万元的企业，在申请专利时均可以请求减缴下述收费的85%：①申请费（不包括公布印刷费、申请附加费）；②发明专利申请实质审查费；③年费（自授予专利权当年起10年内的年费）；④复审费。

（2）专利权属、专利实施、专利许可、专利维护管理方面。以股东个人名义申请，最后专利权人为该股东，与公司无关。如果该股东离开公司，或者对外转让该专利技术，或者以其拥有的专利技术投资入股其他公司，可能会给公司未来的发展带来隐患。此外，该股东权利人还有权许可他人实施或使用该专利，并获得全部经济利益。如果公司需要使用该专利，也需要该股东的许可。如果公司在此基础上做出改进，并且该改进技术也包含了该股东名下专利内容的话，那么使用该改进技术也需要获得该股东的许可，公司的发展将会受到制约。如发现其他第三方侵害该专利，也需要该股东提起或者其授权提起侵权之诉。

当然，公司可以通过与该股东专利权人签订独占实施许可协议（许可费可以为零，许可时间为该专利有效期，范围为全国境内，并在国家知识产权局进行备案），约定除公司以外，包括该股东权利人在内的任何主体不得实施该专利。此外，许可协议还可约定公司可以再许可他人实施该专利，公司在该专利基础上做出的技术改进的申请专利的权利也属于公司（或者就改进技术以股东名义申请获得专利后再签订独占实施许可协议）。当第三方主体侵害该专利时，公司作为独占实施许可协议中的被许可人，可以单独向法院提出专利侵权之诉，维护己方权益。

（3）融资、税费减免方面。直接以公司名义申请，最后专利权人为公司，公司通过其名下的专利可以获得银行贴息贷款，还可以获得政府的科技创新奖励扶持以及财政补贴。公司进行融资时，由于公司名下具有专利，有利于外部对公司的实力及价值形成正向评估。此外，若申请认定为国家需要重点扶持的高新技术企业,公司还可以减少税费支出。

综上所述,不同的公司在不同阶段根据实际情况考虑上述内容后,可以决定以股东个人名义或者公司名义申请专利,成为专利权人。

【相关法条】

《专利收费减缴办法》

第二条　专利申请人或者专利权人可以请求减缴下列专利收费:

(一)申请费(不包括公布印刷费、申请附加费);

(二)发明专利申请实质审查费;

(三)年费(自授予专利权当年起十年内的年费);

(四)复审费。

第三条　专利申请人或者专利权人符合下列条件之一的,可以向国家知识产权局请求减缴上述收费:

(一)上年度月均收入低于3500元(年4.2万元)的个人;

(二)上年度企业应纳税所得额低于30万元的企业;

(三)事业单位,社会团体、非营利性科研机构。

两个或者两个以上的个人或者单位为共同专利申请人或者共有专利权人的,应当分别符合前款规定。

第四条　专利申请人或者专利权人为个人或者单位的,减缴本办法第二条规定收费的85%。

两个或者两个以上的个人或者单位为共同专利申请人或者共有专利权人的,减缴本办法第二条规定收费的70%。

国家知识产权局《关于调整专利收费减缴条件和商标注册收费标准的公告》

一、将《财政部　国家发展改革委关于印发〈专利收费减缴办法〉的通知》(财税〔2016〕78号)第三条规定可以申请减缴专利收费的专利申请人和专利权人条件,由上年度月均收入低于3500元(年4.2万元)的个人,调整为上年度月均收入低于5000元(年6万元)的个人;由上年度企业应纳税所得额低于30万元的企业,调整为上年度企业应纳税所得额低于100万元的企业。

《企业所得税法》

第二十八条第二款　国家需要重点扶持的高新技术企业,减按15%的税率征收企业所得税。

最高人民法院《关于审理技术合同纠纷案件适用法律若干问题的解释》

第二十五条 专利实施许可包括以下方式：

（一）独占实施许可，是指许可人在约定许可实施专利的范围内，将该专利仅许可一个被许可人实施，许可人依约定不得实施该专利；

（二）排他实施许可，是指许可人在约定许可实施专利的范围内，将该专利仅许可一个被许可人实施，但许可人依约定可以自行实施该专利；

（三）普通实施许可，是指许可人在约定许可实施专利的范围内许可他人实施该专利，并且可以自行实施该专利。

当事人对专利实施许可方式没有约定或者约定不明确的，认定为普通实施许可。专利实施许可合同约定被许可人可以再许可他人实施专利的，认定该再许可为普通实施许可，但当事人另有约定的除外。

技术秘密的许可使用方式，参照本条第一、二款的规定确定。

《专利法》

第七十二条 专利权人或者利害关系人有证据证明他人正在实施或者即将实施侵犯专利权、妨碍其实现权利的行为，如不及时制止将会使其合法权益受到难以弥补的损害的，可以在起诉前依法向人民法院申请采取财产保全、责令做出一定行为或者禁止作出一定行为的措施。

6. 委托开发、合作开发如何确定专利申请权归属？

【风险提示与建议】

委托开发，是指一个单位或者个人委托其他单位或者个人完成发明创造。合作开发，是指两个或者两个以上单位或者个人合作完成发明创造。为保障主体的利益，在委托开发签订委托开发合同时，或者合作开发签订合作开发合同时，各主体最好就目标技术申请专利的权利的归属作出约定。如无协议约定，则申请专利的权利属于完成或者共同完成的单位或者个人；申请被批准后，申请的单位或者个人为专利权人。

【相关法条】

《专利法》

第八条 两个以上单位或者个人合作完成的发明创造、一个单位或者个人接受其他单位或者个人委托所完成的发明创造，除另有协议的以外，申请专利的权利属于完成或者共同完成的单位或者个人；申请被批准后，申请的单位或者个人为专利权人。

7. 可以单独委托某科研团队进行技术研发吗？可能会有什么风险？

【风险提示与建议】

中国境内的民事主体包括自然人、法人和其他非法人组织[1]，一个单独的科研团队不能构成一个独立的民事主体，因此并不能单独委托某科研团队进行技术研发。实践中，通常的做法是通过与国内大学、研究院签署相关业务委托开发合同进行操作。如果一定要越过学校、研究院委托科研团队本身，则只能与科研团队内部个人以签订劳务委托合同或者技术开发承揽合同的方式进行事务处理，不过以这种方式委托科研团队内部人员进行事务处理，需要注意后期研发成果的归属问题，尤其要注意团队成员在技术研发过程中是否依赖其现用人单位的物质技术条件进行研发，一旦利用了现用人单位的物质技术条件，则可能被认定为职务发明创造，从而产生知识产权权属争议。

实践中，是否依赖其现用人单位的物质技术条件是比较难以证明的，同时在签订劳务合同时也可能产生新的风险，如提供个人劳务时导致自身或他人受伤的责任承担等问题。因此，对于采用与科研团队内部个人以签订劳务委托合同或者技术开发承揽合同的方式进行研发事务处理的方式应当谨慎。

【相关法条】

《民法典》

第八百四十七条 职务技术成果的使用权、转让权属于法人或者非法人组织的，法人或者非法人组织可以就该项职务技术成果订立技术合同。

[1] 《民法典》第2条规定："民法调整平等主体的自然人、法人和非法人组织之间的人身关系和财产关系。"

法人或者非法人组织订立技术合同转让职务技术成果时，职务技术成果的完成人享有以同等条件优先受让的权利。

职务技术成果是执行法人或者其他组织的工作任务，或者主要是利用法人或者其他组织的物质技术条件所完成的技术成果。

第一千一百九十二条第一款 个人之间形成劳务关系，提供劳务一方因劳务造成他人损害的，由接受劳务一方承担侵权责任。接受劳务一方承担侵权责任后，可以向有故意或者重大过失的提供劳务一方追偿。提供劳务一方因劳务受到损害的，根据双方各自的过错承担相应的责任。

《专利法》

第六条第一款 执行本单位的任务或者主要是利用本单位的物质技术条件所完成的发明创造为职务发明创造。职务发明创造申请专利的权利属于该单位，申请被批准后，该单位为专利权人。该单位可以依法处置其职务发明创造申请专利的权利和专利权，促进相关发明创造的实施和运用。

《专利法实施细则》

第十二条第一款 专利法第六条所称执行本单位的任务所完成的职务发明创造，是指：

（一）在本职工作中作出的发明创造；

（二）履行本单位交付的本职工作之外的任务所作出的发明创造；

（三）退休、调离原单位后或者劳动、人事关系终止后1年内作出的，与其在原单位承担的本职工作或者原单位分配的任务有关的发明创造。

最高人民法院《关于审理技术合同纠纷案件适用法律若干问题的解释》

第二条 民法典第八百四十七条第二款所称“执行法人或者非法人组织的工作任务”，包括：

（一）履行法人或者非法人组织的岗位职责或者承担其交付的其他技术开发任务；

（二）离职后一年内继续从事与其原所在法人或者非法人组织的岗位职责或者交付的任务有关的技术开发工作，但法律、行政法规另有规定的除外。

法人或者非法人组织与其职工就职工在职期间或者离职以后所完成的技术成果的权益有约定的，人民法院应当依约定确认。

第三条 民法典第八百四十七条第二款所称“物质技术条件”，包括资金、设备、器材、原材料、未公开的技术信息和资料等。

第四条　民法典第八百四十七条第二款所称“主要利用法人或者非法人组织的物质技术条件”，包括职工在技术成果的研究开发过程中，全部或者大部分利用了法人或者非法人组织的资金、设备、器材或者原材料等物质条件，并且这些物质条件对形成该技术成果具有实质性的影响；还包括该技术成果实质性内容是在法人或者其他组织尚未公开的技术成果、阶段性技术成果基础上完成的情形。但下列情况除外：

（一）对利用法人或者非法人组织提供的物质技术条件，约定返还资金或者交纳使用费的；

（二）在技术成果完成后利用法人或者非法人组织的物质技术条件对技术方案进行验证、测试的。

第五条　个人完成的技术成果，属于执行原所在法人或者非法人组织的工作任务，又主要利用了现所在法人或者非法人组织的物质技术条件的，应当按照该自然人原所在和现所在法人或者非法人组织达成的协议确认权益。不能达成协议的，根据对完成该项技术成果的贡献大小由双方合理分享。

第六条　民法典第八百四十七条所称“职务技术成果的完成人”、第八百四十八条所称“完成技术成果的个人”，包括对技术成果单独或者共同作出创造性贡献的人，也即技术成果的发明人或者设计人。人民法院在对创造性贡献进行认定时，应当分解所涉及技术成果的实质性技术构成。提出实质性技术构成并由此实现技术方案的人，是作出创造性贡献的人。

提供资金、设备、材料、试验条件，进行组织管理，协助绘制图纸、整理资料、翻译文献等人员，不属于职务技术成果的完成人、完成技术成果的个人。

8. 企业的创新技术方案是否根据发明、实用新型和外观设计的不同类别进行了合理的区分申请？

【风险提示与建议】

一项科研成果可以申请多项专利保护。就实体产品而言，企业可以将其产品、产品包装的独特外观设计申请外观设计专利；就其产品所包含技术方案、技术特征申请发明和实用新型专利,就其研发、生产的工艺流程、创新技术等申请发明专利。

申请实用新型与外观设计专利并不进行实质性审查,获得专利保护的速度较快,因此企业应当充分利用实用新型及外观设计专利迅速保护实体产品。同时,发明专利的有效期为20年,时效最长,故应当同时申请发明专利,从而有效延长该产品、技术的保护时效。根据《专利法》的相关规定,申请人可以同时申请发明专利和实用新型专利,后通过声明放弃实用新型专利权获得发明专利权,实现专利保护的无缝对接。

发明专利处于临时保护期内时,专利权人有权获得专利费用,但是无权阻止他人实施该专利。在专利临时保护期内制造、销售、进口被诉专利侵权产品不为《专利法》禁止的情况下,其后续的使用、许诺销售、销售该产品的行为,即使未经专利权人许可,也应当得到允许。也就是说,专利权人无权禁止他人对在专利临时保护期内制造、销售、进口的被诉专利侵权产品的后续使用、许诺销售、销售。对于在专利临时保护期内制造、销售、进口的被诉专利侵权产品,在销售者、使用者提供了合法来源的情况下,销售者、使用者不应承担支付适当费用的责任。因此,同时申请发明专利和实用新型专利能够有效规避"真空期"的情况。当权利人的发明专利处于公布阶段且获得实用新型专利权时,权利人可以以实用新型专利阻止他人实施该专利技术。

此外,在同时申请发明和实用新型时,可以考虑将二者的权利要求写为不同的内容。将采用较多现有技术的技术方案写在实用新型的申请文件中,而将较具有前瞻性的技术方案写在发明的申请文件中。这样的两份申请,虽然来自同一个发明创造,却会因为技术方案存在差异,构成不同的保护范围,也就不是《专利法》上所说的"相同的发明创造",二者的权利可以同时存在。

再有,发明专利(或实用新型专利)与外观设计专利的保护客体是不同的,这意味着,在实践中,对于同一产品,企业既可以提出用于保护产品所采用的技术方案的发明(或者实用新型)专利,也可以提出用于保护该产品富有美感的外形设计的外观设计专利。

在专利维权的过程中,若被诉侵权产品既侵犯了企业的发明(或实用新型)专利权,也侵犯了企业的外观设计专利权,企业既可以选择发明(或实用新型)专利维权,也可以选择外观设计专利维权,二者可以并存。根据发明(或实用新型)专利所确定的赔偿数额与根据外观专利所确定的赔偿数额可以累加。在新福昌公司、鼎锋公司侵害实用新型专利权纠纷案[1]中,最高人民法院认为:前案[案号为(2016)鲁01民初1649号,以下简称1649号案]所依据的专利权是外观设计专利权,与本案所涉实用新型专利权不同,故不构成重复诉讼;1649号案与本案虽然涉及相同的被诉侵权产品,但1649号案所确定的赔偿数额对应的是新福昌公司因被诉侵权产品所具有的外观而不正当占有鼎锋公司市场份额的非法获利。新福昌公司存在两种性质不同的侵权行为,该两种行为对于被侵权产品最终非法获利具有不同的作用与不同的贡献率,因此本案原判决所确定的赔偿数额与1649号案不构成重复计算。

可见,企业就同一产品既申请发明(或实用新型)专利,又申请外观设计专利不仅是可行的,而且对于产品的全面保护、维护企业的合法权益也是有必要的。

【相关法条】

《专利法》

第九条 同样的发明创造只能授予一项专利权。但是,同一申请人同日对同样的发明创造既申请实用新型专利又申请发明专利,先获得的实用新型专利权尚未终止,且申请人声明放弃该实用新型专利权的,可以授予发明专利权。

两个以上的申请人分别就同样的发明创造申请专利的,专利权授予最先申请的人。

第十一条 发明和实用新型专利权被授予后,除本法另有规定的以外,任何单位或者个人未经专利权人许可,都不得实施其专利,即不得为生产经营目的制造、使用、许诺销售、销售、进口其专利产品,或者使用其专利方法以及使用、许诺销售、销售、进口依照该专利方法直接获得的产品。

外观设计专利权被授予后,任何单位或者个人未经专利权人许可,都不得实施其专利,即不得为生产经营目的制造、许诺销售、销售、进口其外观设计专利产品。

---

[1] 参见最高人民法院民事裁定书,(2018)最高法民申4148号。

第十三条 发明专利申请公布后,申请人可以要求实施其发明的单位或者个人支付适当的费用。

9. 企业是否有必要对员工进行知识产权背景调查?

【风险提示与建议】

企业员工,尤其是企业的研发人员在工作过程中,可能会产生职务发明创造。但是,职务发明创造的产生时间并不局限于企业与员工的劳动关系存续期间,而是有可能会延及员工离职之后。

在无锡乐尔公司、王某某、江苏多维公司专利权权属纠纷案[1]中,王某某原在江苏多维公司任职,后于无锡乐尔公司任职。在王某某与江苏多维公司劳动关系终止后一年内,无锡乐尔公司作为申请人,王某某作为发明人,向国家知识产权局提交了诉争专利申请。一审法院调查后认为,诉争专利与王某某在多维公司所从事的技术研发工作有关具有充分的事实依据,诉争专利属于王某某与江苏多维公司劳动关系终止后一年内所作出的与其在本单位工作相关的发明创造,为职务发明创造,涉案专利应当属于多维公司。最高人民法院二审维持了该判决。

由上述案例可知,员工在本单位作出的与本职工作有关的发明创造,其知识产权并不当然属于本单位,而是存在例外情况。为了避免企业的专利申请权或企业所获得的专利申请权落入他人手中,企业有必要对入职员工进行知识产权调查,了解员工在入职前一年内就职过哪些企业、参与过何种研发、获得过哪些知识产权等信息。根据前述调查了解到的情况,在必要时,企业需要对员工进行一定期限的知识产权隔离,避免发生员工入职即加入与其在原单位本职工作高度相关的研发项目中,进而导致企业投入了时间和精力而获取的知识产权产生权属纠纷。

【相关法条】

《专利法》

第六条第一款 执行本单位的任务或者主要是利用本单位的物质技术

---

〔1〕 参见最高人民法院民事判决书,(2020)最高法知民终1359号。

条件所完成的发明创造为职务发明创造。职务发明创造申请专利的权利属于该单位,申请被批准后,该单位为专利权人。该单位可以依法处置其职务发明创造申请专利的权利和专利权,促进相关发明创造的实施和运用。

《专利法实施细则》

第十二条第一款　专利法第六条所称执行本单位的任务所完成的职务发明创造,是指:

(一)在本职工作中作出的发明创造;

(二)履行本单位交付的本职工作之外的任务所作出的发明创造;

(三)退休、调离原单位后或者劳动、人事关系终止后1年内作出的,与其在原单位承担的本职工作或者原单位分配的任务有关的发明创造。

10. 企业借鉴他人的专利技术时需要考虑哪些问题?

【风险提示与建议】

企业的专利创新,一般是在他人现有技术或企业自有技术的基础上,结合实际情况进行的技术革新。根据《专利法》的相关规定,只要对方专利权利要求中记载的必要技术特征有一项或以上,在己方的产品中无法找到相同或相等同的技术特征,那么就可以认为不落入对方专利的保护范围。前述“相等同”,指的是与所记载的技术特征以基本相同的手段,实现基本相同的功能,达到基本相同的效果,并且本领域的普通技术人员在被诉侵权行为发生时无须经过创造性劳动就能够联想到的特征。

结合我国全面覆盖原则的侵权判断标准,常见的避免侵权的手段包括以下四种:(1)通过减少或替换(替换后不相等同)对方专利权利要求中的至少1个技术特征,方能实现跳出对方专利保护范围的目的。(2)采用专利权人为获得专利而放弃的技术。专利权人为获得专利权,常在专利审查过程中放弃部分技术方案来缩小权利要求的保护范围。根据禁止反悔原则的规定,专利权人在专利申请过程中放弃的技术方案,无法用专利权来进行保护。因此企业要注意在知识产权局的专利审查历史。(3)采用现有技术中描述的技术。现有技术的描述一般会出现在风险专利的背景技术描述中,或者出现在专利审查过程中审查员指出的在先引证专利或者技术文献中,可以作为规避设计方案或者以之为启发进行规避设计。(4)采用说明书及附图中记载,但未反映在权利要求书中的技术方案。根据规定,说明书中公开,但未在权利要求书中记载的内容,可以被视为贡献给了公众。

【相关法条】

最高人民法院《关于审理侵犯专利权纠纷案件应用法律若干问题的解释》

第五条 对于仅在说明书或者附图中描述而在权利要求中未记载的技术方案,权利人在侵犯专利权纠纷案件中将其纳入专利权保护范围的,人民法院不予支持。

第七条 人民法院判定被诉侵权技术方案是否落入专利权的保护范围,应当审查权利人主张的权利要求所记载的全部技术特征。

被诉侵权技术方案包含与权利要求记载的全部技术特征相同或者等同的技术特征的,人民法院应当认定其落入专利权的保护范围;被诉侵权技术方案的技术特征与权利要求记载的全部技术特征相比,缺少权利要求记载的一个以上的技术特征,或者有一个以上技术特征不相同也不等同的,人民法院应当认定其没有落入专利权的保护范围。

《专利法》

第六十四条 发明或者实用新型专利权的保护范围以其权利要求的内容为准,说明书及附图可以用于解释权利要求的内容。

外观设计专利权的保护范围以表示在图片或者照片中的该产品的外观设计为准,简要说明可以用于解释图片或者照片所表示的该产品的外观设计。

第六十七条 在专利侵权纠纷中,被控侵权人有证据证明其实施的技术或者设计属于现有技术或者现有设计的,不构成侵犯专利权。

11. 企业是否同员工做好了职务发明创造的权属约定?

【风险提示与建议】

许多初创科技企业从最初轰轰烈烈的立项到最后经营不善倒闭,主要的引发因素之一就是核心技术人才与企业的职务发明创造权属界定混乱,造成创业利益失衡，进而崩盘。职务发明创造权属界定不清，是科技创新企业发展过程中的第一大风险隐患。企业应当充分了解并正确使用职务发明创造的归属界定规则，以防后患。确定发明创造的利益归属，首先就要判断发明创造是否属于职务发明创造。虽然《专利法》及《专利法实施细则》对职务发明创造有相关规定，但是这些规定都无一例外地非常原则和概括。司法实践中，不同法院、不同法官对于这些法律条款的理解和适用存在明显的分歧，一旦遭遇权属纠纷，企业势必会面临诸多的不确定因素。

我们都知道，根据《劳动法》的相关规定，企业在日常经营中有权制定企业的规章制度，与员工签订劳动合同、知识产权及保密协议。企业应当善用这种“准立法权”，根据经营情况，尽可能地对法律条款中不完善的地方进行逐一明确。现行《专利法》也对企业的这种“准立法权”明确予以保障：对员工在职期间完成的发明创造的权属界定采用“约定优先”原则。笔者建议企业与核心员工签订专门协议或依法制定员工手册，事先对“职务发明创造”的范围以及“职务发明创造”的权益分配等重大法律问题进行约定或规定，从而规避由于无法界定是否属于职务发明而引发的权属纠纷。

【相关法条】

《专利法》

第六条　执行本单位的任务或者主要是利用本单位的物质技术条件所完成的发明创造为职务发明创造。职务发明创造申请专利的权利属于该单位，申请被批准后，该单位为专利权人。该单位可以依法处置其职务发明创造申请专利的权利和专利权，促进相关发明创造的实施和运用。

非职务发明创造，申请专利的权利属于发明人或者设计人；申请被批准后，该发明人或者设计人为专利权人。

利用本单位的物质技术条件所完成的发明创造，单位与发明人或者设计人订有合同，对申请专利的权利和专利权的归属作出约定的，从其约定。

《专利法实施细则》

第十二条第一款　专利法第六条所称执行本单位的任务所完成的职务发明创造，是指：

（一）在本职工作中作出的发明创造；

（二）履行本单位交付的本职工作之外的任务所作出的发明创造；

（三）退休、调离原单位后或者劳动、人事关系终止后1年内作出的，与其在原单位承担的本职工作或者原单位分配的任务有关的发明创造。

12. 对员工职务发明应如何界定？如何规避员工私自发明？

【风险提示与建议】

法律上规定的职务发明创造包括两大类：第一大类，是执行本单位任务形成的发明创造，具体又可分为员工在用人单位本职工作中作出的发明创造；员工除本职工作外，履行本单位交付的本职工作之外的任务所作出的发明创造；以及员工离职后1年内作出的，与其在原单位承担的本职工作或者原单位分配的任务有关的发明创造三小类。第二大类，是主要利用本单位物质技术条件所完成的发明创造。

根据《专利法》的相关规定，对发明人或者设计人的非职务发明创造专利申请，任何单位或者个人不得压制。因此，对于员工非职务发明创造的专利申请，用人单位是不能阻止的，但是对于员工私自申请的，应当属于职务发明创造的专利申请，用人单位可以通过以下方法来避免：(1)建立完善的职务发明奖励制度，维护员工的发明人署名权，鼓励员工进行职务发明申请，本举措既能激发员工进行职务发明的热情，又能够为后续相关专利权属纠纷提供对用人单位有利的证据保障；(2)梳理明确的研发人员职责表、研发流程，建立完整的研发资料保存制度，以便日常工作中员工能够明确自身职责所在，避免其误将职务发明创造当成自有发明创造进行申请；(3)对核心技术员工以自己名义申请的发明创造进行及时检索和监控，发现存在私自申请的行为后及时与员工协商专利权属问题，通过非诉讼的方式及时解决争议；(4)如果出现专利权属纠纷，并且无法通过协商解决，应当及时通过专业律师尽早固定证据，进行相关诉讼活动，以求在诉讼中取得先机。

【相关法条】

《专利法》

第六条 执行本单位的任务或者主要是利用本单位的物质技术条件所完成的发明创造为职务发明创造。职务发明创造申请专利的权利属于该单位，申请被批准后，该单位为专利权人。该单位可以依法处置其职务发明创造申请专利的权利和专利权,促进相关发明创造的实施和运用。

非职务发明创造,申请专利的权利属于发明人或者设计人;申请被批准后,该发明人或者设计人为专利权人。

利用本单位的物质技术条件所完成的发明创造,单位与发明人或者设计人订有合同,对申请专利的权利和专利权的归属作出约定的,从其约定。

第七条 对发明人或者设计人的非职务发明创造专利申请,任何单位或者个人不得压制。

《专利法实施细则》

第十二条第一款 专利法第六条所称执行本单位的任务所完成的职务发明创造,是指:

(一)在本职工作中作出的发明创造;

(二)履行本单位交付的本职工作之外的任务所作出的发明创造;

(三)退休、调离原单位后或者劳动、人事关系终止后1年内作出的,与其在原单位承担的本职工作或者原单位分配的任务有关的发明创造。

13. 职务发明应当如何奖励?

【风险提示与建议】

现代科技创新模式是资金加人才的双擎驱动,我国的职务发明制度也是围绕这两个方面而设计的:对于为科技创新投入大量资金和管理的企业,由其享有研发成果的知识产权;对于提供创造性劳动的发明人,赋予其享有奖励和报酬的权利。

对于员工在工作中做出的职务发明,完成专利授权以后,用人单位应当提供合理报酬或者奖励,同时员工具有相应的发明人、设计人署名权。

就职务发明创造奖励而言,被授予专利权的单位未与发明人、设计人约定也未在其依法制定的规章制度中规定奖励的方式和数额的,应当自专利权公告之日起3个月内发给发明人或者设计人奖金。一项发明专利的奖金最低不少于3000元;一项实用新型专利或者外观设计专利的奖金最低不少于1000元。在专利权有效期限内,单位实施发明创造专利后,每年应当从实施该项发明或者实用新型专利的营业利润中提取不低于2%或者从实施该项外观设计专利的营业利润中提取不低于0.2%，作为报酬给予发明人或者设计人，或者参照上述比例，给予发明人或者设计人一次性报酬；被授予专利权的单位许可其他单位或者个人实施其专利的，应当从收取的使用费中提取不低于10%，作为报酬给予发明人或者设计人。

【相关法条】

《专利法》

第十五条第一款 被授予专利权的单位应当对职务发明创造的发明人或者设计人给予奖励；发明创造专利实施后，根据其推广应用的范围和取得的经济效益，对发明人或者设计人给予合理的报酬。

《专利法实施细则》

第七十七条 被授予专利权的单位未与发明人、设计人约定也未在其依法制定的规章制度中规定专利法第十六条[1]规定的奖励的方式和数额的，应当自专利权公告之日起3个月内发给发明人或者设计人奖金。一项发明专利的奖金最低不少于3000元；一项实用新型专利或者外观设计专利的奖金最低不少于1000元。

由于发明人或者设计人的建议被其所属单位采纳而完成的发明创造，被授予专利权的单位应当从优发给奖金。

第七十八条 被授予专利权的单位未与发明人、设计人约定也未在其依法制定的规章制度中规定专利法第十六条规定的报酬的方式和数额的，在专利权有效期限内，实施发明创造专利后，每年应当从实施该项发明或者实用新型专利的营业利润中提取不低于2%或者从实施该项外观设计专利的营业利润中提取不低于0.2%，作为报酬给予发明人或者设计人，或者参照上述比例，给予发明人或者设计人一次性报酬；被授予专利权的单位许可其他单位或者个人实施其专利的，应当从收取的使用费中提取不低于10%，作为报酬给予发明人或者设计人。

---

〔1〕《专利法实施细则》适用的是2008年修正的《专利法》，相关规定参见2020年修正的《专利法》第15条。

14. 如果没有按照职务发明进行奖励，对专利申请有何影响？可能产生什么后果？

【风险提示与建议】

给予职务发明人或者设计人职务发明奖金是被授予专利权的单位应履行的法律义务，任何单位均不能例外。如果没有按照职务发明进行奖励，不会影响专利本身的权属以及申请进度、授权，但是发明人有权向单位要求符合法律规定的奖励。值得注意的是，这里的职务发明奖励需要与日常奖金区分开，如果用人单位主张其日常奖金、年终奖等包含了员工的发明奖励，需要有明确的证据支持，如果没有相应的证据，一般的日常奖金、绩效和年终奖等是不能视为职务发明奖金的。

另外，虽然在《专利法实施细则》第 77 条中规定，单位应当在专利授权公告之日起 3 个月内给予职务发明创造人职务发明奖励，故依据一般理解，诉讼时效从专利授权公告满 3 个月时开始计算。但在实际司法实务中，部分法院出于对劳动者的保护，以及员工在职期间与企业形成的实质具有依附性质的劳动关系事实，对于员工对职务发明奖励的主张时效并不按授权公告之日起 3 个月届满之日开始起算，而是偏向于从员工离职之日起算[1]。这点是值得企业注意的。

总体来说，目前司法环境具有保护科技创新的价值取向，通过对职务发明人合法权益的保护，引导单位建立鼓励员工创新的长效机制，最终实现职务发明人、单位和社会的三方共赢。

【相关法条】

《专利法实施细则》

第七十七条　被授予专利权的单位未与发明人、设计人约定也未在其依法制定的规章制度中规定专利法第十六条规定的奖励的方式和数额的，应当自专利权公告之日起 3 个月内发给发明人或者设计人奖金。一项发明专利的奖金最低不少于 3000 元；一项实用新型专利或者外观设计专利的奖

〔1〕 参见福建天际汽车公司、张某忠职务发明创造发明人、设计人奖励、报酬纠纷案，福建省高级人民法院（2019）闽民终 864 号民事判决书。

金最低不少于1000元。

由于发明人或者设计人的建议被其所属单位采纳而完成的发明创造，被授予专利权的单位应当从优发给奖金。

15. 企业申请发明专利是否都要做预先专利检索？如何看待专利申请前的检索工作？

【风险提示与建议】

中国的发明专利申请需要做实质审查，对不具有新颖性或者创造性的专利，国家知识产权局将予以驳回。被驳回的发明专利申请不仅造成了申请人专利申请费、代理费等的损失，亦造成了专利申请技术方案的公开，从而导致企业申请人双重损失。从这个角度讲，申请发明专利前预先进行专利检索是非常必要的。发明专利申请须进行实质审查，即专利审查员须针对该发明专利申请做全球专利检索和分析，以评判该发明专利的技术方案相对于现有技术是否具有新颖性和创造性。

所谓全球专利检索和分析，是指通过检索世界上主要国家及组织（一般指中国、美国、英国、法国、德国、瑞士、日本7国，和世界知识产权组织、欧洲专利局2个组织）历年对外公开的全部专利文献，对原告专利的新颖性和创造性进行评价。如果一项专利的技术内容在中国或者世界上别的国家、地区已经公开（不具备新颖性），或者虽然没有公开但其创造性的高度不能达到世界技术层面的一定高度（不具备创造性），中国国家知识产权局即可驳回相应的专利申请，已经授权的则应宣告无效。

对正在准备申请发明专利的技术方案而言，若要预先评价其创造性，不仅涉及巨大的检索工作量，而且可能涉及繁杂的翻译工作，故检索、分析、评价待申请发明专利之技术方案的新颖性、创造性的工作量以及相关的资金花费可能均不菲。此外，创造性的评价亦具有一定的主观性，不同人、不同机构面对相同的对比文件时可能会做出不同的判断。故笔者认为，对大多数发明专利申请而言，深入细致地做全球专利检索与分析评判其性价比意义并不大。

实际上，基于中国巨大的市场，世界上大部分的国家都会在本国申请专利的同时在中国提出相应的专利申请，因此，中国的专利文献库涵盖了全球大部分其他国家或者地区的相对应专利文献。一般情况下，发明专利申请前的检索以中国专利文献数据库为基础进行检索评判，从工作量和资金成本的角度而言均是适宜的。鉴于对创造性的分析评判具有一定的主观性和可争辩性，故对某待申请技术方案而言，经分析评判其具有新颖性且并不属于明显不具有创造性的情形时即可向国家知识产权局报递该发明专利申请。若担心发明专利申请被驳回导致相关技术方案被彻底公开而未得到任何保护的情形发生，可以考虑对某些同时符合实用新型专利申请条件的技术方案同日提出发明和实用新型专利申请。我国目前的专利申请制度支持申请人在发明申请授权时选择放弃已授权的实用新型专利而获得发明专利授权的做法。

【相关法条】

《专利法》

第二十二条　授予专利权的发明和实用新型，应当具备新颖性、创造性和实用性。

新颖性，是指该发明或者实用新型不属于现有技术；也没有任何单位或者个人就同样的发明或者实用新型在申请日以前向国务院专利行政部门提出过申请，并记载在申请日以后公布的专利申请文件或者公告的专利文件中。

创造性，是指与现有技术相比，该发明具有突出的实质性特点和显著的进步，该实用新型具有实质性特点和进步。

实用性，是指该发明或者实用新型能够制造或者使用，并且能够产生积极效果。

本法所称现有技术，是指申请日以前在国内外为公众所知的技术。

16. 企业进行研发工作时有哪些专利检索的途径？国内外有哪些免费的专利检索工具？

【风险提示与建议】

专利检索的途径有三种，分别为纸件检索、软件检索和网上检索。

在计算机还没有普遍应用到信息检索领域之前，在网络化还没有为信息共享实现最大化提供可能之前，专利检索的主要途径是纸件检索和软件检索。

纸件载体是主要的专利文献形式，也是检索的主要对象，纸件检索所查资料一般最不容易出错，最具有证据效力，但其专利检索过程效率低，费时费力，容易散失损坏，而且由于印刷发行周期长，对最新资料的检索比较困难。

软件载体通常包括缩微胶片、计算机磁介质和光盘三种。微缩胶片由于具有所占空间小、存储密度高、保存寿命长、易于复制等优点，得到了快速发展，并成为储藏专利全文的主要手段之一。计算机磁介质主要包括磁带和磁盘，具有存储密度高、体积小、装卸自由、可长期保存等优点，因而被广泛应用。在数字存储技术将光盘带入文献收藏领域后，各种形式的专利数据库光盘应运而生。光盘作为一种新出现的介质，被称为“未来的专利文献载体”。随着计算机技术的发展和普及，光盘数据库在专利检索及专利全文的获取中发挥了重要的作用。光盘检索虽然较快，但是光盘检索的有限共享性限制了其使用范围，而且更新的速度也受一定的限制。

随着网络技术的发展，网上专利资源以其无可比拟的数据优势及检索方便快捷、不受时空限制等特点受到用户的青睐，网上检索成为专利检索的主要方式。网上专利检索已逐步发展并成熟，现如今，网上专利检索已成为最主要且最快捷的检索方式。

目前国内外常用的免费网上专利检索工具如表1所示。

表1　国内外常用的免费网上专利检索工具

区域	专利检索工具名称	网址
国内	搜派(SooPAT)	www. soopat. com
	佰腾(Baiten)	www. patexplorer. com/ ads. html
	润桐(Rainpat)	www. rainpat. com
	大为(Innojoy)	www. innojoy. com/ search / index. html
	专利汇(PatentHub)	www. patenthub. cn
	上海市知识产权专利检索分析平台	www. shanghaiip. cn/search/#/home

续表

区域	专利检索工具名称	网址
国内	专利信息服务平台	search. cnipr. com
	国家知识产权局专利检索及分析	pss - system. cponline. cnipa. gov. cn/conventionalSearch
	中国及多国专利审查信息查询	cpquery. cnipa. gov. cn
	香港特别行政区知识产权署网上检索系统	esearch. ipd. gov. hk/nis - pos - view
	台湾地区专利资讯检索系统	twpat. tipo. gov. tw
	澳门特别行政区政府经济及科技发展局各类工业产权注册资料查询	www. economia. gov. mo / zh_CN / web / public / pg_ip_reg_qe? _ refresh = true
国外	世界知识产权组织(世界专利)	www. wipo. int
	欧洲专利局	www. epo. org/searching - for - patents. html
	美国专利商标局	www. uspto. gov
	日本特许厅网站专利数据库	www. jpo. go. jp
	欧洲空间专利	ep. espacenet. com
	韩国专利和商标检索系统	eng. kipris. or. kr/ enghome / main. jsp
	欧洲专利全文下载	www. drugfuture. com/ eppat / patent. asp

17. 若产品研发立项前检索发现已有现有技术,企业应如何应对?

【风险提示与建议】

企业在研发立项前检索发现已有现有技术,并不意味着企业必须因此放弃该产品的推出或进一步研发,可以从以下角度入手,考虑是否还有继续研发、上市的可能性。

首先,企业可以关注该项对己方产品造成影响的现有技术是否处于公用领域,或该现有技术是否被有效的专利权所保护。若该现有技术仅处于公开状态,而没有申请专利权,或专利权已失效,那么企业可以考虑直接使用该项技术。

其次，若该现有技术已被专利保护，且专利处于有效期内，企业可以对该现有技术的相关专利进行研读。研读时，可从以下几个角度考虑：(1)评价该专利的权利是否稳定，若专利权利不稳定，则企业可以通过启动专利无效宣告程序的方式为己方扫除障碍；(2)考虑是否可以通过规避设计对该专利的保护范围进行规避，以得到符合企业需求，又不落入专利保护范围的技术方案；(3)关注目标专利的专利权人是谁，企业是否可以获得专利权人的许可，从而合法地实施该技术方案；(4)考虑是否可以围绕该专利进行专利布局，以增加企业在获得专利许可过程中的谈判筹码，或是争取与目标专利的专利权人达成专利交叉许可。

【相关法条】

《专利法》

第四十五条 自国务院专利行政部门公告授予专利权之日起，任何单位或者个人认为该专利权的授予不符合本法有关规定的，可以请求国务院专利行政部门宣告该专利权无效。

第六十四条 发明或者实用新型专利权的保护范围以其权利要求的内容为准，说明书及附图可以用于解释权利要求的内容。

外观设计专利权的保护范围以表示在图片或者照片中的该产品的外观设计为准，简要说明可以用于解释图片或者照片所表示的该产品的外观设计。

18. 企业不确定拟申请专利之技术的创新程度时，申请发明还是实用新型专利，企业应如何抉择？

【风险提示与建议】

在一项技术方案同时符合申请发明和实用新型专利客体要件的情形下，应当申请发明还是实用新型呢？按照《专利法》对发明和实用新型的定义要求，对发明的创造性的要求要高于对实用新型的创造性要求。换言之，相同的一项技术，申请发明有可能被驳回，或者在发明专利授权后被宣告无效；作为实用新型专利则被认定为有创造性而被授权或者被维持专利权有效。也正因为《专利法》对发明和实用新型创造性要求的差异，两种类型专利的保护期也有着巨大的差异，发明的保护期为20年，远长于实用新型的10年。

实际上，随着技术发展的日新月异、产品更新迭代的突飞猛进，大部分产品在专利保护期还没届满时就已经被市场淘汰，专利技术本身即已经丧失保护的价值。因此，在企业对专利技术方案的保护期要求不是那么长的情形下，企业将表面上够资格申请发明的一项技术方案申请为实用新型，通常可以使该实用新型专利具有更为可靠的稳定性。

当然，在企业更热衷于申请发明专利的情形下，若企业一方面想获得发明专利，另一方面又担心发明专利申请被驳回后企业一无所有，可以考虑同日申报发明和实用新型专利。实用新型因不经实质审查，会被率先授权。待专利局审查到发明专利申请并准备授予企业发明专利时，企业再声明放弃实用新型专利权而获得发明专利权。这样既不用担心发明专利申请被驳回后企业一无所有，又可以避免本能申请发明的技术方案错申请了实用新型专利。

【相关法条】

《专利法》

第二条第二款、第三款　发明，是指对产品、方法或者其改进所提出的新的技术方案。

实用新型，是指对产品的形状、构造或者其结合所提出的适于实用的新的技术方案。

第二十二条第三款　创造性，是指与现有技术相比，该发明具有突出的实质性特点和显著的进步，该实用新型具有实质性特点和进步。

《专利审查指南》

第四部分第六章第4节　实用新型专利创造性的审查

……

但是，根据专利法第二十二条第三款的规定，发明的创造性，是指与现有技术相比，该发明具有突出的实质性特点和显著的进步；实用新型的创造性，是指与现有技术相比，该实用新型具有实质性特点和进步。因此，实用新型专利创造性的标准应当低于发明专利创造性的标准。

两者在创造性判断标准上的不同，主要体现在现有技术中是否存在“技术启示”。在判断现有技术中是否存在技术启示时,发明专利与实用新型专利存在区别,这种区别体现在下述两个方面。

(1)现有技术的领域

对于发明专利而言,不仅要考虑该发明专利所属的技术领域,还要考虑其相近或者相关的技术领域,以及该发明所要解决的技术问题能够促使本领域的技术人员到其中去寻找技术手段的其他技术领域。

对于实用新型专利而言,一般着重于考虑该实用新型专利所属的技术领域。但是现有技术中给出明确的启示,例如现有技术中有明确的记载,促使本领域的技术人员到相近或者相关的技术领域寻找有关技术手段的,可以考虑其相近或者相关的技术领域。

(2)现有技术的数量

对于发明专利而言,可以引用一项、两项或者多项现有技术评价其创造性。

对于实用新型专利而言,一般情况下可以引用一项或者两项现有技术评价其创造性,对于由现有技术通过“简单的迭加”而成的实用新型专利,可以根据情况引用多项现有技术评价其创造性。

19. 企业是否意识到成套成品与组件产品在外观设计专利保护上的区别点,并有意识地调整申请的策略?

【风险提示与建议】

成套产品,是指由两件以上(含两件)属于同一大类、各自独立的产品组成,各产品的设计构思相同,其中每一件产品具有独立的使用价值,而各件产品组合在一起又能体现出其组合使用价值的产品,如由咖啡杯、咖啡壶、牛奶壶和糖罐组成的咖啡器具。组件产品,是指由多个构件相结合构成的一件产品。组件产品分组装关系唯一的组件产品、组装关系不唯一的组件产品和各构件之间无组装关系的组件产品。例如,由水壶和加热底座组成的电热开水壶组件产品以及由榨汁杯、刨冰杯与底座组成的榨汁刨冰机等属于组装关系唯一的组件产品,插接组件玩具产品属于组装关系不唯一的组件产品,而扑克牌、象棋棋子等属于各构件之间无组装关系的组件产品。

司法实践中，对成套产品和组件产品的保护思路是完全不同的，申请人申请外观设计专利时要注意区分是作为成套产品还是作为组件产品来申请外观设计专利。对成套产品专利而言，被控侵权产品抄袭了其中的任何一个套件，例如，抄袭了前述咖啡器具中的咖啡杯而没有抄袭咖啡壶、牛奶壶或者糖罐等，其仍然构成侵权。对组件产品专利而言，被控侵权产品须整体抄袭组件产品方构成侵权，例如，被控侵权产品仅抄袭了榨汁杯而未抄袭榨汁杯、刨冰杯与底座整体组合构成的榨汁刨冰机，则其一般不构成侵权；又如，被控侵权产品仅抄袭了插接组件玩具产品中的一个插接件、象棋中的一个棋子或者扑克牌中的一张牌等，而未抄袭其他的插接件、棋子、扑克牌，则一般不会被认定构成侵权。

有时成套产品与组件产品的界限并非那么清晰可辨。在外观设计专利的申请过程中，如果确认多项的外观设计不能作为成套产品的外观设计专利来申请，而只能作为组件产品的外观设计专利来申请，申请人须慎重考虑是否坚持作为组件产品的外观设计专利来申请。例如，无线蓝牙耳机及其耳机盒，若是作为成套产品的外观设计专利来申请，则被控侵权产品抄袭了耳机或者耳机盒中的任何一个，均构成侵权。若专利局不允许无线蓝牙耳机及其耳机盒作为成套产品的外观设计专利来申请，而只允许二者作为组件产品的外观设计专利来申请，当被控侵权产品仅抄袭了耳机（未抄袭耳机盒），或者仅抄袭了耳机盒（未抄袭耳机）时，被控侵权产品不一定会被认定侵犯带有耳机盒的耳机的外观设计专利（组装关系唯一的组件产品外观设计专利），为企业未来维权埋下了障碍。因此，若耳机和耳机盒均有创新性时，建议申请人就耳机和耳机盒分别申请外观设计专利，从而使耳机和耳机盒分别获得外观设计专利的保护。

【相关法条】

《专利法实施细则》

第三十五条第二款 专利法第三十一条第二款所称同一类别并且成套出售或者使用的产品的两项以上外观设计，是指各产品属于分类表中同一大类，习惯上同时出售或者同时使用，而且各产品的外观设计具有相同的设计构思。

最高人民法院《关于审理侵犯专利权纠纷案件应用法律若干问题的解释（二）》

第十五条 对于成套产品的外观设计专利，被诉侵权设计与其一项外观设计相同或者近似的，人民法院应当认定被诉侵权设计落入专利权的保护范围。

第十六条 对于组装关系唯一的组件产品的外观设计专利，被诉侵权设计与其组合状态下的外观设计相同或者近似的，人民法院应当认定被诉侵权设计落入专利权的保护范围。

对于各构件之间无组装关系或者组装关系不唯一的组件产品的外观设计专利，被诉侵权设计与其全部单个构件的外观设计均相同或者近似的，人民法院应当认定被诉侵权设计落入专利权的保护范围；被诉侵权设计缺少其单个构件的外观设计或者与之不相同也不近似的，人民法院应当认定被诉侵权设计未落入专利权的保护范围。

20. 企业是否意识到相似的外观设计应当且只能作为一件专利合案申请？

【风险提示与建议】

实践中，申请人一方面为了扩大其外观设计专利的保护范围，防止他人仿冒其外观设计，另一方面为适应不同消费者的需求，提高其竞争优势，往往就同一种产品设计出多个相似的外观设计。按照现行《专利法》的规定，同一产品的两项以上相似外观设计可以作为一件专利申请提出。企业有时为了彰显自己申请专利的数量比较多，或者考虑多项外观设计单一性的问题，没有将相似的多项外观设计合案申请，而是分别单独提出了专利申请。由于我国对外观设计专利申请不进行实质审查，多项相似的外观设计专利申请被授权后，因不符合我国《专利法》关于相同的发明创造不得重复授权的规定，多个相似的外观设计专利之间产生冲突，可能被相互利用，成为专利无效的事实依据。例如 A、B 为相似的两项已授权外观设计专利，社会公众可以以 A 为依据来无效 B，也可以以 B 为依据来无效 A。当企业发现市面上有人侵权，以 A 专利为依据提起诉讼时，侵权人或者相关利害关系人即会以其他已授权的相似外观设计专利如 B 专利来无效企业用以维权的 A 专利；反之亦然，届时企业维权将面临进退维谷之境。

将相似的多项外观设计专利申请合案作为一件申请提出，须注意以下两个问题:第一,一件外观设计专利申请中的相似外观设计不得超过10项;超过10项的,审查员应发出审查意见通知书,申请人修改后仍未克服缺陷的,该专利申请将被驳回。第二,成套产品外观设计专利申请中不应包含某一件或者几件产品的相似外观设计。例如,一项包含餐用杯和碟的成套产品外观设计专利申请中,不应再包括所述杯或碟的两项以上的相似外观设计。

对上述第二种情形,建议申请人将有相似外观设计的套件产品单独拿出来进行申请,如将包含餐用杯和碟的成套产品外观设计中具有多项相似外观设计的餐用碟拿出来,并以餐用碟为申请主题,将相似的多项餐用碟外观设计合案作为一件申请提出。

对可能涉嫌违反单一性的多项相似外观设计专利申请不好抉择申请方案,即不知道是应作为相似外观设计专利合案申请,还是考虑单一性的问题将多个外观设计分别提出专利申请时,建议将该批外观设计作为相似外观设计专利合案申请,当审查员认为不具有单一性时再提出分案申请;即使审查员未发现这一问题从而导致前述专利合案申请被授权,也不会造成后期专利被无效的问题。这一点同其他专利驳回与无效的理由具有本质不同。例如,专利在申请过程中修改超范围,若审查员不能及时发现该缺陷,而申请人也未能在申请过程中主动消除该缺陷,前述专利一旦被侥幸授权,即会成为后期专利无效过程中的"定时炸弹",相应专利将会因此被宣告无效。鉴于专利本身不具有单一性是审查授权过程中专利局据以驳回专利申请的理由,却不是在专利授权后其据以无效专利的理由,上述申请策略是妥当和安全的。

【相关法条】

《专利法》

第九条第一款　同样的发明创造只能授予一项专利权。但是,同一申请人同日对同样的发明创造既申请实用新型专利又申请发明专利,先获得的实用新型专利权尚未终止,且申请人声明放弃该实用新型专利权的,可以授予发明专利权。

第三十一条第二款　一件外观设计专利申请应当限于一项外观设计。同一产品两项以上的相似外观设计,或者用于同一类别并且成套出售或者使用的产品的两项以上外观设计,可以作为一件申请提出。

《专利审查指南》

第一部分第三章第 11.1 节 判断原则

在判断是否构成专利法第九条所述的同样的发明创造时,应当以表示在两件外观设计专利申请或专利的图片或者照片中的产品的外观设计为准。同样的外观设计是指两项外观设计相同或者实质相同……

第二部分第六章第 2.1.1 节 单一性要求

……

缺乏单一性不影响专利的有效性,因此缺乏单一性不应当作为专利无效的理由。

第四部分第七章第 2.2 节 授权公告日相同

任何单位或者个人认为属于同一专利权人的具有相同申请日(有优先权的,指优先权日)和相同授权公告日的两项专利权不符合专利法第九条第一款规定的,可以请求专利复审委员会[1]宣告其中一项专利权无效。

无效宣告请求人仅针对其中一项专利权提出无效宣告请求的,专利复审委员会经审查后认为构成同样的发明创造的,应当宣告被请求宣告无效的专利权无效。

两项专利权均被提出无效宣告请求的,专利复审委员会一般应合并审理。经审查认为构成同样的发明创造的,专利复审委员会应当告知专利权人上述两项专利权构成同样的发明创造,并要求其选择仅保留其中一项专利权。专利权人选择仅保留其中一项专利权的,在不存在其他无效宣告理由或者其他理由不成立的情况下,专利复审委员会应当维持该项专利权有效,宣告另一项专利权无效。专利权人未进行选择的,专利复审委员会应当宣告两项专利权无效。

21. 什么是分案申请?企业可以如何利用分案申请?

【风险提示与建议】

专利申请应当符合单一性的规定,即一件发明专利或实用新型专利申

[1] 现为国家知识产权局专利局复审和无效审理部。

请应当限于一项发明或实用新型，属于一个总的发明构思的两项以上的发明或者实用新型，可以作为一件申请提出；一件外观设计专利申请应当限于一项外观设计，同一产品的两项以上相似外观设计，或者用于同一类别并且成套出售或使用的产品的两项以上外观设计，可以作为一件申请提出。若不满足前述要求，则专利申请不具备单一性。审查员在发现发明、实用新型或者外观设计专利申请不具备单一性时，会要求申请人对该发明、实用新型或者外观设计专利申请进行分案。分案申请也可以由申请人主动提出，申请人主动提出分案申请时，其最迟应当在收到专利局对原申请作出授予专利权通知书之日起2个月期限（办理登记手续的期限）届满之前提出。上述期限届满后，或者原申请已被驳回，或者原申请已撤回，或者原申请被视为撤回且未被恢复权利的，一般不得再提出分案申请。对于审查员已发出驳回决定的原申请，自申请人收到驳回决定之日起3个月内，无论申请人是否提出复审请求，均可以提出分案申请；在提出复审请求以后以及对复审决定不服提起行政诉讼期间，申请人也可以提出分案申请。

专利局对原申请作出授予专利权通知书之日起的2个月期间（办理登记手续的期间），由于原申请已经处于国务院专利行政部门发出的授予专利权通知书之后，这意味着国务院专利行政部门已经认可该专利符合授予专利权的要件，自然该专利的权利要求也具备新颖性和创造性。

在进行专利申请时，通常经过实质审查程序后，企业便可以确认审查员所认可的专利的特定技术特征具体是什么，即可以确认是哪些技术特征让审查员认为专利具有了新颖性和创造性。然而，由于企业在撰写申请时所确定的最接近的现有技术和审查员检索所确定的最接近的现有技术不同，或企业在审查答复阶段对权利要求范围进行了较多的缩限等原因，专利获权文本的独立权利要求中往往会存在解决问题的非必要的技术特征，导致专利获权文本的权利要求的保护范围较窄。此时，企业可以通过分案申请的方式，在不影响原专利（母案）授权的前提下，提出一件保护范围更符合企业需求的子申请案。

例如，最初提交的专利申请文件的独立权利要求请求保护的技术方案为A，权利要求2进一步限定了附加技术特征B，权利要求3在权利要求2的基础上进一步限定了附加技术特征C。经审查，审查员认为技术方案A、技术方案A+B均无创造性，而技术方案A+B+C具有创造性，企业可将专利的独立权利要求修改为技术方案 A + B + C,获得专利授权。如果企业认为技术方案 A + B 的创造性尚存一定的争议空间,若独立权利要求保护技术方案 A + B + C 将导致范围过窄,保护 A + B 更符合企业利益,此时,一方面,企业可以依照审查员的意见,将原申请(母案)的独立权利要求技术方案调整为 A + B + C 以快速获取专利授权;另一方面,企业可提出一件独立权利要求范围为 A + B 的分案申请(子申请案),以继续争取技术方案 A + B 获得专利保护。

对于一些十分重要的技术,即使不存在专利授权文本保护范围过窄的问题,企业依然可以通过分案申请达到震慑竞争对手的目的。原因在于,一件专利获得授权后,其最大的保护范围对于公众而言就已确定,就该案件本身而言,后续不存在将该专利的保护范围变得更大的可能性。对企业的竞争对手而言,此时即可在已授权的专利的基础上进行规避设计,以绕开独立权利要求的保护范围。然而,企业若在法定期限内提出了分案申请,那么,企业在获得一个保护范围已确定的专利权(母案)的同时,还可以继续维持一件保护范围处于不确定状态的专利申请(子案),从而增加了竞争对手的规避设计难度,可以为企业占据市场有利地位争取更多的时间。

例如,最初提交的专利申请文件的独立权利要求请求保护的技术方案为 A,权利要求 2 进一步限定了附加技术特征 B,经审查,审查员认为技术方案 A + B 具有创造性,可获得专利授权,企业在结合审查员检索到的对比文件及审查意见之后,认为审查员的意见言之有理,独立权利要求保护 A + B 的方案属于较为恰当的范围。然而,为了避免竞争对手在母案获权后立即以 A + B 为基础进行规避设计,一方面,企业可以将原申请(母案)的独立权利要求技术方案调整为 A + B,以获得原申请的授权;另一方面,企业可以提出一件独立权利要求范围为 A 的分案申请。如此,竞争对手在监控企业专利状态时,将看到企业仍有一件独立权利要求范围为 A 的子申请案尚在审查中,其无法排除子申请案今后会获得授权的可能性,从而使该子申请案形成对竞争对手的掣肘。

【相关法条】

《专利法》

第三十一条 一件发明或者实用新型专利申请应当限于一项发明或者实用新型。属于一个总的发明构思的两项以上的发明或者实用新型,可以作为一件申请提出。

一件外观设计专利申请应当限于一项外观设计。同一产品的两项以上相似外观设计,或者用于同一类别并且成套出售或使用的产品的两项以上外观设计,可以作为一件申请提出。

《专利法实施细则》

第四十二条第一款 一件专利申请包括两项以上发明、实用新型或者外观设计的,申请人可以在本细则第五十四条第一款规定的期限届满前,向国务院专利行政部门提出分案申请;但是,专利申请已经被驳回、撤回或者视为撤回的,不能提出分案申请。

第五十四条第一款 国务院专利行政部门发出授予专利权的通知后,申请人应当自收到通知之日起2个月内办理登记手续。申请人按期办理登记手续的,国务院专利行政部门应当授予专利权,颁发专利证书,并予以公告。

22. 企业如何利用专利优先权制度延长专利技术的储备期限?

【风险提示与建议】

一般而言,企业大多抱着早申请、早授权、早保护的思路去申请专利并获得相关授权保护。但是在一些特殊情形下,企业既想获得较早的申请日,以避免专利丧失新颖性或创造性;又想拉长专利的保护期,以使自身能够储备相关专利技术并在未来使用,从而获得更多、更大的经济利益。例如,企业已经研发出第一代专利产品并投入使用,第二代的产品目前也已经研发成功。鉴于第一代产品的市场空间尚未用尽,故企业想继续使用第一代专利产品,第二代专利产品则作为技术储备使用。若第二代专利产品现在就申请专利,则自申请日起10年(针对实用新型)或者20年(针对发明)届满,第二代专利的保护期就会结束。无论第一代专利产品的使用期限如何,第二代产品的专利保护期不会延长。若企业推迟第二代产品的专利申请日,则推迟期间全球公开的专利文献、期刊文章又可能成为影响第二代产品专利新颖性和创造性的不利因素。面对如此困境,企业应当如何确定申请策略?

为解决上述进退维谷的困境,企业可以考虑充分利用我国《专利法》中的优先权申请制度。专利优先权可分为国内优先权和国际优先权。所谓国内优先权,又称“本国优先权”,是指专利申请人就相同主题的发明或者实用新型在本国第一次提出专利申请之日起12个月内,或者自外观设计在本国第一次提出专利申请之日起6个月内,又向本国提出专利申请的,可以享有优先权。所谓国际优先权,又称“外国优先权”,是指专利申请人自发明或者实用新型在外国第一次提出专利申请之日起12个月内,或者自外观设计在外国第一次提出专利申请之日起6个月内,又在中国就相同主题提出专利申请的,依照该外国同中国签订的协议或者共同参加的国际条约,或者依照相互承认优先权的原则,可以享有优先权。

实践中可以充分利用本国优先权制度来实现早日申请、延迟保护的效果。如前所述,企业可以在第二代产品研发成功后即报递发明专利申请,该申请称为在先申请,当该在先申请的实用新型或发明自申请日起即将届满12个月之际,或该在先申请的外观设计自申请日起即将届满6个月之际,提出在后申请并申请前述在先申请的优先权。这样既获得了最早的申请日即优先权日,又推迟了在后申请的保护期,达到了技术储备的目的。

当然,发明申请和实用新型申请都可以作为优先权的基础,用于在后申请发明或者实用新型,并可同步实现专利类型的转换。企业可以根据实际需要合理地确定作为优先权基础的发明申请或者实用新型申请。

【相关法条】

《专利法》

第二十九条 申请人自发明或者实用新型在外国第一次提出专利申请之日起十二个月内,或者自外观设计在外国第一次提出专利申请之日起六个月内,又在中国就相同主题提出专利申请的,依照该外国同中国签订的协议或者共同参加的国际条约,或者依照相互承认优先权的原则,可以享有优先权。

申请人自发明或者实用新型在中国第一次提出专利申请之日起十二个月内,或者自外观设计在中国第一次提出专利申请之日起六个月内,又向国务院专利行政部门就相同主题提出专利申请的,可以享有优先权。

23. 企业在要求专利本国优先权时，有哪些注意事项？

【风险提示与建议】

专利的本国优先权制度，在实践中常用于以下方面：

（1）技术方案已经基本成形但尚未达到十分完善，此时可通过提交在先申请抢占申请日，并在本国优先权的期限内进一步研发，完善技术细节，然后提交在后申请，并要求在先申请的优先权。

（2）在先申请的申请文件撰写存在瑕疵，尤其是说明书的撰写存在瑕疵时，可以通过要求本国优先权完善撰写文件。

（3）申请人希望修改申请类型时，可以通过要求本国优先权的方式提交一份符合自己要求的在后申请。

（4）在符合单一性的前提下，申请人可以通过要求本国优先权，将若干在先申请合并为一个在后申请，以减少后续的维护费用。

（5）申请人可以通过要求本国优先权延长专利的保护期限。

要求本国优先权的在后申请提交之时，在先申请即视为撤回。实际操作中，本国优先权在初步审查阶段合格，国家知识产权局会对在先申请发出视为撤回通知书，在先申请即视为撤回；同时因为在后申请要求优先权所导致的在先申请的撤回是不可恢复的，此时，即意味着在先申请将不再有获得专利权的可能性。

然而，在专利实质审查程序中，还会再次进行本国优先权的审查。在实质审查程序中，会审查在后申请与在先申请是否属于相同主题的发明或实用新型，即审查在先申请与在后申请的技术领域、所解决的技术问题、技术方案和预期的效果是否相同。实质审查程序中对于优先权请求是否可以成立的审查结果与初步审查中的结果可能是不同的。如果企业的优先权申请成功通过了初步审查，使在先申请被视为撤回，却没有成功通过实质审查，对于企业而言将是灾难性的结果。因此，在要求专利的本国优先权时，保证优先权的要求成功经过实质审查十分重要。为了避免或减轻由于优先权要

求失败所导致的不利后果,企业可从以下几个角度进行防范[1]:

(1)在后申请中,至少有一条权利要求的特征,能够在在先申请的权利要求书或说明书中找到原文,以防止在后申请在实质上无法要求在先申请的优先权。

(2)企业需要结合本领域的现有技术、说明书和附图的内容,评价在后申请与在先申请是否属于相同主题的发明或实用新型。

(3)在后申请的说明书中,保留一个或多个与在先申请的说明书相同的实施例,为企业在今后修改在后申请保留足够的修改空间。

(4)若企业在提出在先发明之时,即能够预料日后将会提出在后申请并要求在先申请的本国优先权,则在提出在先发明时,应避免要求在先发明提前公开。

(5)企业应梳理在先申请的法律状态和相关联申请,确认其是否为第一次申请,以确保在后申请要求的优先权切实有效。

【相关法条】

《专利法》

第二十九条第二款 申请人自发明或者实用新型在中国第一次提出专利申请之日起十二个月内,或者自外观设计在中国第一次提出专利申请之日起六个月内,又向国务院专利行政部门就相同主题提出专利申请的,可以享有优先权。

《专利法实施细则》

第三十二条第三款 申请人要求本国优先权的,其在先申请自后一申请提出之日起即视为撤回。

《专利审查指南》

第一部分第一章第6.2.2.5节 视为撤回在先申请的程序

申请人要求本国优先权的,其在先申请自在后申请提出之日起即视为撤回。

申请人要求本国优先权,经初步审查认为符合规定的,审查员应当对在先申请发出视为撤回通知书。申请人要求两项以上本国优先权,经初步审

[1] 参见刘芸芸、庞启成:《浅析专利申请中要求本国优先权时存在的风险》,载《专利代理》2018年第4期。

查认为符合规定的，审查员应当针对相应的在先申请，发出视为撤回通知书。

被视为撤回的在先申请不得请求恢复。

第二部分第三章第4.1.2节 相同主题的发明创造的定义

专利法第二十九条所述的相同主题的发明或者实用新型，是指技术领域、所解决的技术问题、技术方案和预期的效果相同的发明或者实用新型。但应注意这里所谓的相同，并不意味在文字记载或者叙述方式上完全一致。

……

第二部分第三章第4.2.1节 享有本国优先权的条件

享有本国优先权的专利申请应当满足以下条件：

(1)只适用于发明或者实用新型专利申请[1]；

(2)申请人就相同主题的发明或者实用新型在中国第一次提出专利申请（以下简称中国首次申请）后又向专利局提出专利申请（以下简称中国在后申请）；

(3)中国在后申请之日不得迟于中国首次申请之日起十二个月。

……

24. 不公布专利的发明人或者设计人要怎样做？企业这样做有何意义？

【风险提示与建议】

专利的发明人或设计人应当是个人，提出专利申请时，请求书中不得填写单位或者集体，如不得写成"××课题组"等。发明人或设计人应当使用本人真实姓名，不得使用笔名或者其他非正式的姓名。多个发明人或设计人的，应当自左向右顺序填写。外国发明人或设计人中文译名中可以使用外文缩写字母，姓和名之间用圆点分开，圆点置于中间位置，如M·琼斯。

发明人或设计人可以请求专利局不公布其姓名。提出专利申请时请求

[1] 2020年修正的《专利法》第29条规定了外观设计可以享有本国优先权，但截至本书出版时，《专利审查指南》尚未对此处做适应性修改。

不公布发明人或设计人姓名的,应当在请求书发明人或设计人的相关栏目中所填写的相应发明人或设计人后面注明“(不公布姓名)”。不公布姓名的请求提出之后,经审查认为符合规定的,专利局在专利公报、专利申请单行本、专利单行本以及专利证书中均不公布其姓名,并在相应位置注明“请求不公布姓名”字样,发明人或设计人也不得再请求重新公布其姓名。提出专利申请后请求不公布发明人姓名的,应当提交由发明人或设计人签字或者盖章的书面声明,但是专利申请进入公布准备后才提出该请求的,视为未提出请求,审查员应当发出视为未提出通知书。

由于专利文献本身即是一种法律文件,因此,通过锁定竞争者,研究竞争者所公开的一系列相关专利文献,可以获得竞争者的技术发展趋势情报和研发人员构成情况。此外,企业通过锁定专利文献中所公开的发明人或者设计人信息,检索特定发明人或者设计人参与研发创造的一系列专利发表的论文、写作的书籍等,还能对该发明人或者设计人的研发能力、设计能力、专业素质等有一个综合全面的认识,锁定目标人才,为未来实施人才争夺战打下基础。

相反地,当企业处于被研究者的地位时,为避免被他人挖墙脚,则需要考虑不公布发明人或者设计人姓名。由于在专利文献上标注发明人或者设计人是相关发明人或者设计人享有署名权的重要体现,不公布发明人或者设计人的姓名会导致相关发明、设计人员署名权的剥夺或者放弃,故企业实施该做法时务必同相关的发明人或者设计人做好充分沟通。

【相关法条】

《专利法》

第十六条第一款 发明人或者设计人有权在专利文件中写明自己是发明人或者设计人。

第二十六条第二款 请求书应当写明发明或者实用新型的名称,发明人的姓名,申请人姓名或者名称、地址,以及其他事项。

《专利法实施细则》

第十三条 专利法所称发明人或者设计人,是指对发明创造的实质性特点作出创造性贡献的人。在完成发明创造过程中,只负责组织工作的人、为物质技术条件的利用提供方便的人或者从事其他辅助工作的人,不是发明人或者设计人。

25. 企业申请的发明专利如何提前公开？这样做有何意义？

【风险提示与建议】

根据规定，国家知识产权局收到提交的发明专利申请后，经初步审查认为符合要求的，自申请日起满 18 个月，即行公布。如果申请人想要提前公开，可以在申请日起 18 个月内递交提前公开声明，该要求提前公开的发明专利申请经初步审查合格后，即可进入公开程序，通常 6 ~ 10 个月即可公布。专利申请过程中，因为发明专利的提前公开有利有弊，企业或者专利代理机构还需要结合企业自身情况分析判断。

一般而言，发明专利提前公开具有如下优点：根据规定，发明专利保护期为自专利申请日起 20 年。发明专利需要公开后才能进入实质审查阶段，同时可以要求实施其发明的单位或者个人支付适当的费用，即“临时保护”。因此，通过提前公开发明专利，可以达到缩短审查时间、延长行使专利权时间和抢占市场先机，尽早获得临时保护的目的。而发明专利提前公开的弊端在于，如果发明专利技术仍未成熟，在公开前还能撤回，使该专利作为技术秘密保留，待发明专利完善后重新提出申请。一旦被公开，发明专利方案将成为现有技术，后续的改进方案需同时满足新颖性和创造性。此外，发明专利越早公开，竞争对手也能越早结合公开的内容，研究如何对该发明专利进行创新，如何既能利用核心技术又跳出发明申请的保护范围等，等于给了竞争对手更多的时间。

【相关法条】

《专利法》

第三十四条　国务院专利行政部门收到发明专利申请后，经初步审查认为符合本法要求的，自申请日起满十八个月，即行公布。国务院专利行政部门可以根据申请人的请求早日公布其申请。

第三十五条　发明专利申请自申请日起三年内，国务院专利行政部门可以根据申请人随时提出的请求，对其申请进行实质审查；申请人无正当理由逾期不请求实质审查的，该申请即被视为撤回。

国务院专利行政部门认为必要的时候，可以自行对发明专利申请进行实质审查。

第四十二条第一款 发明专利权的期限为二十年，实用新型专利权的期限为十年，外观设计专利权的期限为十五年，均自申请日起计算。

26. 各类专利申请从申请日起到授权大概要多长时间？是否有途径缩短该时间？

【风险提示与建议】

我国专利分为三类：发明、实用新型、外观设计，目前：

(1)发明专利从申请到授权一般2～3年(有的可能更长)；

(2)实用新型专利从申请到授权一般6～10个月；

(3)外观设计专利从申请到授权一般4～8个月。

由上可知，发明专利授权程序所需时间最长，这是因为实用新型专利和外观设计专利授权程序中没有实质审查这一环节，故实用新型专利和外观设计专利授权所需时间比发明专利要短很多。

对于某些急于获得专利授权的申请人而言，目前可通过以下途径加快审查授权速度：

(1)对于发明专利，提交专利申请时提交提前公布并同时提交实质审查申请，从而无须经过18个月就可提前公布，并进入实质审查阶段，从整体上缩短审查周期，加快授权速度。

(2)对于以下情形之一的专利申请，可以向国家知识产权局请求优先审查：①涉及节能环保、新一代信息技术、生物、高端装备制造、新能源、新材料、新能源汽车、智能制造等国家重点发展产业；②涉及各省级和设区的市级人民政府重点鼓励的产业；③涉及互联网、大数据、云计算等领域且技术或者产品更新速度快；④专利申请人或者复审请求人已经做好实施准备或者已经开始实施，或者有证据证明他人正在实施其发明创造；⑤就相同主题首次在中国提出专利申请又向其他国家或者地区提出申请的该中国首次申请；⑥其他对国家利益或者公共利益具有重大意义需要优先审查的申请。

国家知识产权局同意进行优先审查的专利申请，会自同意之日起，在以下期限内办结：①发明专利申请在45日内发出第一次审查意见通知书，并在一年内结案;②实用新型和外观设计专利申请在2个月内结案;③专利复审案件在7个月内结案。

(3)申请人还可以通过申请专利预审加快专利授权速度。专利预审,是指知识产权保护中心为公司主体的专利申请先进行预先审查,国家知识产权局对通过保护中心预审的专利申请进行加快审查,缩短审查授权周期。但是对于申请专利预审的主体也是有限制的,一般是注册登记在知识产权保护中心所在地、符合特定技术领域要求等条件的企事业单位先向保护中心申请备案成功后才能向保护中心申请专利预审。此外,目前已有的知识产权保护中心对企事业单位申请预审备案有不同的条件和要求,对申请的专利类型及所需要的申请材料也有一定的要求。通过预审,发明专利的授权周期为3~6个月,实用新型专利的授权周期为1个月左右,外观设计专利的授权周期为7~15天。

【相关法条】

《专利法》

第三十四条　国务院专利行政部门收到发明专利申请后,经初步审查认为符合本法要求的,自申请日起满十八个月,即行公布。国务院专利行政部门可以根据申请人的请求早日公布其申请。

《专利优先审查管理办法》

第三条　有下列情形之一的专利申请或者专利复审案件,可以请求优先审查:

(一)涉及节能环保、新一代信息技术、生物、高端装备制造、新能源、新材料、新能源汽车、智能制造等国家重点发展产业;

(二)涉及各省级和设区的市级人民政府重点鼓励的产业;

(三)涉及互联网、大数据、云计算等领域且技术或者产品更新速度快;

(四)专利申请人或者复审请求人已经做好实施准备或者已经开始实施,或者有证据证明他人正在实施其发明创造;

(五)就相同主题首次在中国提出专利申请又向其他国家或者地区提出申请的该中国首次申请;

(六)其他对国家利益或者公共利益具有重大意义需要优先审查。

第十条　国家知识产权局同意进行优先审查的,应当自同意之日起,在以下期限内结案：

（一）发明专利申请在四十五日内发出第一次审查意见通知书，并在一年内结案；

（二）实用新型和外观设计专利申请在两个月内结案；

（三）专利复审案件在七个月内结案；

（四）发明和实用新型专利无效宣告案件在五个月内结案，外观设计专利无效宣告案件在四个月内结案。

27. 专利代理机构是否有提醒或者实际办理企业的专利申请费用减免？

【风险提示与建议】

一般来说，正规的专利代理机构都会提醒企业办理专利申请费用的减免。就目前的政策看，减免的幅度还比较大。如果企业未能及时办理减免，专利申请量又比较大时，显然会是一笔很大的损失。需要特别指出的是，在办理专利申请费用减免的过程中，企业应当确保自己的陈述以及所提交文件的真实性，否则可能会被政府列入不诚信企业名单，导致企业遭受更大损失。

目前正在执行的减免政策是财政部、国家发改委2016年发布的《专利收费减缴办法》和2019年发布的《关于减免部分行政事业性收费有关政策的通知》。减免的政策经常调整，企业在递交申请时要注意核查最新的规定。根据目前的政策，专利申请人或者权利人可以要求减免申请费，发明专利实审费、年费和复审费用，需要满足的条件是个人年收入在5万元以下或者企业上一年度纳税额在100万元以下，或者申请人或者专利权人为事业单位、社会团体和非营利性科研机构，减免力度根据专利申请人数的不同，可达70%或者85%。

【相关法条】

《专利收费减缴办法》

第二条 专利申请人或者专利权人可以请求减缴下列专利收费：

（一）申请费（不包括公布印刷费、申请附加费）；

（二）发明专利申请实质审查费；

(三)年费(自授予专利权当年起六年内的年费);

(四)复审费。

第三条 专利申请人或者专利权人符合下列条件之一的,可以向国家知识产权局请求减缴上述收费:

(一)上年度月均收入低于3500元(年4.2万元)的个人;

(二)上年度企业应纳税所得额低于30万元的企业;

(三)事业单位,社会团体、非营利性科研机构。

两个或者两个以上的个人或者单位为共同专利申请人或者共有专利权人的,应当分别符合前款规定。

第四条 专利申请人或者专利权人为个人或者单位的,减缴本办法第二条规定收费的85%。

两个或者两个以上的个人或者单位为共同专利申请人或者共有专利权人的,减缴本办法第二条规定收费的70%。

第六条 专利申请人或者专利权人请求减缴专利收费的,应当提交收费减缴请求书及相关证明材料。专利申请人或者专利权人通过专利事务服务系统提交专利收费减缴请求并经审核批准备案的,在一个自然年度内再次请求减缴专利收费,仅需提交收费减缴请求书,无需再提交相关证明材料。

28. 企业因疏忽大意导致错过缴纳专利年费,该如何处理?

【风险提示与建议】

专利权人自专利授权的年度起直至专利有效期限届满专利权终止期间,每年都应向国家知识产权局缴纳一定的费用,即年费。然而很多企业因为各种原因疏忽大意,导致错过缴纳年费。根据不同情况,可以分别采取以下措施:

(1)年费缴纳期满但没有超过6个月的,企业直接补缴年费即可。补缴时间超过规定的年费缴纳期限但不足1个月时,不需要缴纳滞纳金。补缴时间超过规定时间1个月或者以上的,企业还需缴纳相应数额的滞纳金。

(2)年费缴纳期满超过6个月仍未缴纳或者缴足年费或滞纳金的,自该6个月期满之日起2个月后审查员会发出专利权终止通知书,企业收到该通知书之日起2个月内可以通过提交恢复权利申请进行挽救。

(3)如果企业收到该专利权终止通知书之日起2个月内未申请恢复权利或者恢复权利请求未被批准的,国家知识产权局会在专利权终止通知书发出4个月后进行失效处理,专利权自应当缴纳年费期满之日起终止。

【相关法条】

《专利法实施细则》

第六条 当事人因不可抗拒的事由而延误专利法或者本细则规定的期限或者国务院专利行政部门指定的期限,导致其权利丧失的,自障碍消除之日起2个月内,最迟自期限届满之日起2年内,可以向国务院专利行政部门请求恢复权利。

除前款规定的情形外,当事人因其他正当理由延误专利法或者本细则规定的期限或者国务院专利行政部门指定的期限,导致其权利丧失的,可以自收到国务院专利行政部门的通知之日起2个月内向国务院专利行政部门请求恢复权利。

当事人依照本条第一款或者第二款的规定请求恢复权利的,应当提交恢复权利请求书,说明理由,必要时附具有关证明文件,并办理权利丧失前应当办理的相应手续;依照本条第二款的规定请求恢复权利的,还应当缴纳恢复权利请求费。

当事人请求延长国务院专利行政部门指定的期限的,应当在期限届满前,向国务院专利行政部门说明理由并办理有关手续。

本条第一款和第二款的规定不适用专利法第二十四条、第二十九条、第四十二条、第六十八条[1]规定的期限。

29. 某个发明创造(设计或技术方案)申请专利后,是否还有必要申请其他知识产权保护?

【风险提示与建议】

我国知识产权及相关权益主要包括专利权、商标专用权、著作权以及商业秘密,以上四类知识产权保护的客体及期限各有不同,详析如下:

---

〔1〕 相关规定参见2020年修正的《专利法》第74条。

（1）专利权。我国专利包含发明专利、实用新型专利和外观设计专利三类。其中，发明专利权保护的是对产品、方法或者其改进所提出的新的技术方案。实用新型专利权保护的是对产品的形状、构造或者其结合所提出的适于实用的新的技术方案。外观设计专利权保护的是对产品的形状、图案或者其结合以及色彩与形状、图案的结合所作出的富有美感并适于工业应用的新设计。发明专利权的期限为自申请日起20年，实用新型专利权的期限为自申请日起10年，外观设计专利权的期限为自申请日起15年。此外，专利授权后，自授予专利权当年起，专利权人每年度需要按时向国家知识产权局缴纳一定年费，直至专利有效期限届满专利权终止。

（2）商标专用权。商标专用权以核准注册的商标和核定使用的商品为限，未经商标注册人的许可，任何人禁止在相同或类似商品上使用与其注册商标相同或者近似的商标。商标专用权的有效期为自核准注册之日起10年，其间无须缴纳年费。待商标专有权有效期满，需要继续使用的，商标权人在有效期届满前可以申请续展，每次续展注册的有效期为10年，续展次数不限，每次续展需缴纳一定的续展费。

（3）著作权。著作权是权利人对于其创作的，在文学、艺术和科学领域内具有独创性并能以某种有形形式复制的智力成果（作品）享有的专有权。著作权自作品创作完成之日起产生，无须向有权机构申请、注册。法人或者非法人组织的作品中的财产权（包括但不限于复制权、发行权、信息网络传播权等）及发表权的保护期限为50年，人身权（包括署名权、修改权以及保护作品完整权）的保护期限不受限制。作品著作权有效期内，权利人无须缴纳年费，本权利不存在续展，也无须缴纳续展费。

（4）商业秘密。商业秘密是指不为公众所知悉、具有商业价值并经权利人采取相应保密措施的技术信息、经营信息等商业信息。其保护期限不受限制，直至不符合商业秘密的规定（如已被公众知晓）。商业秘密拥有者也无须缴纳年费，本权益也不存在续展问题，从而也无须缴纳续展费。

很多企业只是决定将其所拥有的发明创造（设计或技术方案）申请专利，往往并没有其他布局，但是结合上述分析可知，专利保护也有其局限性。下面从两个方面列举说明：

（1）对于外观设计专利而言，其保护的是依附特定产品的外观设计（该产品的形状、图案或者其结合以及色彩与形状、图案的结合），并且保护年限仅为15年。如果其他主体将该产品的外观应用于其他不同种类的产品之上,或者过了15年保护期,该产品的外观设计便无法通过专利获得进一步的保护。因此,企业的某些设计在申请外观设计专利后,可以通过作品登记(此处登记主要是作为证据使用,而非受保护的前提条件),用著作权进行保护。例如,乙公司组织开发了一种印花美观的布料新产品,因其印花为乙公司员工设计,具有独创性,属于可获得著作权保护的美术作品,且乙公司与该员工约定著作权由乙公司享有。该布料产品形成了富有美感的工业新设计,乙公司可通过外观设计专利进行保护,在未得到乙公司的许可时,在外观设计专利的15年保护期内,其他主体不得为生产经营目的制造、许诺销售、销售、进口该布料。而印花的图样又可作为美术作品得到著作权法的保护,其著作财产权的保护期限截止于作品首次发表后第50年的12月31日,在著作财产权保护期限内,其他主体生产具有该印花的布料,将构成复制该美术作品的行为,从而侵犯乙公司对该美术作品的著作权。因此,在外观设计专利权到期后,乙公司还可以通过著作权继续维护自己针对该产品的市场有利地位。

另外,对于外观设计专利中某些形状、图案或文字在某些商品或服务类别上申请注册商标,作为指示产品来源的商业标识,可在原来外观设计专利的保护范围上进一步拓宽其权利范围。克里斯蒂昂迪奥尔香料公司(以下简称迪奥尔公司)对于香水瓶的保护可以给企业一定启发。迪奥尔公司于1999年4月28日就其一款香水瓶申请了外观设计专利,专利号为993060927,该专利的保护期限于2009年4月27日届满。然而,该香水为迪奥尔公司的主要香氛产品之一,若失去对该香水瓶的知识产权保护,可能导致市面上出现大量仿品,这对于迪奥尔公司来讲是不可接受的。迪奥尔公司的商标注册信息显示,该公司于2009年6月29日就该香水瓶申请了注册号为7505828的三维立体商标,且已对该商标进行了续展,从而实现了对该香水瓶的更长时间的知识产权保护,有利于迪奥尔公司在专利权届满之后继续维持自身的市场有利地位。

(2)保护技术方案的发明专利和实用新型专利是以公开换保护的,因此申请的专利获得授权公开后,不排除其他主体实施该专利,但可能因各种客观原因(如取证困难)导致通过提起专利侵权诉讼也不能对权利进行及时救济。因此,企业在对某些技术方案申请专利的同时,对于该技术方案的某些实施技巧等内容可以采取相应的保密措施，通过商业秘密保护（前提是确保该技巧或者相关内容不会被其他主体通过反向工程等渠道破译、掌握），专利授权公开后，其他主体因不懂实施技巧或相关内容，也就无法较好地实施该专利。

因此，企业应当审视自身相关技术，有针对性地选择将相关技术点申请专利或作为商业秘密进行保护。针对技术选择专利或商业秘密保护的基准，是该技术是否在短期内可被同行业者知悉、获取、吸收或破解，即是否有技术壁垒。对于技术壁垒较高的企业核心技术，建议作为商业秘密进行保护。而针对技术壁垒较低，有可能在短期内被同行业者知悉甚至取代的技术，则建议作为专利进行保护。而对于非核心技术，企业可以考虑通过申请发明或实用新型专利的方式加以保护，增加同行业竞争对手的抄袭、借鉴成本。

众所周知，生物、制药、新材料等领域的新产品，其产品品质与配方、制造工艺等因素具有密切的关系，难以通过最终上市的成品直接得到精确的最优配方或制造工艺参数，通过技术秘密保护其配方数据或工艺参数是可行的。但同时，由于技术的不断更迭，反向工程技术也相应发展，通过反向工程方式获得的商业秘密，不认定为侵犯商业秘密行为。因此，若仅通过技术秘密保护也存在被反向工程手段破解的风险，故这样的技术还可以结合专利进行保护。例如，甲企业研发出一款新药的配方，其包括30%～50%的组分A和50%～70%的组分B，当组分A的含量为45%、组分B的含量为55%时，该新药具有最佳的治疗效果。此时，甲企业可申请专利，并在专利中公开30%～50%的组分A和50%～70%的组分B这一配方，而对效果最优的45%组分A和55%组分B这一配方采取保密措施，作为技术秘密保护。如此一来，即使竞争对手能够通过反向工程手段分析出该新药配方中各组分的大致范围，在专利的保护期内，其也无法以生产经营为目的制造、许诺销售、销售、进口和使用该新药。而在专利的保护期届满之后，由于该药品的精确最优配方尚未公布，竞争对手难以生产出药效与甲企业产品药效相当的药品，从而有利于甲企业继续获取市场有利地位。

综上所述，建议企业根据内部实际情况，在将所拥有的发明创造（设计或技术方案）申请专利之时做好知识产权综合布局，从而获得最大的知识产权保护，避免专利单一保护的弊端。

【相关法条】

《专利法》

第二条 本法所称的发明创造是指发明、实用新型和外观设计。发明，是指对产品、方法或者其改进所提出的新的技术方案。

实用新型，是指对产品的形状、构造或者其结合所提出的适于实用的新的技术方案。

外观设计，是指对产品的整体或者局部的形状、图案或者其结合以及色彩与形状、图案的结合所作出的富有美感并适于工业应用的新设计。

第四十二条第一款 发明专利权的期限为二十年，实用新型专利权的期限为十年，外观设计专利权的期限为十五年，均自申请日起计算。

《商标法》

第三十九条 注册商标的有效期为十年，自核准注册之日起计算。

第四十条 注册商标有效期满，需要继续使用的，商标注册人应当在期满前十二个月内按照规定办理续展手续；在此期间未能办理的，可以给予六个月的宽展期。每次续展注册的有效期为十年，自该商标上一届有效期满次日起计算。期满未办理续展手续的，注销其注册商标。

商标局应当对续展注册的商标予以公告。

第五十六条 注册商标的专用权，以核准注册的商标和核定使用的商品为限。

第五十七条 有下列行为之一的，均属侵犯注册商标专用权：

（一）未经商标注册人的许可，在同一种商品上使用与其注册商标相同的商标的；

（二）未经商标注册人的许可，在同一种商品上使用与其注册商标近似的商标，或者在类似商品上使用与其注册商标相同或者近似的商标，容易导致混淆的；

（三）销售侵犯注册商标专用权的商品的；

（四）伪造、擅自制造他人注册商标标识或者销售伪造、擅自制造的注册商标标识的；

（五）未经商标注册人同意，更换其注册商标并将该更换商标的商品又投入市场的；

（六）故意为侵犯他人商标专用权行为提供便利条件，帮助他人实施侵犯商标专用权行为的；

（七）给他人的注册商标专用权造成其他损害的。

《著作权法》

第十条　著作权包括下列人身权和财产权：

（一）发表权，即决定作品是否公之于众的权利；

（二）署名权，即表明作者身份，在作品上署名的权利；

（三）修改权，即修改或者授权他人修改作品的权利；

（四）保护作品完整权，即保护作品不受歪曲、篡改的权利；

（五）复制权，即以印刷、复印、拓印、录音、录像、翻录、翻拍、数字化等方式将作品制作一份或者多份的权利；

（六）发行权，即以出售或者赠与方式向公众提供作品的原件或者复制件的权利；

（七）出租权，即有偿许可他人临时使用视听作品、计算机软件的原件或者复制件的权利，计算机软件不是出租的主要标的的除外；

（八）展览权，即公开陈列美术作品、摄影作品的原件或者复制件的权利；

（九）表演权，即公开表演作品，以及用各种手段公开播送作品的表演的权利；

（十）放映权，即通过放映机、幻灯机等技术设备公开再现美术、摄影、视听作品等的权利；

（十一）广播权，即以有线或者无线方式公开传播或者转播作品，以及通过扩音器或者其他传送符号、声音、图像的类似工具向公众传播广播的作品的权利，但不包括本款第十二项规定的权利；

（十二）信息网络传播权，即以有线或者无线方式向公众提供，使公众可以在其选定的时间和地点获得作品的权利；

（十三）摄制权，即以摄制视听作品的方法将作品固定在载体上的权利；

（十四）改编权，即改变作品，创作出具有独创性的新作品的权利；

（十五）翻译权，即将作品从一种语言文字转换成另一种语言文字的权利；

（十六）汇编权，即将作品或者作品的片段通过选择或者编排，汇集成新作品的权利；

（十七）应当由著作权人享有的其他权利。

著作权人可以许可他人行使前款第五项至第十七项规定的权利,并依照约定或者本法有关规定获得报酬。

著作权人可以全部或者部分转让本条第一款第五项至第十七项规定的权利,并依照约定或者本法有关规定获得报酬。

第二十二条 作者的署名权、修改权、保护作品完整权的保护期不受限制。

第二十三条 自然人的作品,其发表权、本法第十条第一款第五项至第十七项规定的权利的保护期为作者终生及其死亡后五十年,截止于作者死亡后第五十年的12月31日;如果是合作作品,截止于最后死亡的作者死亡后第五十年的12月31日。

法人或者非法人组织的作品、著作权(署名权除外)由法人或者非法人组织享有的职务作品,其发表权的保护期为五十年,截止于作品创作完成后第五十年的12月31日;本法第十条第一款第五项至第十七项规定的权利的保护期为五十年,截止于作品首次发表后第五十年的12月31日,但作品自创作完成后五十年内未发表的,本法不再保护。

视听作品,其发表权的保护期为五十年,截止于作品创作完成后第五十年的12月31日;本法第十条第一款第五项至第十七项规定的权利的保护期为五十年,截止于作品首次发表后第五十年的12月31日,但作品自创作完成后五十年内未发表的,本法不再保护。

《著作权法实施条例》

第二条 著作权法所称作品,是指文学、艺术和科学领域内具有独创性并能以某种有形形式复制的智力成果。

第六条 著作权自作品创作完成之日起产生。

《反不正当竞争法》

第九条 经营者不得实施下列侵犯商业秘密的行为:

(一)以盗窃、贿赂、欺诈、胁迫、电子侵入或者其他不正当手段获取权利人的商业秘密;

(二)披露、使用或者允许他人使用以前项手段获取的权利人的商业秘密;

(三)违反保密义务或者违反权利人有关保守商业秘密的要求,披露、使用或者允许他人使用其所掌握的商业秘密;

（四）教唆、引诱、帮助他人违反保密义务或者违反权利人有关保守商业秘密的要求，获取、披露、使用或者允许他人使用权利人的商业秘密。

经营者以外的其他自然人、法人和非法人组织实施前款所列违法行为的，视为侵犯商业秘密。

第三人明知或者应知商业秘密权利人的员工、前员工或者其他单位、个人实施本条第一款所列违法行为，仍获取、披露、使用或者允许他人使用该商业秘密的，视为侵犯商业秘密。

本法所称的商业秘密，是指不为公众所知悉、具有商业价值并经权利人采取相应保密措施的技术信息、经营信息等商业信息。

最高人民法院《关于审理侵犯商业秘密民事案件适用法律若干问题的规定》

第十四条　通过自行开发研制或者反向工程获得被诉侵权信息的，人民法院应当认定不属于反不正当竞争法第九条规定的侵犯商业秘密行为。

前款所称的反向工程，是指通过技术手段对从公开渠道取得的产品进行拆卸、测绘、分析等而获得该产品的有关技术信息。

被诉侵权人以不正当手段获取权利人的商业秘密后，又以反向工程为由主张未侵犯商业秘密的，人民法院不予支持。

30. 如果发现竞争对手正在将公有领域的技术申请专利或者已经申请专利，其行为可能会对本企业乃至本行业产生影响，该如何处理？

【风险提示与建议】

如果发现竞争对手正在将公有领域的技术申请专利还未进行授权的，可将能证明该专利申请在申请日前已经被公开的相关证据以及针对该证据撰写的第三方公众意见陈述书同时提交国家知识产权局专利局专利受理处，由国家知识产权局以该专利不具有新颖性或创造性为由驳回竞争对手的专利申请。

如果发现竞争对手已将公有领域的技术申请专利并获得了授权，可向国家知识产权局就该授权专利不具有新颖性或创造性为由提起无效宣告请求（可自行提起或者以一个无利益关系的第三方的名义提起），申请宣告该专利无效即可。

【相关法条】

《专利法》

第二十二条 授予专利权的发明和实用新型，应当具备新颖性、创造性和实用性。

新颖性，是指该发明或者实用新型不属于现有技术；也没有任何单位或者个人就同样的发明或者实用新型在申请日以前向国务院专利行政部门提出过申请，并记载在申请日以后公布的专利申请文件或者公告的专利文件中。

创造性，是指与现有技术相比，该发明具有突出的实质性特点和显著的进步，该实用新型具有实质性特点和进步。

实用性，是指该发明或者实用新型能够制造或者使用，并且能够产生积极效果。

本法所称现有技术，是指申请日以前在国内外为公众所知的技术。

第二十三条 授予专利权的外观设计，应当不属于现有设计；也没有任何单位或者个人就同样的外观设计在申请日以前向国务院专利行政部门提出过申请，并记载在申请日以后公告的专利文件中。

授予专利权的外观设计与现有设计或者现有设计特征的组合相比，应当具有明显区别。

授予专利权的外观设计不得与他人在申请日以前已经取得的合法权利相冲突。

本法所称现有设计，是指申请日以前在国内外为公众所知的设计。

31. 什么是专利权评价报告？企业应如何看待和调整专利权评价报告的评价意见？

【风险提示与建议】

专利权评价报告是法院或者管理专利工作的部门审理、处理专利侵权纠纷的证据，主要用于法院或者管理专利工作的部门确定是否需要中止相关程序。专利权评价报告不是行政决定,因此专利权人或者利害关系人不能就此提起行政复议和行政诉讼。

根据《专利法》的规定,实用新型和外观设计专利申请只进行初步审查,不进行实质审查,因此实用新型和外观设计专利权的法律稳定性较差。如果专利权人对实际上不符合《专利法》规定的授权条件的实用新型和外观设计专利权过于轻率地行使其权利,容易浪费专利权人、案件相对人等的人力、财力,损害公众权益,并浪费专利行政部门和司法机关的资源。

近年来,我国实用新型和外观设计专利申请和授权数量的快速增长,使上述问题更加突出。因此,第三次修改后的《专利法》将专利检索报告制度的对象范围由实用新型专利扩大到包括外观设计专利,并将报告的名称改为“专利权评价报告”,由仅评价是否具备新颖性、创造性扩大到对实用新型专利和外观设计专利是否符合《专利法》规定的授权条件进行全面分析和评价,同时将请求人的范围由专利权人扩大到包括利害关系人。

实践中,企业应当如何看待专利权评价报告的评价意见?

对请求人而言,若请求人认为作出的专利权评价报告存在需要更正的错误,如认为报告所依据的法律明显错误或者评价结论所依据的事实认定明显错误等,可以在收到专利权评价报告后两个月内提出更正请求。更正请求应当以意见陈述书的形式书面提出,写明需要更正的内容及更正的理由,但不得修改专利文件。

更正程序启动后,作出专利权评价报告的部门应当成立由组长、主核员和参核员组成的三人复核组,对原专利权评价报告进行复核。复核结果经复核组合议作出,合议时采取少数服从多数的原则。作出原专利权评价报告的审查员和审核员不参加复核组。复核组认为更正理由不成立,原专利权评价报告无误、不需更正的,应当发出专利权评价报告复核意见通知书,说明不予更正的理由,更正程序终止。复核组认为更正理由成立,原专利权评价报告有误、确需更正的,应当发出更正的专利权评价报告,并在更正的专利权评价报告上注明以此报告代替原专利权评价报告,更正程序终止。在更正程序中,复核组一般不进行补充检索,除非因事实认定发生变化,导致原来的检索不完整或者不准确。针对专利权评价报告,一般只允许提出一次更正请求,但对于复核组在补充检索后重新作出的专利权评价报告,请求人可以再次提出更正请求。

实践中，请求人提出更正请求的情况时有发生，复核组也会据实判断，只要请求人的更正理由充分、具体、有据，复核组一般即予采纳并更正相关评价报告的结论。

即便相关专利权评价报告经过复核，作出了更正的评价分析和结论，其法律地位同未作任何更正处理的评价分析和结论都是一样的，无论是专利权人还是无效宣告请求人，都可以在专利的无效审查阶段提出自己的主张，并要求专利局复审和无效审理部进行重新审查。例如，专利权评价报告认为某项专利权利要求不具有创造性，而专利权人认为其具有创造性，无论专利权人是否曾经提出过更正请求，在专利无效审查阶段，专利权人都可以主张相关专利权利要求具有创造性；专利局复审和无效审查部都可以根据诉辩主张和双方的证据据实作出判断，而不受专利权评价报告结论的约束或者影响。相应地，若专利权评价报告认为某项专利权利要求具有创造性，无效宣告请求人既可以依据专利权评价报告中提到的对比文件作出新的解读，认定前述权利要求不具有创造性，也可以提出新的证据和理由请求认定前述专利权利要求不具有创造性。通常专利局复审和无效审查部的审查结论不受专利权评价报告结论的约束或影响，因此，专利权评价报告关于专利有效性的评价对专利权人和案件相对方而言均属于参考性意见，专利权人或者侵权诉讼的被告最好寻求知识产权专业律师对该报告进行分析、解读，以便更准确地评价相关专利的有效性。

【相关法条】

最高人民法院《关于审理专利纠纷案件适用法律问题的若干规定》

第五条 人民法院受理的侵犯实用新型、外观设计专利权纠纷案件，被告在答辩期间内请求宣告该项专利权无效的，人民法院应当中止诉讼，但具备下列情形之一的，可以不中止诉讼：

（一）原告出具的检索报告或者专利权评价报告未发现导致实用新型或者外观设计专利权无效的事由的；

（二）被告提供的证据足以证明其使用的技术已经公知的；

（三）被告请求宣告该项专利权无效所提供的证据或者依据的理由明显不充分的；

（四）人民法院认为不应当中止诉讼的其他情形。

《专利法实施细则》

第五十六条 授予实用新型或者外观设计专利权的决定公告后，专利法第六十条[1]规定的专利权人或者利害关系人可以请求国务院专利行政部门作出专利权评价报告。

请求作出专利权评价报告的，应当提交专利权评价报告请求书，写明专利号。每项请求应当限于一项专利权。

专利权评价报告请求书不符合规定的，国务院专利行政部门应当通知请求人在指定期限内补正；请求人期满未补正的，视为未提出请求。

第五十七条 国务院专利行政部门应当自收到专利权评价报告请求书后2个月内作出专利权评价报告。对同一项实用新型或者外观设计专利权，有多个请求人请求作出专利权评价报告的，国务院专利行政部门仅作出一份专利权评价报告。任何单位或者个人可以查阅或者复制该专利权评价报告。

《专利审查指南》

第五部分第十章第2.2节 请求人资格

根据专利法实施细则第五十六条第一款的规定，专利权人或者利害关系人可以请求国家知识产权局作出专利权评价报告。其中，利害关系人是指有权根据专利法第六十条的规定就专利侵权纠纷向人民法院起诉或者请求管理专利工作的部门处理的人，例如专利实施独占许可合同的被许可人和由专利权人授予起诉权的专利实施普通许可合同的被许可人。

请求人不是专利权人或者利害关系人的，其专利权评价报告请求视为未提出。实用新型或者外观设计专利权属于多个专利权人共有的，请求人可以是部分专利权人。

《专利法》

第六十六条第二款 专利侵权纠纷涉及实用新型专利或者外观设计专利的，人民法院或者管理专利工作的部门可以要求专利权人或者利害关系人出具由国务院专利行政部门对相关实用新型或者外观设计进行检索、分析和评价后作出的专利权评价报告，作为审理、处理专利侵权纠纷的证据；专利权人、利害关系人或者被控侵权人也可以主动出具专利权评价报告。

---

〔1〕 相关规定参见2020年修正的《专利法》第65条。

32. 企业利用专利进行宣传营销时要注意哪些事项?

【风险提示与建议】

《广告法》已经明文规定,广告中涉及专利产品或者专利方法的,应当标明专利号和专利种类;未取得专利权的,不得在广告中谎称取得专利权;禁止使用未授予专利权的专利申请和已经终止、撤销、无效的专利做广告。实践中,企业对使用专利等词汇缺乏足够的重视,为了给消费者留下"高科技""高品质"的产品印象,企业往往倾向于宣称产品中含有专利,但宣称存在产品专利必须有据可查,必须进行正确标注,不能将处于专利申请阶段尚未授权的专利申请、已经无效的专利当作或者继续当作专利来宣传,否则便构成《广告法》第12条所述违法事由。

例如,当事人在自有网站上销售的一款摄影单肩包(黑色)的宣传内容中,使用了"全天候专利防雨罩"的用语;在自有网站上销售的"无热胆速热型管线机泡茶煮奶粉家庭必备"的宣传内容中,使用了"专利防干烧避免无水干烧"的用语,但当事人不能提供上述两个商品宣传内容中涉及的专利的相关信息。此行为即被市场监督管理部门认定为当事人未取得专利权而宣传"专利"的行为,违反了《广告法》第12条第2款"未取得专利权的,不得在广告中谎称取得专利权"的规定,并予以相应处罚。

再如,当事人在销售某生物活性玻尿酸原液100毫升商品的网页上发布的广告中涉及专利产品,但未标明专利号,该行为被市场监督管理部门认定违反了《广告法》第12条第1款"广告中涉及专利产品或者专利方法的,应当标明专利号和专利种类"的规定。

实践中,企业在广告宣传中未标明专利种类而遭受处罚的情形不在少数。如怀仁某修肤堂在怀仁某微信平台发布的广告中,相关专利未标明专利号和专利种类。原怀仁市工商局对广告主怀仁县某修肤堂、广告发布者怀仁某微平台经营者怀仁市某信息服务部作出立即停止发布广告并罚款的处罚。[1]

---

〔1〕 参见王肇清、秦海峰:《山西怀仁市工商质监局加大监管力度查处侵权行为》,载中国质量新闻网,https://www.cqn.com.cn/zgzlb/content/2019-02/12/content_6759237.htm。

综上所述,随着大众对知识产权保护问题的关注度不断提升,企业在广告宣传中为宣称自己拥有专利权,"专利产品""专利配方""专利产品仿冒必究"等字眼将不断出现在广告文案中。企业在享受"专利光环"所带来的荣誉以及销量增长的同时,要特别注意规范广告用语,正确标注相关专利信息,避免踩雷。

【相关法条】

《广告法》

第十二条　广告中涉及专利产品或者专利方法的,应当标明专利号和专利种类。

未取得专利权的,不得在广告中谎称取得专利权。

禁止使用未授予专利权的专利申请和已经终止、撤销、无效的专利作广告。

第五十九条第一款　有下列行为之一的,由市场监督管理部门责令停止发布广告,对广告主处十万元以下的罚款:

(一)广告内容违反本法第八条规定的;

(二)广告引证内容违反本法第十一条规定的;

(三)涉及专利的广告违反本法第十二条规定的;

(四)违反本法第十三条规定,广告贬低其他生产经营者的商品或者服务的。

33. 企业是否已经做好人员跳槽时技术泄露的预防措施?

【风险提示与建议】

人员跳槽导致技术泄露是最常见的企业核心技术或商业秘密泄露的场景之一。为尽可能预防、减免这种情况给企业带来的损失,需要企业从技术、制度等诸多方面进行预防性布局。

(1)技术上:应当根据企业的行业特点,设置合理的防范措施,严格限制可以接触核心技术的人员数量;加强核心技术监管控制力度,落实登记备案制度,记录所有接触核心技术的人员、时间、频次等信息,保证追查有效。落实多重认证等措施,杜绝无权限人员接触核心技术。如有可能,将核心技术进行分割,减小核心技术泄露后的风险和损失。

(2)制度上:企业应当建立核心技术脱敏制度,要求任何可以接触核心技术的人员在离职前6个月向企业报备,由企业安排转岗进入脱敏期。对任何可能接触或已经接触、掌握核心技术的人员,企业应当与之签订相应的保密协议和/或竞业禁止协议,将企业核心技术列为商业秘密进行保护。企业应当加强对接触核心技术的人员的教育培训,明确告知其违反企业保密制度、保密协议和或/竞业禁止协议的法律后果。同时,企业应当意识到核心技术人员对于企业发展的重要性,积极关心、保护核心技术人员,适当提高其工作报酬、福利待遇等回报。

一旦出现人员跳槽导致技术泄露的情况,企业应当积极维护其合法权益。民事上应当及时向法院提起诉讼并申请禁令,禁止竞争对手企业就核心技术的使用和涉及核心技术产品的市场化运营,并向泄露者追究相应的赔偿责任。刑事上应当积极收集相应线索,向公安机关报案,以涉嫌泄露商业秘密罪追究泄密者相应的刑事责任。行政上同理,可向相应市场监管部门举报涉嫌泄露商业秘密的违法行为。

【相关法条】

《反不正当竞争法》

第九条　经营者不得实施下列侵犯商业秘密的行为:

(一)以盗窃、贿赂、欺诈、胁迫、电子侵入或者其他不正当手段获取权利人的商业秘密;

(二)披露、使用或者允许他人使用以前项手段获取的权利人的商业秘密;

(三)违反保密义务或者违反权利人有关保守商业秘密的要求,披露、使用或者允许他人使用其所掌握的商业秘密;

(四)教唆、引诱、帮助他人违反保密义务或者违反权利人有关保守商业秘密的要求,获取、披露、使用或者允许他人使用权利人的商业秘密。

经营者以外的其他自然人、法人和非法人组织实施前款所列违法行为的,视为侵犯商业秘密。

第三人明知或者应知商业秘密权利人的员工、前员工或者其他单位、个人实施本条第一款所列违法行为,仍获取、披露、使用或者允许他人使用该商业秘密的,视为侵犯商业秘密。

本法所称的商业秘密，是指不为公众所知悉、具有商业价值并经权利人采取相应保密措施的技术信息、经营信息等商业信息。

《专利法》

第六十五条　未经专利权人许可，实施其专利，即侵犯其专利权，引起纠纷的，由当事人协商解决；不愿协商或者协商不成的，专利权人或者利害关系人可以向人民法院起诉，也可以请求管理专利工作的部门处理。管理专利工作的部门处理时，认定侵权行为成立的，可以责令侵权人立即停止侵权行为，当事人不服的，可以自收到处理通知之日起十五日内依照《中华人民共和国行政诉讼法》向人民法院起诉；侵权人期满不起诉又不停止侵权行为的，管理专利工作的部门可以申请人民法院强制执行。进行处理的管理专利工作的部门应当事人的请求，可以就侵犯专利权的赔偿数额进行调解；调解不成的，当事人可以依照《中华人民共和国民事诉讼法》向人民法院起诉。

34. 为避免采购/代销产品侵犯他人专利而遭受损失，企业在采购/代销时应注意哪些事项？

【风险提示与建议】

随着中国不断加强对知识产权的保护，企业采购/代销他人产品而被诉侵权的情况时有发生。面对这一形势，采购/代销企业应当如何自保，就成为大家目前颇为关注的问题。《专利法》规定，为生产经营目的使用、许诺销售或者销售不知道是未经专利权人许可而制造并售出的专利侵权产品，能证明该产品来源合法的，不承担赔偿责任。《专利法》对于善意的销售主体进行了特别的保护，如果销售主体能证明侵权产品合法来自第三方，销售/代销主体虽然构成侵权，但无须承担侵权赔偿责任，仅需负担权利人的合理维权费用。以上即专利侵权诉讼中的合法来源抗辩。

一般而言，采购/代销企业做合法来源抗辩需要同时满足三个成立要件：(1)时间要件，即侵权者从案外人处购得侵权产品的时间早于权利人取证时间。(2)主观要件，即侵权产品的使用者、销售者具有主观善意。主观善意是一种消极事实，一般由权利人来证明侵权者知道或应当知道其使用、许诺销售、销售的是侵权产品。(3)客观要求，即侵权者通过合法的销售渠道、通常的买卖合同等正常的商业方式取得产品。侵权者应当提供符合交易习惯的相关证据。通过侵权者的举证，权利人可以继续追究供货方的侵权责任，从而找到侵权产品的源头制造者，最终从根本上解决侵权问题。

因此，采购/代销企业在同生产厂商合作时应注意同生产厂商签订合同，并保留好相关的采购单、送货单、转账凭证、收款收据等。另外，对拟采购/代销产品的外包装、使用说明书、合格证等处标注的公司名称、注册商标等予以格外关注，并注意将以上信息同合同、采购单、送货单、转账凭证、收款收据等凭证上的主体信息进行对应。一旦有异，采购/代销企业应当注意要求生产厂商进行说明并补充完善相关资料。还有，采购/代销企业在同生产厂商合作时的合同上应注意明确约定因采购/代销合同所涉产品产生的知识产权法律纠纷，相关应诉或者应对的律师费、诉讼费、鉴定费、赔偿金等损失由生产厂商承担。

作出以上安排后，一旦被诉，采购/代销企业即可在法庭上主张合法来源抗辩，从而无须承担赔偿责任，但一般要承担原告方维权的合理开支并承担停止许诺销售、销售以及使用〔1〕的侵权法律责任。若采购/代销企业在同生产厂商合作时的合同已经载明相关的律师费等损失由生产厂商承担，一方面，采购/代销企业在应诉之时就可主张应诉费用等由生产厂商垫付；另一方面，采购/代销企业承担任何赔偿责任后，即可基于合同的约定而要求生产厂商承担相关损失。

需要特别说明的是，采购/代销企业若确实有合法来源，应注意在收到法院传票后积极应诉、举证并提出合法来源抗辩，不能因为原告或者制造方已经举证，甚至已经证明清楚相关的被诉侵权产品来自被诉生产厂商，就认为己方无须抗辩、举证并当然地享受合法来源抗辩的法律后果。换言之，当侵权产品的使用者、销售者是从制造者处直接购买了侵权产品，而没有其他的中间销售环节，通过事实和法律的认定，可以确认制造者生产并销售了侵权产品，被诉的使用者、销售者并不能因此免除或减轻合法来源抗辩的举证责任。最高人民法院在广东雅洁公司与杨某忠、卢某仙侵害外观设计专利权纠纷案中即持以上观点，并阐述了以下理由：

---

〔1〕 被诉侵权产品的使用者举证证明其已支付该产品的合理对价的，使用者可以继续使用被诉侵权产品。

首先,合法来源抗辩是法律赋予善意的侵权产品使用者、销售者的一种权利,根据"谁主张、谁举证"的一般举证责任分配原则,侵权产品的使用者、销售者在行使合法来源抗辩权时,应负担举证责任,其应该举出合法获取侵权产品的证据,如购货发票或收据,以及付款凭证等。其次,对于这种特殊情况下侵权产品使用者、销售者的举证责任,也应该与存在多个中间销售环节时侵权产品使用者、销售者的举证责任相一致。最后,这样分配举证责任,既可以规范流通环节的市场秩序,也可以防止侵权产品使用者、销售者与他人串通,以提供虚假合法来源证据的方式逃避赔偿责任。因此,侵权产品使用者、销售者与制造者就各自的行为应分别承担责任,不能因查明或认定侵权产品的制造者就当然认为被诉的使用者、销售者合法来源抗辩成立,免除其赔偿责任;也不能因为制造者承担了侵权责任,就免除不符合合法来源抗辩要件的使用者、销售者的赔偿责任。[1]

笔者认为,最高人民法院的上述做法具有非常积极的意义。一方面,可以督促使用者、销售者积极举证,在其他各方举证情况未知、事实未明的情况下,使用者、销售者的举证和抗辩有利于迅速查明事实、减轻原告举证以及法院查明事实的压力,并将真正的制造者尽快绳之以法,提高司法效率,改善维权效果。否则,就会出现利益严重失衡的法律场面:使用者、销售者故意怠于举证、抗辩,从而造成原告、法院费力查明事实,然而事实查清后,怠于举证、抗辩的使用者、销售者不但不用因此被惩罚,反而还享受原告和法院的努力成果,即合法来源查清、不用承担赔偿责任的法律红利。另一方面,通常原告在索赔方面的举证能力有限,若使用者、销售者不提供其与制造者的合同等证据,制造者的销售数量可能就无法查明,法院大概率会仅就原告的索赔进行酌定赔偿,该酌定赔偿可能远远低于使用者、销售者所提供的销售数量产生的赔偿额。在使用者、销售者不举证的情况下,原告不能享受较高赔偿额,查清制造者后使用者、销售者的赔偿责任还被豁免,此举显然对原告极为不公。

【相关法条】

《专利法》

第七十七条 为生产经营目的使用、许诺销售或者销售不知道是未经

---

〔1〕 参见最高人民法院民事判决书,(2013)民提字第187号。

专利权人许可而制造并售出的专利侵权产品，能证明该产品合法来源的，不承担赔偿责任。

最高人民法院《关于审理侵犯专利权纠纷案件应用法律若干问题的解释(二)》

第二十五条 为生产经营目的使用、许诺销售或者销售不知道是未经专利权人许可而制造并售出的专利侵权产品，且举证证明该产品合法来源的，对于权利人请求停止上述使用、许诺销售、销售行为的主张，人民法院应予支持，但被诉侵权产品的使用者举证证明其已支付该产品的合理对价的除外。

本条第一款所称不知道，是指实际不知道且不应当知道。

本条第一款所称合法来源，是指通过合法的销售渠道、通常的买卖合同等正常商业方式取得产品。对于合法来源，使用者、许诺销售者或者销售者应当提供符合交易习惯的相关证据。

35. 企业收到专利侵权警告函时该如何应对？

【风险提示与建议】

通常情况下，专利权人、专利权的独占或排他被许可人发现市场上有涉嫌侵犯专利权的产品时，为了尽早制止侵权行为，可能会委托律师或者是专利代理机构发出律师函或警告函。

企业在收到警告函后，不能懈怠，但也不必过度惊慌。建议从以下几点评估风险：(1)从国家知识产权局官方网站下载声称被侵害的专利全文，查询专利状态是否有效以及有无被无效的记录，如果专利是实用新型和外观设计，还可查询该专利是否已出具评价报告；如确定相关专利处于有效状态，接下来要进行下一步工作。(2)初步判断所指控的侵权产品链接是否为己方的，如果链接是己方的，进一步判断该产品是否落入专利的保护范围；如果落入保护范围，应继续判断。(3)己方是否为相关产品的制造商，如果不是，应尽快收集产品的进货来源等相关证据，及时联系供应商，通报情况，敦促提出解决方案；如果产品是自己制造的，则应委托专业人士检索相关的现有技术，判断专利权是否稳定，如果有必要，可以提出无效宣告请求或者做好现有技术抗辩的准备。这样一来，企业对专利侵权的风险基本可以做到心中有数，不难制订合适的应对方案。

当然，如果经过前面的评估，足以认定企业没有实施侵权行为，而对方的行为又对企业声誉或者产品销售造成影响，也可以考虑在对方没有采取下一步动作之前，先发制人，选择有利于企业的管辖地提起确认不侵权之诉或者不正当竞争诉讼。

【相关法条】

《专利法》

第六十五条 未经专利权人许可，实施其专利，即侵犯其专利权，引起纠纷的，由当事人协商解决；不愿协商或者协商不成的，专利权人或者利害关系人可以向人民法院起诉，也可以请求管理专利工作的部门处理……

第六十七条 在专利侵权纠纷中，被控侵权人有证据证明其实施的技术或者设计属于现有技术或者现有设计的，不构成侵犯专利权。

第七十七条 为生产经营目的使用、许诺销售或者销售不知道是未经专利权人许可而制造并售出的专利侵权产品，能证明该产品合法来源的，不承担赔偿责任。

最高人民法院《关于审理侵犯专利权纠纷案件应用法律若干问题的解释》

第十八条 权利人向他人发出侵犯专利权的警告，被警告人或者利害关系人经书面催告权利人行使诉权，自权利人收到该书面催告之日起一个月内或者自书面催告发出之日起二个月内，权利人不撤回警告也不提起诉讼，被警告人或者利害关系人向人民法院提起请求确认其行为不侵犯专利权的诉讼的，人民法院应当受理。

36. 企业若作为被告经受专利诉讼，被控制造侵权和销售侵权分别应如何应对？

【风险提示与建议】

专利诉讼已经逐渐成为谋求市场竞争地位的重要法宝之一，企业作为市场经营主体成为专利诉讼的被告已不再是什么新鲜事。如果企业作为被告参加专利侵权诉讼,应当首先辨别被控侵权的具体行为是制造、销售、许诺销售,还是使用侵权。而其中制造侵权和销售侵权又是最主要的两大类别。

如果企业被控制造侵权,第一步当然是判断被控侵权产品是否为自己制造,这里的"制造"不仅包括事实上的制造,还包括法律上的制造,如委托加工、贴牌销售或在产品及其包装上标注为制造商。如果符合前述任何一种方式,企业都属于被控侵权产品的制造者,不再享有合法来源抗辩的权利,只能通过"不侵权""现有技术抗辩""先用权""宣告涉案专利无效"的方式进行应诉。

如果企业被控销售侵权,第一步仍应当判断被控侵权产品是否为自己销售,这里的"销售"同样包括事实上的销售和法律上的销售。所谓"法律上的销售",是指形式上不产生利润,但实质上获得了额外经济利益的潜在销售行为。其中,最典型的就是"搭赠",即销售其他产品的同时赠送被控侵权产品,虽然这个行为本身没有营利,但达到了促销的目的,事实上获得了额外的经济利益,仍应认定为销售。如果企业属于被控侵权产品的销售者,通常可以通过"合法来源抗辩"的方式提供相关取得被控侵权产品的凭证,从而免除赔偿责任。因此,作为销售商,企业为了保障自身的合法权益,应妥善保管相关进货凭证,以备不测。需要特别提醒的是,即使"合法来源抗辩"成立,企业仍可能被法院判令支付专利权人的维权合理费用并承担相应诉讼费,此外,因诉讼导致的产品滞销、下架可能带来更大的经济损失。笔者建议企业特别重视采购合同条款的制定,将潜在的专利侵权诉讼带来的损失转嫁给制造商或供货商,更大程度地保护自身合法权益。

【相关法条】

《专利法》

第六十七条 在专利侵权纠纷中,被控侵权人有证据证明其实施的技术或者设计属于现有技术或者现有设计的,不构成侵犯专利权。

第七十五条 有下列情形之一的,不视为侵犯专利权:

……

(二)在专利申请日前已经制造相同产品、使用相同方法或者已经作好制造、使用的必要准备,并且仅在原有范围内继续制造、使用的;

……

最高人民法院《关于审理侵犯专利权纠纷案件应用法律若干问题的解释(二)》

第二条第一款　权利人在专利侵权诉讼中主张的权利要求被国务院专利行政部门宣告无效的,审理侵犯专利权纠纷案件的人民法院可以裁定驳回权利人基于该无效权利要求的起诉。

第二十五条　为生产经营目的使用、许诺销售或者销售不知道是未经专利权人许可而制造并售出的专利侵权产品,且举证证明该产品合法来源的,对于权利人请求停止上述使用、许诺销售、销售行为的主张,人民法院应予支持,但被诉侵权产品的使用者举证证明其已支付该产品的合理对价的除外。

本条第一款所称不知道,是指实际不知道且不应当知道。

本条第一款所称合法来源,是指通过合法的销售渠道、通常的买卖合同等正常商业方式取得产品。对于合法来源,使用者、许诺销售者或者销售者应当提供符合交易习惯的相关证据。

37. 对于企业在专利申请公布日至授权日期间生产的落入专利保护范围内的产品如何处理?

【风险提示与建议】

企业从提交专利申请公布日至专利授权日期间,如有其他主体生产的产品落入该专利的保护范围,企业应根据不同的情形进行不同的处理:

企业的发明专利申请经国家知识产权局授权后,如有其他主体在发明专利申请公布日至授权公告日期间生产的产品落入该发明专利申请公布时企业请求保护的范围与发明专利公告授权时的保护范围的,企业可以向该主体主张适当费用(仅落入其中一种范围的就不能主张该费用),该费用可以参照有关专利许可使用费合理确定。

在该发明专利获得授权之后,对于专利公布日至授权日期间制造、销售、进口的上述产品的后续使用、许诺销售、销售的行为要视情况判断是否构成侵害专利权行为,若该他人已支付或者书面承诺支付适当费用的,后续的使用、许诺销售、销售的行为不构成专利侵权,否则,即构成专利侵权。

【相关法条】

《专利法》

第十三条 发明专利申请公布后,申请人可以要求实施其发明的单位或者个人支付适当的费用。

最高人民法院《关于审理侵犯专利权纠纷案件应用法律若干问题的解释(二)》

第十八条 权利人依据专利法第十三条诉请在发明专利申请公布日至授权公告日期间实施该发明的单位或者个人支付适当费用的,人民法院可以参照有关专利许可使用费合理确定。

发明专利申请公布时申请人请求保护的范围与发明专利公告授权时的专利权保护范围不一致,被诉技术方案均落入上述两种范围的,人民法院应当认定被告在前款所称期间内实施了该发明;被诉技术方案仅落入其中一种范围的,人民法院应当认定被告在前款所称期间内未实施该发明。

发明专利公告授权后,未经专利权人许可,为生产经营目的使用、许诺销售、销售在本条第一款所称期间内已由他人制造、销售、进口的产品,且该他人已支付或者书面承诺支付专利法第十三条规定的适当费用的,对于权利人关于上述使用、许诺销售、销售行为侵犯专利权的主张,人民法院不予支持。

38. 企业被诉侵权后可在何时提出现有技术抗辩?

【风险提示与建议】

中国法院审理实行二审终审制,但就专利侵权诉讼案件而言,进入再审审查程序的案件也不在少数。现有技术抗辩涉及对被控技术方案同现有技术相同或者实质相同的判断,而对实质相同与否的判断历来是司法判断的难点,这就意味着法院有可能误判。因此,审级损失是专利侵权诉讼中应予考虑的因素。从这个角度考虑,现有技术抗辩须在一审中提出。

然而,现有技术的检索、挖掘有时并不是很容易的事情。即使是专利文献,也不见得就能轻松、全面地检索到,更何况有些现有技术是权利人在申请日前销售相关专利产品的证据,此类证据对先前已发生事实的局外人即被告而言更非易得。如果在一审程序中被告并未发现相关现有技术证据,而是在二审中方发现并因此提出现有技术抗辩,法院应否审查?如果审查并采纳被告的现有技术抗辩,对原告而言是否意味着审级损失?若不准许审查被告的现有技术抗辩,让实施公知、现有技术的被告继续承担侵权责任,对被告而言是否公平?可以说,无论对二审中提出的现有技术抗辩是否审查,都各有利弊。实际上,最高人民法院的司法实践一般对被告二审中提出的现有技术抗辩给予审查。如北京星奥科技公司、太原市采薇庄园公司侵害实用新型专利权纠纷申请再审案[1]就是典型的一审未提出现有技术抗辩,二审方提出现有技术抗辩并被最高人民法院认定应予审查的案例。

目前的司法实践对现有技术抗辩能否成立把握得比较严格,通常只能用一项文件对照判断被控方案是否属于现有技术,司法误判的可能性较小。从公正和兼顾司法效率的角度而言,应当允许被告在二审中提出现有技术抗辩。鉴于允许被告在二审中提出现有技术抗辩的前提是考虑"只能用一项文件对照判断被控方案是否属于现有技术,司法误判的可能性较小",当二审支持被告现有技术抗辩成立时,这样处理显然是以牺牲原告的审级损失为代价的,故对被告二审中提出的现有技术抗辩应当从严把握。当被告提出的现有技术抗辩能否成立处于两可之间时,驳回被告的现有技术抗辩更为妥当,因为被告尚可通过专利无效程序获得救济。

被告在一审、二审程序中均没有提出现有技术抗辩,在再审中提出现有技术抗辩的,法院应否准许呢?再审程序属于审判监督程序,其更重要的功能在于对法律实施的监督或者对重大到足以导致案件定性事实的查明与补救,再审事由应当限于原裁判的诉讼证据存在重大瑕疵或者诉讼程序存在妨害当事人基本诉讼权利的重大缺陷等事项。被告在一审、二审程序中均没有提出现有技术抗辩,或者虽然提出了现有技术抗辩,但在再审程序中更换了新的证据以支持其现有技术抗辩,或者被告在一审程序中没有提出现有技术抗辩,直接放弃二审上诉权利的,其对现有技术的举证显然存在严重懈怠。而其现有技术抗辩一旦成立,又会破坏已经生效的司法判决的权威性并对业已有序的经济秩序产生冲击,并实际上架空属于正常审理机制的一审、二审诉讼程序;客观上亦会造成原告、被告诉讼权利的严重失衡(原告须在一审中确定其专利的保护范围,被告却可以在判决生效后提出现有技

---

[1] 参见最高人民法院民事裁定书,(2019)最高法民申3185号。

术抗辩)。因此对该行为法律应给予否定性评价,对被告在再审程序中提出的现有技术抗辩,法院应不予考虑。

最高人民法院的司法实践已经印证了这一点[1]。在天津长荣公司与唐山先锋公司、常州市恒鑫公司侵害发明专利权纠纷案[2]中,最高人民法院对唐山先锋公司在二审终审后新提出的现有技术抗辩证据未给予审查,对唐山先锋公司再审更换现有技术抗辩证据申请再审的做法给予了否定性评价。最高人民法院在该案中确立的规则,直接影响了后期其他现有技术抗辩申请再审案件的审理。例如,在云米公司与美的洗涤电器公司等侵害实用新型专利权纠纷案[3]中,最高人民法院对云米公司在再审程序中提出但在原生效的一审程序中未提出的现有技术抗辩的主张和证据不予审查;又如,在百适公司、艾默生电气公司侵害外观设计专利权纠纷再审审查案[4]中,最高人民法院对百适公司一审、二审中均未提出现有技术抗辩,在再审程序中方提出现有技术抗辩的做法给予了否定评价,未支持其现有技术抗辩的主张。

综上所述,现有技术抗辩可在一审或二审程序中提出,但若在一审或者二审程序中未提出,却在再审程序中提出,或者在再审程序中更换原在一审、二审程序中提出的现有技术抗辩理由,即在再审程序中提出了一个全新的现有技术抗辩理由,法院一般不予准许。

【相关法条】

《专利法》

第二十二条第五款 本法所称现有技术,是指申请日以前在国内外为公众所知的技术。

第六十七条 在专利侵权纠纷中,被控侵权人有证据证明其实施的技

---

〔1〕 最高人民法院在早期司法实践中,对申请人在再审程序中提出的,不同于一审、二审程序中提出的现有技术抗辩证据予以采纳,并认定再审申请人的现有技术抗辩成立。例如,在慈溪水之源公司与邹某孟专利侵权纠纷案中,最高人民法院对水之源公司再审程序中提出的,不同于一审、二审程序中提出的现有技术抗辩证据予以采纳,并认定水之源公司现有技术抗辩成立,从而驳回了权利人邹某孟的全部诉讼请求。[参见最高人民法院民事判决书,(2011)民提字第343号]

〔2〕 参见最高人民法院民事裁定书,(2017)最高法民申768号。

〔3〕 参见最高人民法院民事裁定书,(2019)最高法知民申1号。

〔4〕 参见最高人民法院民事裁定书,(2018)最高法民申2475号。

术或者设计属于现有技术或者现有设计的，不构成侵犯专利权。

39. 企业主张现有技术抗辩时应将现有技术与被控侵权产品进行比对，还是与涉案专利权利要求进行比对？

【风险提示与建议】

专利侵权诉讼的本质是将被控侵权产品与专利权利要求进行比较，看被控侵权产品是否包含了相应专利权利要求的全部技术特征。一般而言，若全部包含则可认定构成侵权，否则即认定不构成侵权。现有技术抗辩，则是被诉侵权人提供证据证明被控侵权产品使用的是现有技术，鉴于现有技术肯定不属于专利的保护范围，故被控侵权产品未落入涉案专利的保护范围。因此，应当将被控侵权产品与现有技术进行比对，看被控侵权产品使用的技术方案同现有技术是否相同或者实质相同。

实践中，经常出现被控侵权人将现有技术与涉案专利进行比较而提出现有技术抗辩的情形，该种做法虽屡遭最高人民法院二审或者再审否定，却仍被频繁使用。笔者认为，出现这种现象的原因有以下两点：(1)被诉侵权人没有正确地理解相应的法律规定；(2)被诉侵权人故意耍赖。《专利法》第67条规定的是："被控侵权人有证据证明其实施的技术或者设计属于现有技术或者现有设计的，不构成侵犯专利权。"故应当将被控侵权方案（产品或者方法）同现有技术进行比对来主张现有技术抗辩，法律规定本身没有歧义。

鉴于现有技术抗辩须结合被控侵权的方案同现有技术方案进行逐项特征的比对，这就意味着被控侵权人必须详细披露其产品或者方法的技术特征，而此举会大大减轻原告对被告侵权方案的举证责任。被告有可能陷入现有技术抗辩失败，但却客观上帮助原告剖析了自己产品或者方法的技术特征，从而对其主张未落入涉案专利的保护范围抗辩产生不利影响的被动局面。鉴于现有技术抗辩存在的此种风险，有些被诉侵权人在现有技术抗辩没有十足把握的情况下，选择"偷梁换柱"，直接将现有技术与涉案专利进行比对，提出现有技术抗辩。建议企业此时应申请或提醒法院进行法庭释明，督促被诉侵权人提供被诉侵权产品或者方法与现有技术详细的特征比对分析意见或者报告，被诉侵权人拒绝提供此类分析意见或者报告，或者坚持将现有技术与涉案专利进行比对时,由法官明示其该作法属于没有提出现有技术抗辩的情形,对其现有技术抗辩不予审查,避免司法资源的无端浪费和当事人因此产生的讼累。

【相关法条】

《专利法》

第二十二条第五款 本法所称现有技术,是指申请日以前在国内外为公众所知的技术。

第六十七条 在专利侵权纠纷中,被控侵权人有证据证明其实施的技术或者设计属于现有技术或者现有设计的,不构成侵犯专利权。

40. 企业被诉侵权时可否主张抵触申请抗辩?符合抵触申请抗辩条件的专利文献有哪些?

【风险提示与建议】

抵触申请原是专利审查授权、确权程序中涉及的概念。随着现有技术抗辩的使用,抵触申请抗辩亦比照现有技术抗辩在司法实践中开始应用。2009年6月18日公布的最高人民法院《关于审理侵犯专利权纠纷案件应用法律若干问题的解释(征求意见稿)》第17条第2款规定:"被诉侵权人以已经公开的专利抵触申请主张不侵权抗辩的,人民法院可以参照适用前款规定。"其中所提"前款规定",即现有技术抗辩规定。虽然该规定在公布生效的《关于审理侵犯专利权纠纷案件应用法律若干问题的解释》(法释〔2009〕21号)中被删除,但我国法院在司法实践中仍在继续探索抵触申请抗辩在专利侵权诉讼中的应用,浙江乐雪儿家居公司与陈某弟、何某华、温某丹侵害发明专利权纠纷案[1]、广东雅洁公司与上海普奇公司、王某生侵害外观设计专利权纠纷案[2]等就是例证。

笔者认为,在专利侵权诉讼中可以适用抵触申请抗辩的逻辑依据,不在于其同现有技术抗辩类似;而是因为符合抵触申请抗辩的案件,所涉专利实

〔1〕 参见最高人民法院民事判决书,(2013)民提字第225号。

〔2〕 参见最高人民法院民事裁定书,(2014)民申字第1772号。

质上会因为该抵触申请抗辩文件而被宣告无效。对实质上应当被宣告无效的专利，法院从诉讼经济和司法效率的角度出发，直接在专利侵权民事诉讼中对涉案专利不予保护。据此，笔者认为，只要是能影响专利有效性且法院有能力审查的事由，都可以用作不侵权抗辩的事由。这一点在司法实践中已经有所体现。如最高人民法院在柏某清与成都难寻服务中心、上海添香公司侵害实用新型专利权纠纷案[1]的判决中明确：对于保护范围明显不清楚的专利权，不应认定被诉侵权技术方案构成侵权。权利要求不清楚即涉案专利应被宣告无效的一个事由。

既然引入抵触申请抗辩的逻辑原理在于抵触申请文件能够在实质上影响涉案专利的有效性，对抵触申请抗辩的把控应当比照抵触申请对专利新颖性的影响方式进行。这涉及抵触申请文件应当同被控侵权产品单独比对的问题，既不允许将多个文件组合进行抵触申请抗辩，也不应允许将抵触申请文件同公知常识组合进行抵触申请抗辩。此外，抵触申请文件本身须符合《专利法》第 22 条或者第 23 条的规定。根据《专利法》第 22 条、第 23 条的规定，抵触申请文件，是指在申请日以前向国务院专利行政部门提出过申请，并记载在申请日以后公布的专利申请文件或者公告的专利文件。

笔者认为，正是基于以上理解，最高人民法院在博生塑料制品公司、陈某侵害实用新型专利权纠纷案[2]中作出了如下认定：只有在被诉侵权技术方案的各项技术特征均已被抵触申请单独、完整地公开，相对于抵触申请不具有新颖性时，才可以认定抵触申请抗辩成立；如果被诉侵权的技术方案相较于抵触申请存在差异并具有新颖性，或者被诉侵权人主张将抵触申请与现有技术或者公知常识结合后进行抗辩，抵触申请抗辩均不能成立。相反地，某法院在一件名为"便携式数码显微镜"的外观设计专利侵权纠纷案件中，引证了一件我国台湾地区的证书号为 D118565 的外观设计专利文献，判定我国台湾地区的在先专利申请可以比照抵触申请作不侵权抗辩的做法有待商榷。因为，该我国台湾地区的在先专利申请并非向我国国务院专利行政部门提出的申请，其不属于抵触申请文件，该法院的做法不符合抵触申请抗辩的逻辑基础。

---

〔1〕 参见最高人民法院民事裁定书，(2012)民申字第 1544 号。

〔2〕 参见最高人民法院民事裁定书，(2015)民申字第 188 号。

【相关法条】

《专利法》

第二十二条第二款 新颖性，是指该发明或者实用新型不属于现有技术；也没有任何单位或者个人就同样的发明或者实用新型在申请日以前向国务院专利行政部门提出过申请，并记载在申请日以后公布的专利申请文件或者公告的专利文件中。

第二十三条第一款 授予专利权的外观设计，应当不属于现有设计；也没有任何单位或者个人就同样的外观设计在申请日以前向国务院专利行政部门提出过申请，并记载在申请日以后公告的专利文件中。

41. 企业该如何应对或者摆脱他人就专利提起的恶意诉讼？

【风险提示与建议】

恶意诉讼是一种滥用诉权的行为，如企业在生产经营管理中遭遇他人就专利提起的恶意诉讼，建议先分析是否具备以下四个要件：(1)一方当事人以提起专利侵权诉讼的方式提出了某项请求，或者以提出某项请求相威胁。(2)提出请求的一方当事人具有主观上的恶意(如提出请求的一方当事人明知其专利权利存在瑕疵，或者即使其权利无瑕疵，其提起诉讼时具有主观恶意等)。(3)具有实际的损害后果。(4)提出请求的一方当事人提起专利诉讼的行为与损害后果之间具有因果关系。[1] 如果具备这四个要件，即可以另案提起因恶意提起知识产权诉讼损害责任纠纷之诉，与此同时，企业还可以根据涉案专利的实际情况，向国家知识产权局提出无效宣告请求，这样不仅可以减小恶意诉讼给企业带来的负面影响，挽回企业的损失，同时还可以重挫恶意诉讼方。

【相关法条】

最高人民法院《关于全面加强知识产权司法保护的意见》

13. 依法制止不诚信诉讼行为。妥善审理因恶意提起知识产权诉讼损害

---

〔1〕 参见远东水泥公司与四方如钢混凝土公司因恶意提起知识产权诉讼损害责任纠纷案，北京知识产权法院(2015)京知民初字第1446号民事判决书。

责任纠纷，依法支持包括律师费等合理支出在内的损害赔偿请求……

42. 企业被诉专利侵权时明知涉案专利不能被宣告无效，该如何通过专利无效宣告程序维护自己的合法权益？

【风险提示与建议】

法院对于权利要求，可以运用说明书及附图、权利要求书中的相关权利要求、专利审查档案进行解释。专利审查档案，包括专利审查、复审、无效程序中专利申请人或者专利权人提交的书面材料、国务院专利行政部门制作的审查意见通知书、会晤记录、口头审理记录、生效的专利复审请求审查决定书和专利权无效宣告请求审查决定书等。最高人民法院的相关司法解释奠定了通过无效宣告请求审查决定书来解释涉诉专利权利要求之保护范围的司法基础。笔者认为，专利侵权诉讼的被诉企业可以从以下两个角度去启动专利无效宣告程序：(1)不为追求专利无效的结果，而是通过主动引入某个无效宣告理由，让国家知识产权局专利局复审和无效审理部进行针对性的解读和阐释，变相地限缩涉案专利的保护范围或者将被控侵权产品解释到涉案专利的保护范围之外；(2)成功将涉案专利无效，直接将原告据以主张权利的基础瓦解。

通过将涉案专利无效达到摆脱侵权诉讼的目的，属于专利侵权诉讼中被告常用的操作手法，笔者在此不予赘述。现就第一个角度的操作手法，试举两例予以说明。

案例1：实用新型专利无效案[1]

原告公司持有一款名称为"一种消防系统及消防水罐车"的实用新型专利。原告认为被告制造的森林消防救援车产品落入原告专利的保护范围。案件审理中涉及一项关键技术问题，即被控侵权产品中"推进器上设有8个第一叶片，叶轮上设有相应7个第二叶片"这一技术特征（以下简称A特征）同涉案专利中"叶轮上设有与第一叶片个数相同且位置对应的第二叶片"

---

〔1〕 参见黄某优与安云科技公司等实用新型专利权侵权纠纷案，广东省高级人民法院(2014)粤高法民三终字第206号民事判决书。

(以下简称a特征)是否构成等同技术特征。

代理律师通过专利无效宣告程序反其道而行之,主张A特征同涉案专利中a特征构成实质相同技术特征。专利复审委员会(专利局复审和无效审理部的前身)以没有证据证明为由将该主张驳回,即专利复审委员会通过无效审查决定的方式,认定A特征同a特征不构成实质相同技术特征,将A特征排除于原告专利的保护范围之外。代理律师通过无效宣告程序成功排除了原告关于被告实施等同侵权主张的可能性,被告借此摆脱侵权指控。

案例2:外观设计专利无效案[1]

亚冠公司因外观设计专利侵权纠纷将战音公司告上法庭。案件审理过程中,作为被告的战音公司欲摆脱侵权指控,需要把原告专利中上下构件的轮廓设计解释为现有设计,从而降低该上下构件的轮廓设计在外观设计侵权判断中的近似性的影响。涉案专利的外观设计如图1所示。

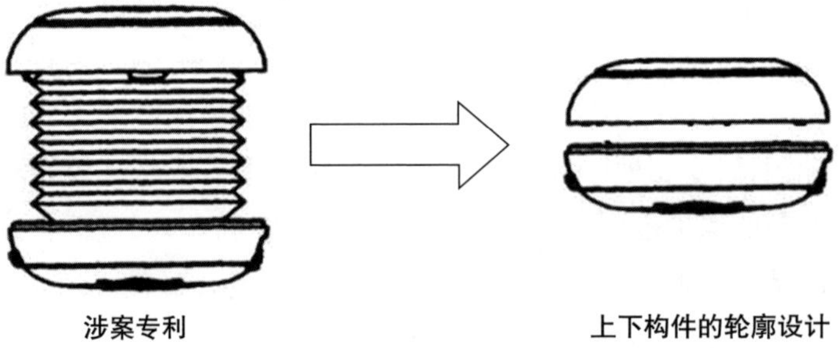

图1 涉案专利外观设计示意

经检索发现,某杂志上刊登的广告涉及一款飞利浦PSA220运动型MP3产品,该产品的外观同涉案专利的上下面盖极为相似。战音公司的代理律师认为,可以通过专利无效宣告程序将该飞利浦PSA220运动型MP3产品的外观解释为相较涉案专利上下构件之轮廓设计的现有设计。该产品的外观如图2所示。

[1] 参见战音公司与亚冠公司侵犯专利权纠纷案,最高人民法院(2014)民提字第34号民事判决书。

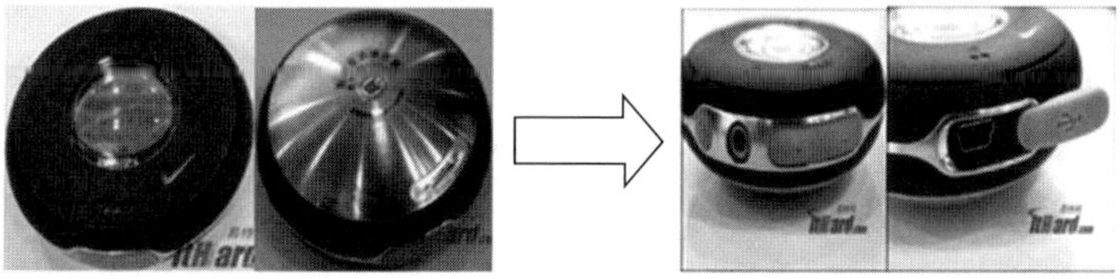

现有设计　　　　上下构件的轮廓设计

图 2　现有飞利浦相关产品外观

通过启动无效宣告程序，专利复审委员会确认飞利浦 PSA220 运动型 MP3 产品的外观构成相较涉案专利上下构件之轮廓设计的现有设计。最终法院据此判断涉案专利与被控侵权产品关于“上下构件的轮廓设计”在外观设计近似判断中不能产生显著影响（未给被诉产品与外观专利的近似加分），被告战音公司启动专利无效宣告程序的目的实现。

【相关法条】

最高人民法院《关于审理侵犯专利权纠纷案件应用法律若干问题的解释》

第三条第一款　人民法院对于权利要求，可以运用说明书及附图、权利要求书中的相关权利要求、专利审查档案进行解释。说明书对权利要求用语有特别界定的，从其特别界定。

最高人民法院《关于审理侵犯专利权纠纷案件应用法律若干问题的解释（二）》

第六条第二款　专利审查档案，包括专利审查、复审、无效程序中专利申请人或者专利权人提交的书面材料，国务院专利行政部门制作的审查意见通知书、会晤记录、口头审理记录、生效的专利复审请求审查决定书和专利权无效宣告请求审查决定书等。

43. 企业专利风险管理要注意哪些方面?

【风险提示与建议】

企业在研发、生产、经营、管理活动中所面临的专利风险大体可以分为

两类:

(1)内部管理风险:主要包括因管理制度不完善或执行不到位等原因导致企业技术流失或者失效,如保密制度不完善造成企业技术在申请专利之前已被公开或被他人窃取,导致拟申请的专利失去新颖性等;研发中对职务发明未作出明确、合理的规定,导致技术成果被企业离职人员带走等。规避这一类风险需要企业内部专利工程师、法务人员或者聘请的外部专业律师根据企业内部情况制定相对完善并便于实施的专利管理制度,并对企业内部人员进行相关培训。

(2)外部侵权风险:主要指在生产、经营等活动中可能会侵犯他人的专利权而给企业带来损失,例如,所生产、销售的产品涉嫌侵犯竞争对手的专利而被投诉或被起诉,新开发的技术可能落入其他主体已有的专利权的保护范围导致研发投入被浪费,甚至有被起诉的风险等。规避这一类风险需要企业在进行研发、生产、销售前,对所关注的产品做技术归纳总结,之后对已归纳的技术点做预警分析。如遇相关核心技术确实已掌握在对方手里,可通过技术许可、技术合作等方式使企业产品的研发、生产、销售合法化。

【相关法条】

《专利法》

第二十二条 授予专利权的发明和实用新型,应当具备新颖性、创造性和实用性。

新颖性,是指该发明或者实用新型不属于现有技术;也没有任何单位或者个人就同样的发明或者实用新型在申请日以前向国务院专利行政部门提出过申请,并记载在申请日以后公布的专利申请文件或者公告的专利文件中。

创造性,是指与现有技术相比,该发明具有突出的实质性特点和显著的进步,该实用新型具有实质性特点和进步。

实用性,是指该发明或者实用新型能够制造或者使用,并且能够产生积极效果。

本法所称现有技术,是指申请日以前在国内外为公众所知的技术。

第二十三条 授予专利权的外观设计,应当不属于现有设计;也没有任何单位或者个人就同样的外观设计在申请日以前向国务院专利行政部门提出过申请,并记载在申请日以后公告的专利文件中。

授予专利权的外观设计与现有设计或者现有设计特征的组合相比,应当具有明显区别。

授予专利权的外观设计不得与他人在申请日以前已经取得的合法权利相冲突。

本法所称现有设计,是指申请日以前在国内外为公众所知的设计。

第二十四条 申请专利的发明创造在申请日以前六个月内,有下列情形之一的,不丧失新颖性:

(一)在国家出现紧急状态或者非常情况时,为公共利益目的首次公开的;

(二)在中国政府主办或者承认的国际展览会上首次展出的;

(三)在规定的学术会议或者技术会议上首次发表的;

(四)他人未经申请人同意而泄露其内容的。

44. 企业若有专利维权的计划或者准备,需要考虑哪些问题?做哪些准备?

【风险提示与建议】

如果企业目前有专利维权的计划或意向,应先明确专利维权的目的,从而有针对性地制订维权计划。根据不同的维权目的,笔者提供如下建议:

首先,保护市场。在市场上有同样的竞争产品,对企业的产品销售带来直接影响的情况下,维权重点在于第一时间制止侵权行为,针对不同的侵权形式应采用不同的方法:(1)电商平台销售形式,主要通过电商平台投诉,可参照电商平台制定的投诉规则,提供相关初步证据要求电商平台尽早下架该产品,从而高效、便捷地从源头上切断侵权产品的销售;(2)出口销售形式,可以通过向海关投诉的方式处理,海关可以在侵权产品出口报关的阶段进行截停和扣留,对于侵权厂家的打击是巨大的。当然,采取这种方式的前提是掌握侵权产品出口的详细情况,这会有一定难度。如果相关专利已在海关备案,海关将会进行主动排查,显然会为企业的维权提供更多的便利。

其次,阻止尚未流入市场的制造侵权行为。可以向市场监督管理部门举报,通过现场查处的方式维权,从而从制造源头打击侵权方,阻止侵权产品流入市场。

最后,通过维权获得补偿。这种情况一般不急于制止侵权行为,重点在于取得对方侵权获利的证据,建议通过公证的方式购买侵权产品,或者向法院申请证据保全,以固定相关侵权事实及销量方面的证据。

确定进行维权后,应该及时采取行动,有计划地完成侵权证据收集,对于需要固定的证据应当及时申请法院或者公证处实施证据保全。

【相关法条】

《专利法》

第七十一条第一款、第二款 侵犯专利权的赔偿数额按照权利人因被侵权所受到的实际损失或者侵权人因侵权所获得的利益确定;权利人的损失或者侵权人获得的利益难以确定的,参照该专利许可使用费的倍数合理确定。对故意侵犯专利权,情节严重的,可以在按照上述方法确定数额的一倍以上五倍以下确定赔偿数额。

权利人的损失、侵权人获得的利益和专利许可使用费均难以确定的,人民法院可以根据专利权的类型、侵权行为的性质和情节等因素,确定给予三万元以上五百万元以下的赔偿。

第七十三条 为了制止专利侵权行为,在证据可能灭失或者以后难以取得的情况下,专利权人或者利害关系人可以在起诉前依法向人民法院申请保全证据。

45. 对方产品同企业专利部分技术特征不同的情况下,如何判断对方是否构成等同侵权?

【风险提示与建议】

专利侵权诉讼有两大侵权判定原则,分别为全面覆盖原则(又称字面侵权原则)和等同侵权原则。具体而言,被诉侵权技术方案包含与权利要求记载的全部技术特征相同或者等同的技术特征的,法院应当认定其落入专利权的保护范围;被诉侵权技术方案的技术特征与权利要求记载的全部技术特征相比,缺少权利要求记载的一个以上的技术特征,或者有一个以上技术特征不相同也不等同的,法院应当认定其没有落入专利权的保护范围。

在专利侵权判断中采用全面覆盖原则进行侵权与否的判断,即严格要求被控侵权产品包含原告专利中的每一个技术特征,有利于专利权人和社会公众明确判断是否侵权,也有利于法院对专利侵权案件的审理,故此种判断原则得到了广泛的社会认可。但此种判断方法的缺陷是,在专利撰写方面对专利权人提出了非常严格的要求,专利权人不仅要注意技术方案的措辞、用语,确保语言足够缜密、周全;还要注意一切可能的、潜在的修改、替代方案,尽可能把能够想到的所有方案用语言文字表述出来。即使这样,仍不免挂一漏万,侵权方轻松地变换了某个技术特征,不用承担侵权法律责任却享用了专利权人的核心智慧成果,导致专利权人公开技术成果的社会贡献未能得到有效补偿。

考虑语言表述的有限性、穷尽性描述所有可能的技术方案的困难、权利要求书的撰写须符合简洁性的要求等因素,为平衡专利权人与社会公众利益,专利法律制度引入了等同原则,即对于被控侵权产品与专利权利要求中描述的特征不符的某些技术特征,经审查其确实与专利权利要求中的相应技术特征实质等同的,允许法院将被控侵权产品的技术方案解释到原告专利的保护范围之内。

等同原则的大量适用很好地保护了专利权人的合法利益,但又衍生出另外一个问题:专利保护的界限模糊,社会公众的创新受到不合理的限制。专利制度的目的是让专利权人以公开换垄断,这种制度的本质不仅是让社会公众在专利权过期后可以免费使用相关公开的技术方案,而且是让社会公众在专利权保护期内可以研究学习专利权人公开的技术方案,避免重复研发,并可以在专利权人的技术方案的基础上进行改进、创新,研发出新的技术方案,促进社会的技术进步。等同原则的大量适用导致很多改进、创新,甚至变劣适用的技术方案仍然被解释到原告专利的保护范围之内,导致基于公开的专利技术方案的研发、创新乃至合理变换、变劣适用等做法受到抑制,进而导致社会公众对专利保护范围的公开、确定性产生疑问。

为重新平衡专利权人与社会公众的利益,专利法律制度中引入了捐献原则[1]、禁止反悔原则[2]。所谓捐献原则,是指如果专利权人在专利说明书中公开了某个实施方案,但在专利申请的审批过程中没有将其纳入或试图将其纳入权利要求的保护范围,则该实施方案被视为捐献给了公众,当专利申请被授权后,专利权人在主张专利权时不得试图通过等同原则等将其重新纳入权利要求的保护范围。所谓禁止反悔原则,是指专利权人如果在专利审批、核查(包括专利申请的审查过程或者专利授权后的无效、司法审查程序)过程中,为了满足法定授权要求而对权利要求的范围进行了限缩(如限制性地修改或解释),则在主张专利权时,不得将通过该限缩而放弃的内容重新纳入专利权的保护范围。

可以说,捐献原则与禁止反悔原则的适用很好地限制了等同原则的过分适用,社会公众通过查阅专利审批、专利无效文档等,甚至通过专利无效审查程序即可进一步明晰等同原则的适用边界。

司法实践中,除捐献原则与禁止反悔原则对等同原则的适用进行限制外,以下情形亦能对等同原则的适用产生限制作用:

(1)数值特征限制

权利要求采用数值范围特征的,权利人主张与其不同的数值特征属于等同特征的,一般不予支持。但该不同的数值特征属于申请日后出现的技术内容的除外。

实用新型专利权利要求具有数值特征,权利人主张被诉侵权技术方案相应数值特征为等同特征的,不予支持,但该不同的数值特征属于申请日后出现的技术内容的除外。

(2)可预见性特征限制

司法实践中,对于发明权利要求中的非发明点技术特征、修改形成的技术特征或者实用新型权利要求中的技术特征,如果专利权人在专利申请或修改时明知或足以预见到存在替代性技术特征而未将其纳入专利权的保护范围,在侵权判定中,权利人以构成等同特征为由主张将该替代性技术方案

---

[1] 参见最高人民法院《关于审理侵犯专利权纠纷案件应用法律若干问题的解释》第5条。

[2] 参见最高人民法院《关于审理侵犯专利权纠纷案件应用法律若干问题的解释》第6条以及最高人民法院《关于审理侵犯专利权纠纷案件应用法律若干问题的解释(二)》第13条。具体适用案例可参见飞利浦优质生活公司与兆丰电器公司等专利侵权纠纷案,上海市高级人民法院(2017)沪民终402号调解书。

纳入专利权的保护范围的，不予支持。

(3)背景技术方案与说明书已否决方案的限制

为突出发明创造的创新性，申请人需要在说明书的背景技术栏目描述现有技术的缺陷，以突出发明创造的发明点。从新颖性和创造性角度而言，这样更容易打动审查员对待审查的专利申请给予有新颖性和创造性的正面评价。但从等同原则的适用角度而言，以上描述实际上是在限缩专利等同原则的适用范围。司法实践中，对被诉侵权技术方案属于说明书中明确排除的技术方案，或者属于背景技术中的技术方案，权利人主张构成等同侵权的，不予支持。

在排除相关等同原则适用的限制情形后，等同原则按照以下方法进行适用：等同特征，是指与所记载的技术特征以基本相同的手段，实现基本相同的功能，达到基本相同的效果，并且本领域普通技术人员在被诉侵权行为发生时无须经过创造性劳动就能够联想到的特征。

中国知识产权事业的发展突飞猛进，知识产权审判中的很多既成观点，随着时间的推移都发生了很大的变化，甚至是颠覆性的变化。一方面，是因为国内对知识产权的"游戏规则"研究得越来越深入、理解得越来越透彻；另一方面，是因为科技的进步、经济的发展，使既有的规则不再适用于现状。总体而言，目前司法实践中等同原则的适用趋向严格。但等同原则的适用也在不断发展变化的过程中，这对原告、被告而言都意味着一种诉讼上的不确定风险，双方都应对此有清醒的认识，并借此作出最佳的诉讼策略安排。

【相关法条】

最高人民法院《关于审理侵犯专利权纠纷案件应用法律若干问题的解释》

第五条　对于仅在说明书或者附图中描述而在权利要求中未记载的技术方案，权利人在侵犯专利权纠纷案件中将其纳入专利权保护范围的，人民法院不予支持。

第六条　专利申请人、专利权人在专利授权或者无效宣告程序中，通过对权利要求、说明书的修改或者意见陈述而放弃的技术方案，权利人在侵犯专利权纠纷案件中又将其纳入专利权保护范围的，人民法院不予支持。

第七条　人民法院判定被诉侵权技术方案是否落入专利权的保护范

围,应当审查权利人主张的权利要求所记载的全部技术特征。

被诉侵权技术方案包含与权利要求记载的全部技术特征相同或者等同的技术特征的,人民法院应当认定其落入专利权的保护范围;被诉侵权技术方案的技术特征与权利要求记载的全部技术特征相比,缺少权利要求记载的一个以上的技术特征,或者有一个以上技术特征不相同也不等同的,人民法院应当认定其没有落入专利权的保护范围。

最高人民法院《关于审理侵犯专利权纠纷案件应用法律若干问题的解释(二)》

第十三条 权利人证明专利申请人、专利权人在专利授权确权程序中对权利要求书、说明书及附图的限缩性修改或者陈述被明确否定的,人民法院应当认定该修改或者陈述未导致技术方案的放弃。

最高人民法院《关于审理专利纠纷案件适用法律问题的若干规定》

第十三条 专利法第五十九条第一款[1]所称的"发明或者实用新型专利权的保护范围以其权利要求的内容为准,说明书及附图可以用于解释权利要求的内容",是指专利权的保护范围应当以权利要求记载的全部技术特征所确定的范围为准,也包括与该技术特征相等同的特征所确定的范围。

等同特征,是指与所记载的技术特征以基本相同的手段,实现基本相同的功能,达到基本相同的效果,并且本领域普通技术人员在被诉侵权行为发生时无需经过创造性劳动就能够联想到的特征。

北京市高级人民法院《专利侵权判定指南(2017)》

57. 权利要求采用数值范围特征的,权利人主张与其不同的数值特征属于等同特征的,一般不予支持。但该不同的数值特征属于申请日后出现的技术内容的除外。

权利要求采用"至少"、"不超过"等用语对数值特征进行界定,且本领域普通技术人员阅读权利要求书、说明书及附图后认为专利技术方案特别强调该用语对技术特征的严格限定作用,权利人主张与其不相同的数值特征属于等同特征的,不予支持。

实用新型专利权利要求中具有数值特征,权利人主张被诉侵权技术方案相应数值特征为等同特征的,不予支持,但该不同的数值特征属于申请日

---

〔1〕 相关规定参见2020年修正的《专利法》第64条第1款。

后出现的技术内容的除外。

59. 被诉侵权技术方案属于说明书中明确排除的技术方案,或者属于背景技术中的技术方案,权利人主张构成等同侵权的,不予支持。

60. 对于发明权利要求中的非发明点技术特征、修改形成的技术特征或者实用新型权利要求中的技术特征,如果专利权人在专利申请或修改时明知或足以预见到存在替代性技术特征而未将其纳入专利权的保护范围,在侵权判定中,权利人以构成等同特征为由主张将该替代性技术方案纳入专利权的保护范围的,不予支持。

46. 对方产品外观同企业外观设计专利并不相同的情形下,如何判断对方是否构成近似侵权?

【风险提示与建议】

司法解释规定,在与外观设计专利产品相同或者相近种类产品上,采用与授权外观设计相同或者近似的外观设计的,法院应当认定被诉侵权设计落入外观设计专利权的保护范围。实践中,对于外观设计相同与否、产品种类相同或者相近与否的判断问题通常争议不大,争议比较大、判断比较困难的是近似外观设计的判断。相近似外观设计专利侵权判定是目前中国司法判断的一个难点,由于各级法院对相近似与否的判断观点不一致,导致许多外观设计专利的侵权判断出现诸多反复,原告、被告双方的诉讼风险都因此加大。经过大量的实战案例和实务研究,笔者总结了以下外观设计近似性认定的具体判断原则供企业参考使用:

(1)近似性认定的主体为一般消费者,其对外观设计专利产品同类或者相近种类产品的外观设计状况具有常识性了解,对外观设计产品之间在形状、图案以及色彩上的差别具有一定分辨力,但不会注意到产品的形状、图案以及色彩的微小变化。

(2)如果被诉侵权设计未包含授权外观设计区别于现有设计的全部设

计特征，一般可以推定被诉侵权设计与授权外观设计不近似。[1]

(3)功能性设计、产品的材料、内部结构不予考虑；不常见面、细微差别一般忽略；容易被直接观察到的部位、创新设计部分较现有设计更具有显著的影响。

(4)被控侵权产品在整体视觉效果影响方面相同点的影响大于不同点，一般判定被控侵权产品与外观设计专利近似；反之，判定其与外观设计专利不近似。[2]

(5)被控侵权产品上额外附加的设计要素一般对外观设计侵权判断不具有实质性的影响。[3]

(6)在考量现有设计是否具有显著影响时，若被控侵权产品与涉案专利现有设计部分不同，则该不同不能忽略。例如，对三厢轿车与两厢轿车而言，假定车厢部分属于现有设计、前大灯部分属于创新性设计，不可以在近似性判断中直接以车厢属于现有设计、前大灯部分相同即当然得出三厢轿车与两厢轿车相近似的结论。因为，虽然三厢车厢与两厢车厢均属于现有设计，但二者明显不同，该不同对两种车辆外观近似性判断产生的影响不能忽略。

(7)不允许将产品外观分别拆分，并以各部分均为现有设计作为依据，主张各部分在外观设计近似性判断中分别不具有显著影响。

下面以2个案例为例，根据以上原则对被控侵权产品与涉案外观设计专利是否构成近似进行判断。

案例1[4]：

将本案中被控侵权产品与涉案外观设计专利的外观相比较，如图3所示。

---

〔1〕 参见高仪公司与健龙卫浴公司侵害外观设计专利权纠纷案，最高人民法院(2015)民提字第23号民事判决书。

〔2〕 参见战音公司与亚冠公司侵犯专利权纠纷案，最高人民法院(2014)民提字第34号民事判决书。

〔3〕 参见马培德公司与邦立贸易公司、伊利达刀剪公司侵害外观设计专利权纠纷案，最高人民法院(2013)民申字第29号民事裁定书。

〔4〕 参见战音公司与亚冠公司侵犯专利权纠纷案，最高人民法院民事判决书，(2014)民提字第34号。

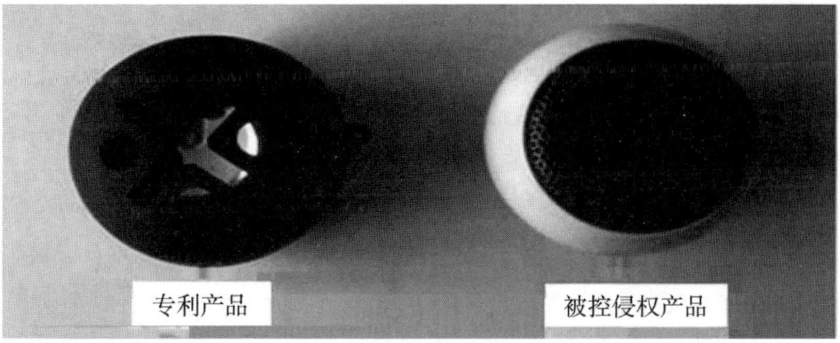

（a）俯视图

（b）主视图

图3　涉案产品对比

具体而言，二者的相同点在于：整体形状基本相同，均呈汉堡形，由圆形的上面盖与下面盖组成（相同点1），中间为可伸缩、边缘呈折线状的共鸣腔（相同点2）。二者的主要区别在于：被控侵权产品的上面盖为黑色镂空的网格状面罩，本案专利的主视图设计为镂空呈斜置米字形状（区别点1）；被控侵权产品的底面盖有一呈G形的凹槽，而本案专利的相应设计为一不规则倒置的长方形凹槽（区别点2）（该区别点图片中未展示）；被控侵权产品上下面盖之间的伸缩式共鸣腔相较本案专利中的共鸣腔部位折叠层数稍少（区别点3）。

对被控侵权产品与本案专利是否相同或者相近似，具体判断如下：

（1）关于二者的相同点对整体视觉效果的影响。二者的相同点1体现在上下表面均为圆盘形、整体呈汉堡状，上述设计特征在现有设计中已有体现，对整体视觉效果的影响相对较小。二者的相同点2体现为中间部分均具有可伸缩、边缘呈折线状的共鸣腔。虽然该技术特征也是本案专利与现有设计相区别的设计特征,但是,在一般消费者看来,共鸣腔的边缘呈折线状这一设计主要出于实现音箱的可伸缩性功能的考虑而不是出于美学因素的考虑,圆筒形伸缩共鸣腔设计在音箱中部、其直径小于上下面盖的直径也是出于上下面盖可以闭合从而节省空间、便于携带的考虑,而不是出于美学因素的考虑,因此该设计特征属于主要由技术功能决定的设计特征。故带折线的柱状共鸣腔在本案外观设计相同或者相近似的判断中应当不予考虑。

(2)关于二者的不同点对整体视觉效果的影响。区别点 1 在于二者上面盖的设计特征不同,本案专利主视图设计为镂空呈斜置米字形状,该主视图所对应的面应当是通常朝向消费者的面,而被控侵权产品的上面盖为黑色镂空的网格状面罩。上面盖在涉案音箱产品使用状态下容易被一般消费者注意到,且二者的差异明显,该区别点对于二者的整体视觉效果应具有较为显著的影响。区别点 2 在于二者底面盖的设计特征不同,主要体现为底面盖凹槽的形状不同。由于底面在正常使用状态下较难被消费者注意到,该区别点对于两者的整体视觉效果应不具有显著影响。区别点 3 在于共鸣腔折叠层数的多少,由于折叠层数本质上与伸缩幅度的大小有关,主要是为了实现可伸缩性功能的需要,对整体视觉效果不具有显著影响。综合考虑前述因素,由于本案中被控侵权产品与本案专利的相同点对整体视觉效果影响较小,而二者的不同点对整体视觉效果影响较大,被控侵权产品与本案专利在整体视觉效果上具有实质性差异,不构成相同或者相近似的设计。

综上所述,根据上文第 1、2、3、4 项外观设计侵权判断原则,能够得出被控侵权产品与专利产品不相近似的结论。

案例 2[1]**:**

将本案中被控侵权产品与涉案外观设计专利和的外观相比较,如图 4 所示。

---

[1] 参见马培德公司与邦立贸易公司、伊利达刀剪公司侵害外观设计专利权纠纷案,最高人民法院(2013)民申字第 29 号民事裁定书。

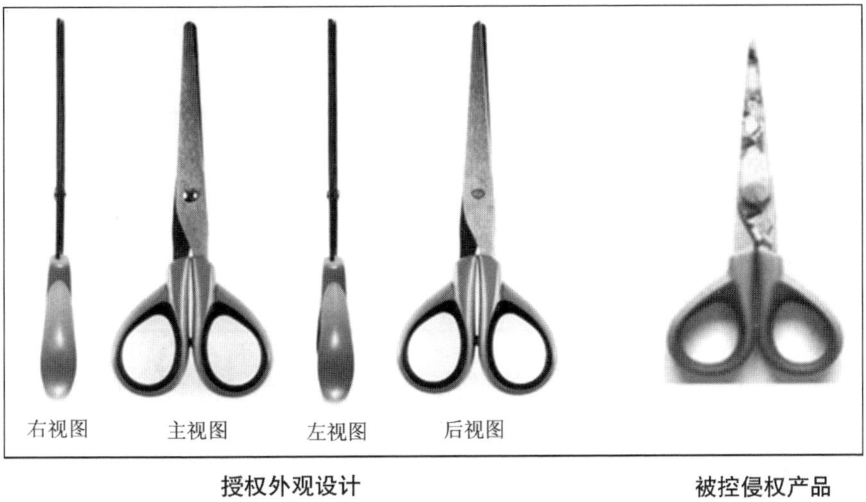

图4 涉案产品对比

二者均包括手柄、刀片以及设置于剪刀中部的铆钉三个主要部分。具体而言,二者的相同点在于:手柄、刀片的形状基本相同,手柄包括内、外两个明暗不同的同心圆环,并且在手柄中部均设置水滴状通孔。二者的主要区别在于:(1)被诉侵权产品的铆钉为分别设置于剪刀两侧的两个圆台状凸起,体积明显较大,其中心线上还设置有波浪状条纹;涉案专利的铆钉为金属铆钉,体积明显较小,且仅在一侧中部设置有直线槽(以下简称区别特征1)。(2)被诉侵权产品的剪刀片上还设置有彩色图案(以下简称区别特征2)。

对被控侵权产品与本案专利是否相同或者相近似,具体判断如下:

(1)刀片属于常规设计。常规设计属于现有设计,在外观设计侵权比对时不具有显著影响。

(2)被控侵权产品中的铆钉虽然属于常规设计,但其同涉案专利明显不同,且处于剪刀中间,属于容易被直接观察到的部位。根据上文第6项原则,在考量现有设计是否具有显著影响时,被控侵权产品与涉案专利若现有设计部分不同,则该不同不能忽略,故铆钉部分在侵权比对时具有显著的影响。

(3)手柄创新高度相对有限。手柄相对于现有设计创新高度有限,即比较接近现有设计。如属于现有设计则会直接导致该特征在侵权比对时不具有显著影响,既然创新高度稍高于现有设计,则在侵权比对时影响有限。

(4)区别特征2即被控侵权产品中的彩色图案属于额外增加的设计特征,对外观设计侵权判断不具有实质性影响,可直接过滤或者视而不见。

判断效果如图5所示。

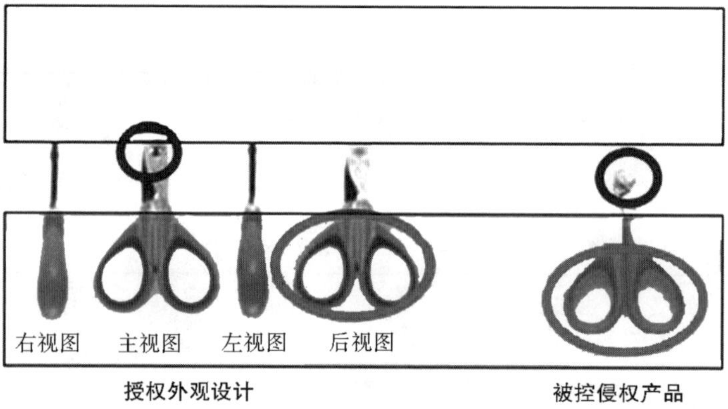

图5　二者相近似与否的判断效果示意

综上所述,根据上文第1、4、5、6项外观设计侵权判断原则,能够得出被控侵权产品与专利产品不相近似的结论。

实践中,对于相近似外观设计的判断非常复杂,相对于授权外观设计的现有设计、主要由技术功能决定的设计特征、设计空间等因素对外观设计相近似的判断具有非常大的影响。因此,外观设计专利侵权案中针对涉案外观设计的专利权评价报告、检索报告等对侵权判断具有非常大的参考价值。建议外观设计侵权纠纷案的双方当事人都能充分重视对授权外观设计的检索、分析与判断,必要时聘请知识产权专业律师参与分析、判断。

【相关法条】

《专利法》

第六十四条第二款　外观设计专利权的保护范围以表示在图片或者照片中的该产品的外观设计为准,简要说明可以用于解释图片或者照片所表示的该产品的外观设计。

最高人民法院《关于审理侵犯专利权纠纷案件应用法律若干问题的解释》

第八条　在与外观设计专利产品相同或者相近种类产品上,采用与授权外观设计相同或者近似的外观设计的，人民法院应当认定被诉侵权设计落入专利法第五十九条第二款[1]规定的外观设计专利权的保护范围。

第十一条　人民法院认定外观设计是否相同或者近似时，应当根据授权外观设计、被诉侵权设计的设计特征，以外观设计的整体视觉效果进行综合判断；对于主要由技术功能决定的设计特征以及对整体视觉效果不产生影响的产品的材料、内部结构等特征，应当不予考虑。

下列情形，通常对外观设计的整体视觉效果更具有影响：

（一）产品正常使用时容易被直接观察到的部位相对于其他部位；

（二）授权外观设计区别于现有设计的设计特征相对于授权外观设计的其他设计特征。

被诉侵权设计与授权外观设计在整体视觉效果上无差异的，人民法院应当认定两者相同；在整体视觉效果上无实质性差异的，应当认定两者近似。

47. 启动专利诉讼，企业是否合理确定了相应的被告？

【风险提示与建议】

启动专利诉讼程序时，企业应首先判断是否合理确定了相应的被告，因为针对不同类型的专利权，有不同的确定被告的方式：

（1）针对所有产品专利：构成的侵权行为包括制造、销售、许诺销售和进口等，相对应的制造者、销售者、许诺销售者及进口者均属于可诉被告，具体应根据证据所能指向的主体逐一确定。

（2）针对发明中的产品专利和实用新型专利：除上述涉及的几类侵权者外，还需要考虑侵权产品的使用者。

（3）针对方法发明专利：主要侵权者是方法的使用者，如果是制造产品的方法，则还包括使用专利方法制造的产品流通过程中的使用、许诺销售、销售及进口者。

---

〔1〕此解释中适用的是2008年修正的《专利法》，相关规定参见2020年修正的《专利法》第64条第2款。

(4)针对专门用于实施侵权行为的中间产品:销售或提供专门用于实施侵权行为的材料、设备、零部件及中间物,按照相关司法解释的规定,销售或提供方属于帮助侵权,同样属于可诉被告。

综上所述,根据不同种类,精准定位不同的被告,不仅可以避免企业在诉讼的过程中因遗漏被告导致案件事实无法查清或让侵权人逃脱法律的制裁,更可以合理地选择管辖地点,保障判决的履行,形成对企业有利的局面。

【相关法条】

《专利法》

第十一条 发明和实用新型专利权被授予后,除本法另有规定的以外,任何单位或者个人未经专利权人许可,都不得实施其专利,即不得为生产经营目的制造、使用、许诺销售、销售、进口其专利产品,或者使用其专利方法以及使用、许诺销售、销售、进口依照该专利方法直接获得的产品。

外观设计专利权被授予后,任何单位或者个人未经专利权人许可,都不得实施其专利,即不得为生产经营目的制造、许诺销售、销售、进口其外观设计专利产品。

最高人民法院《关于审理侵犯专利权纠纷案件应用法律若干问题的解释(二)》

第二十一条第一款 明知有关产品系专门用于实施专利的材料、设备、零部件、中间物等,未经专利权人许可,为生产经营目的将该产品提供给他人实施了侵犯专利权的行为,权利人主张该提供者的行为属于民法典第一千一百六十九条规定的帮助他人实施侵权行为的,人民法院应予支持。

48. 证据是专利侵权诉讼的关键,企业是否已经取得案件胜诉的全部必要证据?

【风险提示与建议】

企业作为专利权人,如发现他人有侵犯其专利的可能性,想通过诉讼的方式维权,需要准备以下证据:

(1)权属证据:作为权利人,需提供作为专利基础的专利注册证书、年费缴纳凭据、专利权评价报告(实用新型专利以及外观设计专利适用,发明专利无须提交)、许可合同(企业不是专利权人而是被许可人时需要提交许可合同,如果是普通许可,还需提交权利人授权企业起诉的授权证明)等。

(2)侵权事实的证据:能证明侵犯专利权的产品的实物、图片、宣传网页、付款发票、订购合同等。对于涉嫌侵犯专利权的产品实物的购买过程以及网络链接等证据,在取证时需通过公证的方式进行固定。

(3)有关损害赔偿的证据:企业因侵权行为所遭受的产品的销量减少,或销售价格降低,以及其他因侵权而付出的费用或少收入的费用等损失方面的证据;或侵权方因侵权行为所得的利润方面的证据;或专利许可合同以及许可费缴纳凭据。在进行诉讼时,企业遭受侵权的损失,以及侵权方获利的证据可能很难获取,专利也有可能未进行许可,对此,企业应尽可能先提供上述提到的关于损失的初步证据,待确定专利侵权后,可以请求法院对侵权者的销售数据进行调查、取证,以确定侵权利润。在此基础上,再计算侵权者应付的赔偿金额。如果企业未找到任何计算损害赔偿的证据,可请求法院根据案件情况在法定赔偿额的范围内酌定判赔。

【相关法条】

《专利法》

第七十一条　侵犯专利权的赔偿数额按照权利人因被侵权所受到的实际损失或者侵权人因侵权所获得的利益确定;权利人的损失或者侵权人获得的利益难以确定的,参照该专利许可使用费的倍数合理确定。对故意侵犯专利权,情节严重的,可以在按照上述方法确定数额的一倍以上五倍以下确定赔偿数额。

权利人的损失、侵权人获得的利益和专利许可使用费均难以确定的,人民法院可以根据专利权的类型、侵权行为的性质和情节等因素,确定给予三万元以上五百万元以下的赔偿。

赔偿数额还应当包括权利人为制止侵权行为所支付的合理开支。

人民法院为确定赔偿数额,在权利人已经尽力举证,而与侵权行为相关的账簿、资料主要由侵权人掌握的情况下,可以责令侵权人提供与侵权行为相关的账簿、资料;侵权人不提供或者提供虚假的账簿、资料的,人民法院可以参考权利人的主张和提供的证据判定赔偿数额。

49. 对于专利侵权中网络证据的取证，除公证的方式外，是否还有其他方式？

【风险提示与建议】

对于专利侵权中网络证据的取证，最常用的方式便是公证。除此之外，还有以下几种方式可供选择：

（1）可信时间戳固定证据。可信时间戳是由权威可信时间戳服务中心签发的，能证明数据电文（电子文件）在一个时间点是已经存在的、完整的、可验证的，具备法律效力的电子凭证，可信时间戳主要用于电子文件防篡改和事后抵赖，确定电子文件产生的准确时间。举证质证时，若对可信时间戳取证的证据持有异议，可随时随地在任一台电脑上通过可信时间戳验证中心的网页对该证据进行验证，以证明其自申请时间戳时起，内容保持完整、未被篡改。相比公证取证，其所需费用更低（固定一个网页证据的费用为10元），操作人员（公司人员或者其代理人）在自己的电脑上即可完成，不用去公证处现场，并且操作人员通过操作当场便可获取凭证，高效便捷，因此，现在越来越多的企业愿意采用可信时间戳的取证方式。

（2）电子取证存证平台。我国目前兴起的电子在线取证存证平台主要有：百度取证、存证云、公证云、安存、云法通、互联网数据取证平台、杭州互联网法院电子证据平台等。这类取证存证平台形式多样，各有其优势及价值。其中，百度取证由百度公司联合北京国创鼎诚司法鉴定所联合推出，取证全过程受权威司法机构实时监控，确保证据真实、完整、不可篡改；全部证据可由权威的司法鉴定机构出具正式的司法鉴定意见书。存证云由存证宝App提供包括通话录音、现场录音、拍照存证、录像存证、网页存证等多种形式的存证方式，实行实时录音录像存证，方便高效。公证云是由厦门市鹭江公证处与厦门法信公证云科技公司联合开发推出的，面向全国民用市场的重点项目之一，作为国内云技术电子数据取证综合服务平台，它能为用户提供前期取证、中期存证以及后期出证的一站式证据服务。公证云平台支持四大取证终端、二十余种取证方式，同时具有“取证便捷智能”“存证安全隐秘”“出证高效快速”三大特点，有效解决了电子数据取证过程中遇到的取证手段有限、证据效力不高以及传统公证服务模式便捷性不够的问题。[1]

(3)区块链证据固定。区块链存证方式是继传统的公证、互联网电了存证之后,借助区块链这一新型技术形成的一种新型电子取证存证方式,通过把证据保存到区块链上,做分布式存储,因区块链的每一个节点都完整地保存了证据信息,从而保证证据信息很难被篡改。作为一种新的存证形式,区块链存证因具有安全、低成本等优点,逐渐被用户广泛应用。[2]

【相关法条】

最高人民法院《关于互联网法院审理案件若干问题的规定》

第十一条 当事人对电子数据真实性提出异议的,互联网法院应当结合质证情况,审查判断电子数据生成、收集、存储、传输过程的真实性,并着重审查以下内容:

(一)电子数据生成、收集、存储、传输所依赖的计算机系统等硬件、软件环境是否安全、可靠;

(二)电子数据的生成主体和时间是否明确,表现内容是否清晰、客观、准确;

(三)电子数据的存储、保管介质是否明确,保管方式和手段是否妥当;

(四)电子数据提取和固定的主体、工具和方式是否可靠,提取过程是否可以重现;

(五)电子数据的内容是否存在增加、删除、修改及不完整等情形;

(六)电子数据是否可以通过特定形式得到验证。

当事人提交的电子数据,通过电子签名、可信时间戳、哈希值校验、区块链等证据收集、固定和防篡改的技术手段或者通过电子取证存证平台认证,能够证明其真实性的,互联网法院应当确认。

当事人可以申请具有专门知识的人就电子数据技术问题提出意见。互联网法院可以根据当事人申请或者依职权,委托鉴定电子数据的真实性或者调取其他相关证据进行核对。

---

〔1〕 参见李洪江:《互联网+证据固定方式的最新进展》,载IPRdaily中文网2018年12月24日,http://www.iprdaily.cn/article_20579.html。

〔2〕 参见李洪江:《互联网+证据固定方式的最新进展》,载IPRdaily中文网2018年12月24日,http://www.iprdaily.cn/article_20579.html。

50. 专利侵权诉讼中，调查、组织高额赔偿证据有哪些途径和方法？

【风险提示与建议】

侵权损害赔偿问题一直是专利侵权诉讼中权利人十分关心的问题。掌握好计算赔偿的途径和举证方法，有利于权利人在专利侵权诉讼中获得高额赔偿，从而让专利侵权诉讼产生更大的价值。实践中，专利侵权诉讼赔偿主要从以下几个角度进行举证、厘算：(1)原告实际损失/被告侵权获利；(2)许可费合理倍数；(3)法定赔偿和裁量性赔偿；(4)约定赔偿；(5)惩罚性赔偿；(6)合理费用（包括律师费、公证费、证据调查费、技术鉴定费、财务审计费、交通差旅费、文印费等）。在现行法律规定下，前述赔偿途径中的“许可费合理倍数”“法定赔偿”“合理费用”（除律师费部分）相对来说均比较好确定。“约定赔偿”则基于侵权诉讼之前的合同约定，或者是原告、被告之前发生过一次侵权诉讼，双方对被告再次侵权应承担的赔偿责任做出了约定，此时原告对赔偿责任约定之后的专利侵权诉讼有权依据双方之前的约定要求被告承担侵权赔偿责任，法院一般予以支持。

“裁量性赔偿”是一个值得权利人重视的赔偿途径。所谓裁量性赔偿，是指法院对能够查清的“原告损失或者被告获利”据实计算，对不能查清的赔偿部分适用法定赔偿标准酌定判赔，两种赔偿途径混用。在国威陶瓷电器公司、蒋某屏与林芝电热器件公司、苏宁易购集团侵害实用新型专利权纠纷案[1]中，最高人民法院就是如此处理的。应当说，此种判赔方式对维护权利人利益，增强维权效果具有非常积极的意义。

《专利法》第71条第1款规定了“惩罚性赔偿”：“侵犯专利权的赔偿数额按照权利人因被侵权所受到的实际损失或者侵权人因侵权所获得的利益确定；权利人的损失或者侵权人获得的利益难以确定的，参照该专利许可使用费的倍数合理确定。对故意侵犯专利权，情节严重的，可以在按照上述方法确定数额的一倍以上五倍以下确定赔偿数额。”惩罚性赔偿的基础是可以确定权利人因被侵权所受到的实际损失、侵权人因侵权所获得的利益或专

〔1〕 参见最高人民法院民事判决书，(2018)最高法民再111号。

利许可使用费中的至少一项。

律师费可以作为合理支出向被告索赔，主张时可从以下几个方向论证：(1)案件难易程度；(2)律师工作态度；(3)律师专业程度；(4)实际工作量等。证据则可从发票、合同、付款凭证、工作计时单等角度进行组织。例如，在握奇公司诉恒宝公司侵犯发明专利权纠纷案[1]中，法官就对原告握奇公司的律师为本案实际付出的情况予以考虑，包括握奇公司的律师四次对被诉侵权产品的公证保全取证、向法院提出了多次证据保全申请并为此提供了相关证据线索、提交了数百页书面证据和书面代理意见；法院传唤握奇公司的律师谈话四次，开庭五次，每次开庭时间均在三个小时以上；根据握奇公司的律师提供的书面申请和证据线索，采取财产保全一次、证据保全及向案外人调查取证三次；鉴于涉案专利技术较为复杂，涉及两项独立权利要求，技术特征较多，均需要律师在深入理解、掌握该领域技术，并详细分析、理解被诉侵权产品的方法特征和产品特征后提出侵权对比意见，握奇公司的律师在庭后还多次口头修正、解答法庭提出的技术比对问题；对于握奇公司提出的赔偿请求，其律师提供了包括案外人相同产品盈利证据在内的多份关联性、说服力较强的证据及翔实的计算依据。上述工作的完成需要律师及其工作团队花费较多的时间和精力，法院据此认定并支持原告律师费的主张。

上述赔偿途径就举证而言相对简单，通常也不是高额索赔的重点，故此略述。下面着重谈一下"实际损失/侵权获利"的举证途径和提高判赔额的方法。最高人民法院《关于审理专利纠纷案件适用法律问题的若干规定》第14条规定："专利法第六十五条[2]规定的权利人因被侵权所受到的实际损失可以根据专利权人的专利产品因侵权所造成销售量减少的总数乘以每件专利产品的合理利润所得之积计算。权利人销售量减少的总数难以确定的，侵权产品在市场上销售的总数乘以每件专利产品的合理利润所得之积可以视为权利人因被侵权所受到的实际损失。专利法第六十五条规定的侵权人因侵权所获得的利益可以根据该侵权产品在市场上销售的总数乘以每件侵权产品的合理利润所得之积计算。侵权人因侵权所获得的利益一般按

---

〔1〕 参见北京知识产权法院民事判决书，(2015)京知民初字第441号。

〔2〕 相关规定参见2020年修正的《专利法》第71条。

照侵权人的营业利润计算，对于完全以侵权为业的侵权人，可以按照销售利润计算。”鉴于很难确定原告专利产品销量降低的真正原因，尤其在市场环境、营销力度、国际背景等因素产生分别或者综合影响力时更是如此，故专利权人的专利产品因侵权所造成销售量减少的总数总是难以确定的。实践中用得比较多的计算公式有两种：(1)实际损失 = 侵权产品的销售总量 × 每件专利产品的合理利润；(2)侵权获利 = 侵权产品的销售总量 × 每件侵权产品的合理利润。因此，查清侵权产品的销售总量就显得尤为重要。

为查清侵权产品的销售总量，实践中应用较多的方式有：(1)法院证据保全/调查；(2)可靠第三方数据，如行政机关(税务[1]、海关)记录，电商平台销售数据，行业协会或权威机构统计数据等；(3)被告自认[2]；(4)被告宣传[3]；(5)被告按照法院下达的书证提交裁定/证据出示令[4]等的要求所提交的相关销售证据。其中，电商平台销售数据包括奥维云网的统计和京东商城的评价数[5](一个评价可至少代表已售出产品一件)，京东卖家、天猫卖家和淘宝卖家的交易记录[6]等。奥维云网的统计、京东商城的评价数可通过公证保全固定或者通过购买部分统计数据，京东卖家、天猫卖家和淘宝卖家的交易记录等可申请法院调查令进行调取。

确定原告产品的合理利润，可以通过原告公司或者原告关联公司的专项审计报告[7]、公开数据显示的行业产品利润、同业上市公司年报[8]、权

---

[1] 参见兄弟株式会社诉舒普机电公司侵害发明专利权纠纷案，上海知识产权法院(2016)沪73民初519号民事判决书。

[2] 参见珠海格力公司诉宁波奥克斯公司等侵害实用新型专利权案，广州知识产权法院(2017)粤73民初390号民事判决书。

[3] 参见福瑞德化工公司与联力化工公司侵害发明专利权纠纷案，北京市高级人民法院(2017)京民终734号民事判决书。

[4] 参见握奇公司诉恒宝公司侵害发明专利权纠纷案，北京知识产权法院(2015)京知民初字第441号民事判决书。

[5] 参见珠海格力公司诉宁波奥克斯公司等侵害实用新型专利权案，广州知识产权法院(2017)粤73民初390号民事判决书。

[6] 参见亚都公司等与德尔玛电器公司侵害实用新型专利权纠纷案，北京知识产权法院(2017)京73民初146号民事判决书。

[7] 参见握奇公司诉恒宝公司侵害发明专利权纠纷案，北京知识产权法院(2015)京知民初字第441号民事判决书。

[8] 参见珠海格力公司诉宁波奥克斯公司等侵害实用新型专利权案，广州知识产权法院(2017)粤73民初390号民事判决书。

威机构/行业协会数据参考确定。被告产品利润则可以通过被告财务数据、被告自认以及法院根据原告证据酌定的数据计算。

【相关法条】

《专利法》

第七十一条第一款、第二款 侵犯专利权的赔偿数额按照权利人因被侵权所受到的实际损失或者侵权人因侵权所获得的利益确定;权利人的损失或者侵权人获得的利益难以确定的,参照该专利许可使用费的倍数合理确定。对故意侵犯专利权,情节严重的,可以在按照上述方法确定数额的一倍以上五倍以下确定赔偿数额。

权利人的损失、侵权人获得的利益和专利许可使用费均难以确定的,人民法院可以根据专利权的类型、侵权行为的性质和情节等因素,确定给予三万元以上五百万元以下的赔偿。

最高人民法院《关于审理专利纠纷案件适用法律问题的若干规定》

第十四条 专利法第六十五条〔1〕规定的权利人因被侵权所受到的实际损失可以根据专利权人的专利产品因侵权所造成销售量减少的总数乘以每件专利产品的合理利润所得之积计算。权利人销售量减少的总数难以确定的,侵权产品在市场上销售的总数乘以每件专利产品的合理利润所得之积可以视为权利人因被侵权所受到的实际损失。

专利法第六十五条规定的侵权人因侵权所获得的利益可以根据该侵权产品在市场上销售的总数乘以每件侵权产品的合理利润所得之积计算。侵权人因侵权所获得的利益一般按照侵权人的营业利润计算,对于完全以侵权为业的侵权人,可以按照销售利润计算。

51. 企业提起侵权诉讼过程中变更据以主张保护的权利要求的最晚时间是何时?

【风险提示与建议】

一般而言,涉案专利的权利要求有多个,企业作为原告据以主张保护的

〔1〕 相关规定参见2020年修正的《专利法》第71条。

权利要求发生变化,意味着现有技术抗辩的“参照物”相应发生变化,随之而来的现有技术抗辩比对范围亦相应发生变化。因此,企业据以主张保护的权利要求须预先确定,这不仅是出于确定侵权比对范围的需要,亦是出于确定现有技术抗辩比对范围的需要。

最高人民法院《关于审理侵犯专利权纠纷案件应用法律若干问题的解释》第1条规定:“人民法院应当根据权利人主张的权利要求,依据专利法第五十九条第一款[1]的规定确定专利权的保护范围。权利人在一审法庭辩论终结前变更其主张的权利要求的,人民法院应当准许。”很显然,根据该条规定,权利人可以在一审法庭辩论终结前变更其据以主张保护的权利要求。然而,最高人民法院在近年的司法实践中,将权利人变更据以主张保护之权利要求的时间延展至一审判决作出前。如飞行船数码喷印设备与瀚泽公司侵害发明专利权纠纷案[2],原审法院认为,权利人在专利侵权诉讼中主张的权利要求被专利复审委员会宣告无效的,审理侵犯专利权纠纷案件的法院可以裁定驳回权利人基于该无效权利要求的起诉。在涉案专利无效宣告前,飞行船数码喷印设备公司在庭审辩论终结前当庭明确以修改前的原权利要求1作为其所主张的保护范围,而涉案专利无效审查决定作出后,涉案专利权利要求1的内容已发生变更,飞行船数码喷印设备公司提起本案诉讼的权利基础丧失,应予驳回。最高人民法院却认为,在涉案专利权被宣告部分无效之后,只要原审法院尚未作出判决,原审法院就应当依法向权利人飞行船数码喷印设备公司释明,由权利人飞行船数码喷印设备公司在维持有效的权利要求范围内明确其主张保护范围的权利要求。但是,原审法院并未给予权利人飞行船数码喷印设备公司重新明确权利要求的程序性权利,未经释明直接裁定驳回了飞行船数码喷印设备公司的起诉,该做法属适用法律错误。

侵权比对涉及法庭调查和法庭勘验,权利人变更据以主张保护的权利要求,迫使法庭须重新进行侵权比对并恢复法庭调查和法庭勘验,甚或,存在现有技术抗辩时,现有技术抗辩的比对范围须重新确定,这均会导致司法审理程序的延迟和反复。在侵权比对勘验涉及鉴定机构鉴定、勘验环境复

---

〔1〕 相关规定参见2020年修正的《专利法》第64条第1款。

〔2〕 参见最高人民法院民事裁定书,(2019)最高法知民终161号。

杂或者被控侵权产品为大型设备不能在法院进行现场勘验时，这种延迟和反复对审理程序的影响更为明显。无论是允许权利人在一审法庭辩论终结前变更权利要求，还是允许权利人在一审判决作出前变更权利要求，其目的均是避免简单地驳回权利人的诉请或者起诉后，权利人再次提起诉讼。权利人再次起诉，一方面，增加了权利人的讼累，同我国目前大力保护知识产权、减少权利人讼累的司法导向不符；另一方面，也并未将被告从诉讼中解脱出来，而且徒增了新的司法程序，将法官再次带入新的诉讼。因此，从社会效果来看，是一个三输的局面。但是如果任由原告变更权利要求，同样亦会造成侵权比对勘验或者现有技术抗辩比对的反复，不合理地增加了被告的讼累并造成司法资源的浪费。故对原告变更权利要求的行为亦应予以规制。

为避免诉讼风险，建议企业在作为原告起诉时即应确定其据以主张保护的权利要求，非因无效宣告事由，一审诉讼中不应再行变更其据以主张保护的权利要求。但若一审宣判前企业主张保护的权利要求被宣告无效，则企业应向法院申请以无效决定维持有效的权利要求作为其重新主张保护的权利依据。

【相关法条】

最高人民法院《关于审理侵犯专利权纠纷案件应用法律若干问题的解释(二)》

第一条 权利要求书有两项以上权利要求的，权利人应当在起诉状中载明据以起诉被诉侵权人侵犯其专利权的权利要求。起诉状对此未记载或者记载不明的，人民法院应当要求权利人明确。经释明，权利人仍不予明确的，人民法院可以裁定驳回起诉。

第二条 权利人在专利侵权诉讼中主张的权利要求被国务院专利行政部门宣告无效的，审理侵犯专利权纠纷案件的人民法院可以裁定驳回权利人基于该无效权利要求的起诉。

有证据证明宣告上述权利要求无效的决定被生效的行政判决撤销的，权利人可以另行起诉。

专利权人另行起诉的，诉讼时效期间从本条第二款所称行政判决书送达之日起计算。

最高人民法院《关于审理侵犯专利权纠纷案件应用法律若干问题的解释》

第一条第一款 人民法院应当根据权利人主张的权利要求，依据专利法第五十九条第一款[1]的规定确定专利权的保护范围。权利人在一审法庭辩论终结前变更其主张的权利要求的，人民法院应当准许。

52. 企业产品涉及对外出口的，企业对相关专利是否已经做了海关备案保护？

【风险提示与建议】

国家禁止侵犯知识产权的货物出口，并专门制定了《知识产权海关保护条例》。如前所述，企业可以通过掌握侵权产品的出口动向，向海关申请扣留。但考虑侵权产品的出口属于侵权企业的商业秘密，企业一般难以掌握，海关备案就显得尤为重要了。企业可以根据《知识产权海关保护条例》的相关规定，将知识产权在海关进行备案，针对备案后的专利权，海关将对所有相关出口货物进行排查并向专利权人提供侵权线索，这样可以显著提高海关保护的有效性。

根据《知识产权海关保护条例》的规定，权利人可提交申请书、专利证书、权利人身份证明及专利权的合法使用情况等相关资料，将其知识产权向海关总署申请备案，并缴纳一定费用。海关总署在收到材料后 30 个工作日内审批，备案自海关总署核准之日起生效，有效期为 10 年。

通过海关扣留的方式维护专利权，不仅可以有效解决部分侵权者不在国内销售其产品，难以取得侵权证据的难题，更可以解决诉讼中经常面临的销售数量及损失难以计算的问题，从而对这类侵权行为予以沉重打击。

【相关法条】

《知识产权海关保护条例》

第二条 本条例所称知识产权海关保护，是指海关对与进出口货物有关并受中华人民共和国法律、行政法规保护的商标专用权、著作权和与著作权有关的权利、专利权（以下统称知识产权）实施的保护。

第七条 知识产权权利人可以依照本条例的规定，将其知识产权向海关总署申请备案；申请备案的，应当提交申请书。申请书应当包括下列

---

[1] 相关规定参见 2020 年修正的《专利法》第 64 条第 1 款。

内容：

（一）知识产权权利人的名称或者姓名、注册地或者国籍等；

（二）知识产权的名称、内容及其相关信息；

（三）知识产权许可行使状况；

（四）知识产权权利人合法行使知识产权的货物的名称、产地、进出境地海关、进出口商、主要特征、价格等；

（五）已知的侵犯知识产权货物的制造商、进出口商、进出境地海关、主要特征、价格等。

前款规定的申请书内容有证明文件的，知识产权权利人应当附送证明文件。

第十二条　知识产权权利人发现侵权嫌疑货物即将进出口的，可以向货物进出境地海关提出扣留侵权嫌疑货物的申请。

第十六条　海关发现进出口货物有侵犯备案知识产权嫌疑的，应当立即书面通知知识产权权利人。知识产权权利人自通知送达之日起3个工作日内依照本条例第十三条的规定提出申请，并依照本条例第十四条的规定提供担保的，海关应当扣留侵权嫌疑货物，书面通知知识产权权利人，并将海关扣留凭单送达收货人或者发货人。知识产权权利人逾期未提出申请或者未提供担保的，海关不得扣留货物。

53. 企业进行专利转让、实施许可活动时，有哪些注意事项？

【风险提示与建议】

企业在获得专利后，通常会直接运用于生产、经营等活动中，但有些专利可能不适于企业的日常经营，因技术、产能等限制无法大规模生产，或者因企业的经营方向改变、转型等原因而闲置或没有充分发挥价值。对于这类专利，企业应当充分认识专利的资产属性，通过转让或实施许可等方式达到盘活专利的目的。

常见的专利运营活动，主要包括专利转让、实施许可等。专利转让，就是将专利转让给更能发挥其效能的企业，专利权人不再享有任何权利；专利许可，则是将专利权的一部分授予其他企业，专利权人仍保留一定的权能。

根据让渡的权利多寡，专利许可分为独占许可、排他许可及普通许可。针对独占许可，仅被许可人可以实施专利，包括专利权人在内的其他任何人均不得实施；针对排他许可，仅被许可人及专利权人可以实施专利；针对普通许可，被许可人不享有任何排他权，专利权人不仅可以自己实施，还可许可其他人实施。企业应当根据自己的需求选择转让或适当的许可方式运营专利，从而实现价值的最大化。

需要提醒的是，在实施专利运营活动之前，企业应当先明确专利的权属，是否有权利共有人，是否与共有人约定了权利行使方式，没有约定的情况下，企业需获得全部共有人同意才能行使专利权，否则，企业仅能以普通许可的方式运营专利，且所获取许可使用费应当与共有人分配。此外，还要指出的是，除专利权之外，专利申请权亦可进行转让。

无论是专利的转让还是许可，是专利权还是专利申请权，企业均应当签订书面的《转让/许可合同》，对双方的权利义务进行详尽约定，并及时办理相关的著录项目变更或许可合同备案，避免因权属模糊引发的法律纠纷。此外，类似于合同法中的“买卖不破租赁”原则，专利转让前已经合法发放的许可，转让后仍旧有效。

最后，对于职务发明形成的专利，企业应当善于利用合同或规章制度与发明人约定报酬或奖金，避免在专利的转让或许可中引发不必要的纠纷。以专利实施许可为例，在未进行约定的情况下，企业许可其他单位或者个人实施其专利的，应当从使用费中提取不低于10%作为报酬给予发明人。

【相关法条】

《专利法》

第十条 专利申请权和专利权可以转让。

中国单位或者个人向外国人、外国企业或者外国其他组织转让专利申请权或者专利权的，应当依照有关法律、行政法规的规定办理手续。

转让专利申请权或者专利权的，当事人应当订立书面合同，并向国务院专利行政部门登记，由国务院专利行政部门予以公告。专利申请权或者专利权的转让自登记之日起生效。

第十四条 专利申请权或者专利权的共有人对权利的行使有约定的，从其约定。没有约定的，共有人可以单独实施或者以普通许可方式许可他人实施该专利；许可他人实施该专利的，收取的使用费应当在共有人之间分配。

除前款规定的情形外，行使共有的专利申请权或者专利权应当取得全体共有人的同意。

《专利法实施细则》

第七十八条 被授予专利权的单位未与发明人、设计人约定也未在其依法制定的规章制度中规定专利法第十六条〔1〕规定的报酬的方式和数额的，在专利权有效期限内，实施发明创造专利后，每年应当从实施该项发明或者实用新型专利的营业利润中提取不低于2%或者从实施该项外观设计专利的营业利润中提取不低于0.2%，作为报酬给予发明人或者设计人，或者参照上述比例，给予发明人或者设计人一次性报酬；被授予专利权的单位许可其他单位或者个人实施其专利的，应当从收取的使用费中提取不低于10%，作为报酬给予发明人或者设计人。

54. 企业若有购买他人专利或者取得他人专利授权的计划，相关注意事项有哪些？

【风险提示与建议】

对于具体的专利，其价值的判断方法以及评定标准会有所不同，权重也会有所不同，但整体而言，可以从以下几个维度进行考虑：

（1）技术方面，需要审核该专利较现有技术存在的技术问题、难题是否有所突破、有所创新。

（2）法律方面，需要考虑该专利权的权属是否有瑕疵，其权利是否稳定，有效期还剩多久，其布局的好坏如何，保护范围的大小是否合适，能否经得起专利无效程序的考验等，着重考虑专利的保护力度。

（3）市场方面，需要考虑该专利在产品化、市场化过程中带来的预期收益如何。

【相关法条】

《专利法》

第四十二条 发明专利权的期限为二十年，实用新型专利权的期限为

---

〔1〕 相关规定参见2020年修正的《专利法》第15条。

十年，外观设计专利权的期限为十五年，均自申请日起计算。

自发明专利申请日起满四年，且自实质审查请求之日起满三年后授予发明专利权的，国务院专利行政部门应专利权人的请求，就发明专利在授权过程中的不合理延迟给予专利权期限补偿，但由申请人引起的不合理延迟除外。

为补偿新药上市审评审批占用的时间，对在中国获得上市许可的新药相关发明专利，国务院专利行政部门应专利权人的请求给予专利权期限补偿。补偿期限不超过五年，新药批准上市后总有效专利权期限不超过十四年。

第四十七条 宣告无效的专利权视为自始即不存在。

宣告专利权无效的决定，对在宣告专利权无效前人民法院作出并已执行的专利侵权的判决、调解书，已经履行或者强制执行的专利侵权纠纷处理决定，以及已经履行的专利实施许可合同和专利权转让合同，不具有追溯力。但是因专利权人的恶意给他人造成的损失，应当给予赔偿。

依照前款规定不返还专利侵权赔偿金、专利使用费、专利权转让费，明显违反公平原则的，应当全部或者部分返还。

55. 企业专利变现的途径有哪些?

【风险提示与建议】

目前，企业专利变现的主要途径有如下几种：

(1)专利许可。该种方法是企业常用来提升企业所拥有的专利的价值的方式，即企业根据内部需求及实际情况，将其所拥有的专利通过普通许可、排他许可、独占许可等方式让其他主体进行实施并获得收益。

(2)专利转让。对于企业内部不涉及核心技术或者对实施和开发核心技术不产生阻碍的一些专利，可以直接通过转让变现。

(3)专利诉讼。专利对于企业而言是一种无形的财产，如果其他主体侵害了企业的专利，企业可以通过提起诉讼获得相应的经济赔偿收益。

(4)质押融资。企业可以进行专利权的质押或融资，借此向银行等金融机构进行贷款、融资。

(5)获得补贴或奖金。企业利用其所拥有的专利获得政府补贴或奖金，从而实现变现。

【相关法条】

《专利法》

第十条 专利申请权和专利权可以转让。

中国单位或者个人向外国人、外国企业或者外国其他组织转让专利申请权或者专利权的，应当依照有关法律、行政法规的规定办理手续。

转让专利申请权或者专利权的，当事人应当订立书面合同，并向国务院专利行政部门登记，由国务院专利行政部门予以公告。专利申请权或者专利权的转让自登记之日起生效。

第六十五条 未经专利权人许可，实施其专利，即侵犯其专利权，引起纠纷的，由当事人协商解决；不愿协商或者协商不成的，专利权人或者利害关系人可以向人民法院起诉，也可以请求管理专利工作的部门处理。管理专利工作的部门处理时，认定侵权行为成立的，可以责令侵权人立即停止侵权行为，当事人不服的，可以自收到处理通知之日起十五日内依照《中华人民共和国行政诉讼法》向人民法院起诉；侵权人期满不起诉又不停止侵权行为的，管理专利工作的部门可以申请人民法院强制执行。进行处理的管理专利工作的部门应当事人的请求，可以就侵犯专利权的赔偿数额进行调解；调解不成的，当事人可以依照《中华人民共和国民事诉讼法》向人民法院起诉。

《专利法实施细则》

第十四条 除依照专利法第十条规定转让专利权外，专利权因其他事由发生转移的，当事人应当凭有关证明文件或者法律文书向国务院专利行政部门办理专利权转移手续。

专利权人与他人订立的专利实施许可合同，应当自合同生效之日起3个月内向国务院专利行政部门备案。

以专利权出质的，由出质人和质权人共同向国务院专利行政部门办理出质登记。

56. 怎么办理专利权质押融资？哪几种情况下专利不能进行质押融资？

【风险提示与建议】

知识产权质押融资，“是指企业以合法拥有的专利权、商标权、著作权中的财产权经评估作为质押物从银行获得贷款的一种融资方式，旨在帮助科技型中小企业解决因缺少不动产担保而带来的资金紧张难题”。[1] 其中，在中国没有经常居所或者营业所的外国人、外国企业或者外国其他组织办理专利权质押登记手续的，应当委托依法在中国设立的专利代理机构办理，国内专利权人可以选择委托依法设立的专利代理机构办理。专利质押融资的具体办理方式如下：

(1)专利权人持专利证书和银行所需的其他有关材料向银行提交专利权质押贷款书面申请。

(2)由专业的评估机构对该专利权的价值进行评估，出具评估报告。

(3)银行对专利权人提交的相关资料及专利权评估报告进行审核。

(4)银行审核通过后与专利权人签订借款合同，同时专利权人作为出质人与银行订立书面质押合同，其中，以共有的专利权出质的，除另有约定的以外，应当取得其他共有人的同意。

(5)向国家知识产权局递交下列文件：①出质人和银行共同签字或者盖章的专利权质押登记申请表；②专利权质押合同；③双方的身份证明，或当事人签署的相关承诺书；④委托专利代理机构代理的，注明委托权限的委托书；⑤其他需要提供的材料；⑥专利权经过资产评估的，应当提交资产评估报告。

(6)国家知识产权局收到当事人提交的质押登记申请文件后，会通知申请人；专利权质押登记申请经审查合格的，国家知识产权局在专利登记簿上予以登记，并向当事人发送专利权质押登记通知书，质权自国家知识产权局登记时设立完成。

(7)质权设立后，银行根据与专利权人签订的借款合同给其发放贷款，融资完毕。

有以下情形的，专利权不能进行质押融资：

(1)出质人不是当事人申请质押登记时专利登记簿记载的专利权人的。

(2)专利权已终止或者已被宣告无效的。

(3)专利申请尚未被授予专利权的。

---

〔1〕 陆敏：《金融服务科技企业，让知识变资本》，载中华人民共和国中央人民政府网，http://www.gov.cn/xinwen/2019-12/01/content_5457288.htm。

（4）专利权没有按照规定缴纳年费的。

（5）因专利权的归属发生纠纷已请求国家知识产权局中止有关程序，或者法院裁定对专利权采取保全措施，专利权的质押手续被暂停办理的。

（6）债务人履行债务的期限超过专利权有效期的。

（7）当事人提交的专利权质押合同欠缺以下与质押登记相关的内容：当事人的姓名或名称、地址；被担保债权的种类和数额；债务人履行债务的期限；专利权项数以及每项专利权的名称、专利号、申请日、授权公告日；质押担保的范围。

（8）以共有专利权出质但未取得全体共有人同意且无特别约定的。

（9）专利权已被申请质押登记且处于质押期间的。

（10）请求办理质押登记的同一申请人的实用新型有同样的发明创造已于同日申请发明专利的；但当事人被告知该情况后仍声明同意继续办理专利权质押登记的除外。

（11）专利权已被启动无效宣告程序的；但当事人被告知该情况后仍声明同意继续办理专利权质押登记的除外。

（12）其他不符合出质条件的情形。

【相关法条】

《专利权质押登记办法》

第八条　当事人提交的专利权质押合同应当包括以下与质押登记相关的内容：

（一）当事人的姓名或名称、地址；

（二）被担保债权的种类和数额；

（三）债务人履行债务的期限；

（四）专利权项数以及每项专利权的名称、专利号、申请日、授权公告日；

（五）质押担保的范围。

第十一条　专利权质押登记申请经审查合格的，国家知识产权局在专利登记簿上予以登记，并向当事人发送《专利权质押登记通知书》。经审查发现有下列情形之一的，国家知识产权局作出不予登记的决定，并向当事人发送《专利权质押不予登记通知书》：

（一）出质人不是当事人申请质押登记时专利登记簿记载的专利权人的；

（二）专利权已终止或者已被宣告无效的；

（三）专利申请尚未被授予专利权的；

（四）专利权没有按照规定缴纳年费的；

（五）因专利权的归属发生纠纷已请求国家知识产权局中止有关程序，或者人民法院裁定对专利权采取保全措施，专利权的质押手续被暂停办理的；

（六）债务人履行债务的期限超过专利权有效期的；

（七）质押合同不符合本办法第八条规定的；

（八）以共有专利权出质但未取得全体共有人同意且无特别约定的；

（九）专利权已被申请质押登记且处于质押期间的；

（十）请求办理质押登记的同一申请人的实用新型有同样的发明创造已于同日申请发明专利的，但当事人被告知该情况后仍声明同意继续办理专利权质押登记的除外；

（十一）专利权已被启动无效宣告程序的，但当事人被告知该情况后仍声明同意继续办理专利权质押登记的除外；

（十二）其他不符合出质条件的情形。

57. 专利申请过程中尚未授权的技术可以作为技术出资吗？有何注意点？

【风险提示与建议】

专利申请过程中尚未授权的技术可以作为技术出资。

首先，可以以专利申请权转让进行出资，以转让专利申请权进行出资的，应当进行估价，订立书面合同，并向国务院专利行政部门登记，完成相应的专利申请权转让手续以便完成出资。

其次，如果不以专利申请权转让出资，而是以专利申请权后续的专利许可进行出资，则需要在出资合同中明确约定若专利未能得到授权应该如何处理，如果未能在出资合同中明确约定该情形，后续专利又未能获得授权，导致无法许可，则需要申请人补缴出资。

【相关法条】

《公司法》

第九十三条　股份有限公司成立后，发起人未按照公司章程的规定缴足出资的，应当补缴；其他发起人承担连带责任。

股份有限公司成立后，发现作为设立公司出资的非货币财产的实际价额显著低于公司章程所定价额的，应当由交付该出资的发起人补足其差额；其他发起人承担连带责任。

最高人民法院《关于适用〈中华人民共和国公司法〉若干问题的规定（三）》

第七条　出资人以不享有处分权的财产出资，当事人之间对于出资行为效力产生争议的，人民法院可以参照民法典第三百一十一条的规定予以认定。

以贪污、受贿、侵占、挪用等违法犯罪所得的货币出资后取得股权的，对违法犯罪行为予以追究、处罚时，应当采取拍卖或者变卖的方式处置其股权。

第九条　出资人以非货币财产出资，未依法评估作价，公司、其他股东或者公司债权人请求认定出资人未履行出资义务的，人民法院应当委托具有合法资格的评估机构对该财产评估作价。评估确定的价额显著低于公司章程所定价额的，人民法院应当认定出资人未依法全面履行出资义务。

《专利法》

第十条　专利申请权和专利权可以转让。

中国单位或者个人向外国人、外国企业或者外国其他组织转让专利申请权或者专利权的，应当依照有关法律、行政法规的规定办理手续。

转让专利申请权或者专利权的，当事人应当订立书面合同，并向国务院专利行政部门登记，由国务院专利行政部门予以公告。专利申请权或者专利权的转让自登记之日起生效。

第二章

商 标 篇

1. 商标对企业意味着什么？不注册商标有哪些风险？

【风险提示与建议】

何为商标？简单地说，就是能指示产品或服务来源的显著标志。形象点说，商标就是市场经营者在商战中的一面“旗帜”，让消费者或者用户在众多的竞争对手中快速找到自己、记住自己，甚至成为品牌的追随者。

一个好的商标，不但要有美好的寓意和独特显著性，还要经过精心宣传、推广和使用，在同业竞争者中凸显，形成良好的市场美誉度。

另外，商标作为无形资产，有其固有的经济价值。商标的估值可以正面影响企业的总资产价值，而且商标的估值也能体现该商标的影响力和企业的经营情况，间接反映消费者对该商标所标示商品的接受程度。商标作为一种无形资产，还可以通过转让、许可给他人使用，或质押来转换实现其价值。

我国《商标法》第3条第1款规定：“经商标局核准注册的商标为注册商标，包括商品商标、服务商标和集体商标、证明商标；商标注册人享有商标专用权，受法律保护。”该条规定了我国商标保护制度是“注册制”，商标没有注册就不能依《商标法》获得全面保护。商标注册人拥有商标专用权，受法律保护，任何人未经商标权人许可，不可仿冒其商标，否则就构成商标侵权，权利人依法可以获得经济赔偿。

商事未动，商标先行。在开始准备经营前，经营者一定要先选择好商标并进行注册。如果商标没有注册就进行使用，有可能被别人抢注，只能在原有的经营范围内进行使用，而商标已经承载的美誉，企业投入大量宣传、使用而获得的商誉都会被他人据为己有。如果超范围使用，还会涉及侵权，企业要因此承担法律责任，得不偿失。

注册商标的同时，也会知道哪些商标已经被他人使用或者注册，可避免侵犯他人权益。

【相关法条】

《商标法》

第三条　经商标局核准注册的商标为注册商标，包括商品商标、服务商标和集体商标、证明商标;商标注册人享有商标专用权,受法律保护。

本法所称集体商标,是指以团体、协会或者其他组织名义注册,供该组织成员在商事活动中使用,以表明使用者在该组织中的成员资格的标志。

本法所称证明商标,是指由对某种商品或者服务具有监督能力的组织所控制,而由该组织以外的单位或者个人使用于其商品或者服务,用以证明该商品或者服务的原产地、原料、制造方法、质量或者其他特定品质的标志。

集体商标、证明商标注册和管理的特殊事项,由国务院工商行政管理部门[1]规定。

2. 企业申请注册商标有哪些途径?为何建议企业寻求专业人士进行申请?

【风险提示与建议】

商标注册是商标使用人取得商标专用权的前提和条件,国内的企业申请商标注册有两种途径:一是自行办理;二是委托在国家知识产权局备案的商标代理机构办理。

商标申请并不是简简单单地向商标局提交申请文件,还包括申请之前的检索、申请类别的确定,以及后续被驳回的处理等复杂问题。要想高效地完成申请,并准确地按照企业需求进行申请,企业需要专业的人士给予帮助。否则企业不仅要自行花费大量时间去学习研究,而且因缺乏后期流程监控的时效性和各种业务办理的专业性,可能导致商标申请前功尽弃,进而丧失商标申请的先机,所以,还是建议企业委托代理机构进行办理。

【相关法条】

《商标法》

第九条 申请注册的商标,应当有显著特征,便于识别,并不得与他人在先取得的合法权利相冲突。

商标注册人有权标明"注册商标"或者注册标记。

第十七条 外国人或者外国企业在中国申请商标注册的,应当按其所

〔1〕 现为国家市场监督管理部门。

属国和中华人民共和国签订的协议或者共同参加的国际条约办理,或者按对等原则办理。

第十八条 申请商标注册或者办理其他商标事宜,可以自行办理,也可以委托依法设立的商标代理机构办理。

外国人或者外国企业在中国申请商标注册和办理其他商标事宜的,应当委托依法设立的商标代理机构办理。

3. 企业是否意识到申请商标前应当进行商标检索？商标检索的途径有哪些？

【风险提示与建议】

商标检索又叫商标查询,是企业在申请注册商标前必须做的一项工作。即对自己设计的商标做一个是否有在先相同或近似商标的查询,以便更顺利地注册自己的商标。如果不进行商标检索就直接申请,很有可能因存在在先的相同或近似的商标而导致自己的商标申请被驳回,不但浪费金钱,还会浪费宝贵的时间。另外,企业对于申请中的商标也需要定时查询,以便更好地了解商标的注册进程。

企业有三种查询商标的途径:(1)通过国家知识产权局商标局网站查询;(2)到国家知识产权局商标局办事大厅窗口申请查询;(3)委托专门的代理机构进行跟踪查询。

建议想要自行查询的企业登录国家知识产权局商标局官方网站(sbj.cnipa. gov. cn)进行查询。目前网上有很多提供商标查询服务的网站,但相对于国家知识产权局商标局官网,难免存在信息滞后且非权威的问题。

【相关法条】

《商标法》

第三十条 申请注册的商标,凡不符合本法有关规定或者同他人在同一种商品或者类似商品上已经注册的或者初步审定的商标相同或者近似的,由商标局驳回申请,不予公告。

第三十一条 两个或者两个以上的商标注册申请人,在同一种商品或者类似商品上,以相同或者近似的商标申请注册的,初步审定并公告申请在先的商标;同一天申请的,初步审定并公告使用在先的商标,驳回其他人的申请,不予公告。

4. 哪些标志可以申请注册为商标?

【风险提示与建议】

依据《商标法》第8条的规定,以下要素单独或组合可以作为商标进行申请:

(1)文字,包括中国汉字和少数民族文字、外国文字和阿拉伯数字或各种不同字的组合。

(2)图形,包括用某种简单符号构成的图案、几何图形、自然图形(以人物、动植物、自然风景等自然物象为对象所构成的图形)等。

(3)三维标志,可以是商品本身的形状、商品的包装物或者其他三维标志。

(4)颜色组合,两种或两种以上颜色的组合,颜色组合只能纯粹由颜色构成,不能与文字、图形等组合在一起;颜色组合的比例或方式应当相对确定。

(5)声音,包括声响、乐曲或歌曲以及其组合。

企业应该根据自己的需要申请适合自己的商标类型。

【相关法条】

《商标法》

第八条 任何能够将自然人、法人或者其他组织的商品与他人的商品区别开的标志,包括文字、图形、字母、数字、三维标志、颜色组合和声音等,以及上述要素的组合,均可以作为商标申请注册。

5. 标识是地名或者含有地名的,是否可以作为商标注册?

【风险提示与建议】

有的企业在注册商标时,会选择具有地名或包含地名含义的汉字标识作为其商标注册,这样的商标能否获准注册,是非常复杂的问题。一般而言,县级以上行政区划的地名或者公众知晓的外国地名,不得作为商标。为节约商标获准注册的成本、提高商标获准注册成功率,建议企业在选择新商标注册时,尽量避免选择地名或者包含地名字样的标识。当然,地名具有其他含义或者作为集体商标、证明商标组成部分的情形下,单纯的地名因素不会成为注册商标的障碍。

司法实践中,商标虽然包含地名,但商标整体上具有区别于地名的含义时,单纯的地名因素亦不会成为注册商标的障碍。以株式会社巴黎克鲁瓦桑等与北京芭黎贝甜公司商标权无效请求行政纠纷案〔1〕为例,诉争商标是由英文"PARIS""BAGUETTE"及图形构成的图文组合商标,经核准使用在第30类"蛋糕、面包"等商品上,其中英文"PARIS"系公众知晓的外国地名"巴黎",因此该诉争商标是否可以作为商标注册,诉争商标是否具有欺骗性,以及相关公众是否会对商品的质量特点或产地产生误认,系问题焦点。

北京市高级人民法院认为,判断地名或含有地名的商标能否获准、维持注册,要看该商标是否具有强于地名的第二含义或者整体上具有区别于地名的含义,即该商标是否具有获准或维持注册应有的显著特征。本案中,诉争商标是由英文"PARIS""BAGUETTE"及图形构成的图文组合商标。虽然其中"PARIS"是法国著名城市巴黎的名称为公众知晓,但"BAGUETTE"的含义为"法国面包、法式长棍面包",对中国公众而言,不易识别和认读,另有图形要素加入,使诉争商标整体上具有区别于地名的含义。同时,商标权利人提交的关于诉争商标宣传报道、年度审计报告、销售经营状况、市场调查报告等证据足以证明,诉争商标整体上区别于地名的含义得到了进一步强化。另外,公众基于对诉争商标核定使用商品的口感、风味、保质期短等特点判断,亦不会将诉争商标中的"PARIS"与核定使用商品的产地建立关联。因此,上述商标整体上具有区别于地名的含义。

另外,带有欺骗性,容易使公众对商品的质量等特点或者产地产生误认的标志不得作为商标使用。所谓"欺骗性",是指所使用的商标故意夸大商品或服务的功能、作用,欺骗消费者,容易使公众对商品的质量等特点或者产地产生误认的行为。如前所述,由于诉争商标整体上具有区别于地名的

---

〔1〕 参见北京市高级人民法院行政判决书,(2020)京行终4838号。

含义,不会导致公众对产地产生误认。根据商标权利人提交的证据,诉争商标及其权利人与法国具有深厚的渊源,核定使用商品的制作工艺、产品特点、风味也与法国具有密切关联,故诉争商标中的“PARIS”传递给公众的更多是商品品质和风味的信息,而这一信息并未夸大商品的质量等特点,没有导致公众产生误认。

总结这个案件可知,公司选择商标注册时,如果商标虽然包含地名,但商标整体上具有区别于地名的含义,单纯的地名因素也不会成为注册商标的障碍,具体问题具体分析。

【相关法条】

《商标法》

第十条 下列标志不得作为商标使用:

(一)同中华人民共和国的国家名称、国旗、国徽、国歌、军旗、军徽、军歌、勋章等相同或者近似的,以及同中央国家机关的名称、标志、所在地特定地点的名称或者标志性建筑物的名称、图形相同的;

(二)同外国的国家名称、国旗、国徽、军旗等相同或者近似的,但经该国政府同意的除外;

(三)同政府间国际组织的名称、旗帜、徽记等相同或者近似的,但经该组织同意或者不易误导公众的除外;

(四)与表明实施控制、予以保证的官方标志、检验印记相同或者近似的,但经授权的除外;

(五)同“红十字”、“红新月”的名称、标志相同或者近似的;

(六)带有民族歧视性的;

(七)带有欺骗性,容易使公众对商品的质量等特点或者产地产生误认的;

(八)有害于社会主义道德风尚或者有其他不良影响的。

县级以上行政区划的地名或者公众知晓的外国地名,不得作为商标。但是,地名具有其他含义或者作为集体商标、证明商标组成部分的除外;已经注册的使用地名的商标继续有效。

北京市高级人民法院《商标授权确权行政案件审理指南》

第8.10条 【地名商标的其他含义】

诉争商标标志或者其构成要素含有县级以上行政区划的地名或者公众

知晓的外国地名，但是整体上具有其他含义的，可以认定其不属于商标法第十条第二款所规定的情形。

具有下列情形之一的，可以认定诉争商标整体上具有其他含义：

(1)诉争商标仅由地名构成，该地名具有其他含义的；

(2)诉争商标包含地名，但诉争商标整体上可以与该地名相区分的；

(3)诉争商标包含地名，整体上虽不能与该地名相区分，但经过使用足以使公众将其与之区分的。

第 8.11 条 【已经获准注册“地名”商标扩展注册的判断】

商标法未禁止地名作为商标注册和使用之前已经获准注册的地名商标，在原注册范围内有效，当事人主张在该地名商标基础上申请注册其他商标的，一般不予支持。

6. 企业在申请注册商标时应如何选择商品或服务的类别？

【风险提示与建议】

第一步，确定注册商标商品（服务）所属的行业。要先搞清楚企业所提供的商品（服务）属于哪个行业，是商品还是服务，然后选择适合自己的类别。

第二步，选择商品（服务）的核心类别。企业只需选择与自己所提供的商品（服务）最匹配的大类即可。例如，从事餐饮行业的企业在选择商品（服务）的核心类别时，可以选择第 43 类（提供食物和饮料服务）和第 35 类（广告）。

第三步，选择商品（服务）小类别。在确定了商品（服务）的核心类别后，就可以在核心类别下面选择类似群了。可以按照每个类似群的定义来选定服务名称。例如，从事餐饮的企业在选择了核心类别第 43 类（提供食物和饮料服务）之后，再选择第 43 类下面的 4301 类似群“提供餐饮、住宿服务”，然后再找到餐馆、餐厅、流动饮食供应等具体服务名称进行选择。

企业在选择商品或服务的类别时，一定要参考商标局官网最新版本的《类似商品和服务区分表》，否则选择的商品或服务的类别不对，可能会导致需要补正，增加商标注册申请的风险。

【相关法条】

《商标法》

第二十二条 商标注册申请人应当按规定的商品分类表填报使用商标的商品类别和商品名称,提出注册申请。

商标注册申请人可以通过一份申请就多个类别的商品申请注册同一商标。

商标注册申请等有关文件,可以以书面方式或者数据电文方式提出。

7. 企业能否通过共存协议克服商标近似、商品类似认定而获准注册?

【风险提示与建议】

随着在先注册商标越来越多,企业在申请商标注册时,经常遇到其拟注册商标被认定与在先商标构成在相同或近似商品,或者服务上的相同或近似商标的情形,企业商标注册之路因此受到阻碍。我国《商标法》第30条规定:“申请注册的商标,凡不符合本法有关规定或者同他人在同一种商品或者类似商品上已经注册的或者初步审定的商标相同或者近似的,由商标局驳回申请,不予公告。”针对与在先商标近似的情形,企业可以尝试通过商标共存协议来清除阻碍。

商标共存协议,是指不同市场经营主体的近似商标在一定条件下可以在相同或类似商品或服务上共存的情形。有学者将商标共存协议定义为:虽然使用近似商标,但在并不必然导致相关消费者混淆的前提下,双方可通过协议为和平共存问题作出相应的约定。由于商标属于民事权利中的知识产权,具有私权的属性,在私权的冲突中,应当允许当事人以意思自治的方式处分各自的民事权益。因此,商标之间的共存协议是解决商标权利冲突的重要手段。基于商标的民事私权属性,对于共存协议,应本着充分尊重品牌所有人意愿的原则予以同意。

在签订商标共存协议时,需要注意以下事项:(1)商标共存协议上须明确载明诉争商标的具体信息,也就是要有涉案商标的注册号、名称、指定商品等项目,包括新申请商标和引证商标;(2)商标共存协议上要有明确的同意共存的意思表示;(3)不可附条件或者附期限,必须是无条件的永久共存,附条件或者附期限的共存协议一般不予采信;(4)商标共存协议不能含有损害国家利益、社会公共利益和第三人合法权益等内容;(5)共存协议应当采取书面形式。

商标共存协议也存在不能得到采信的可能性,在引证商标与诉争商标的商标标志相同或者基本相同,且使用在相同或者类似商品上时,不能仅以共存协议为依据准予诉争商标的注册申请。原因在于,保护消费者利益亦是《商标法》的立法目的和立法宗旨,在决定是否允许商标共存时还应考虑双方商标在整体上是否能够为消费者所区分、商标共存是否会造成消费者的混淆误认。商标共存协议不能绝对突破《商标法》有关"同一种商品或者类似商品上已经注册的或者初步审定的商标相同或者近似的,由商标局驳回申请,不予公告"的规定,如果拟注册商标与引证商标非常容易导致消费者产生混淆误认,即使有商标共存协议,也不能获得支持,保障相关公众权益仍是《商标法》关注之要义。

【相关法条】

北京市高级人民法院《商标授权确权行政案件审理指南》

第15.10条　【共存协议的属性】

判断诉争商标与引证商标是否构成近似商标,共存协议可以作为排除混淆的初步证据。

第15.11条　【共存协议的形式要件】

引证商标权利人应以书面形式同意诉争商标申请注册,明确载明诉争商标的具体信息,但附条件或者附期限的共存协议一般不予采信。

共存协议应当真实、合法、有效,且不存在损害国家利益、社会公共利益和第三人合法权益等情形,否则不应予以采纳。

第15.12条　【共存协议的法律效果】

引证商标与诉争商标的商标标志相同或者基本相同,且使用在相同或者类似商品上的,不能仅以共存协议为依据,准予诉争商标的注册申请。

引证商标与诉争商标的商标标志近似,使用在相同或者类似商品上,引证商标权利人出具共存协议的,在无其他证据证明诉争商标与引证商标的共存足以导致相关公众对商品来源发生混淆的情况下,可以认定诉争商标与引证商标不构成近似商标。引证商标权利人出具共存协议后,以诉争商标与引证商标构成近似商标为由,提起不予注册异议或者请求无效宣告的,不予支持,但该协议依法无效或者被撤销的除外。

8. 企业开发 App 的,注册商标时应该怎样选择商品和服务？在哪些类别上注册和保护是最规范、最有效的？

【风险提示与建议】

随着互联网的不断发展,很多企业都开发了 App。那么,App 的商标类别和具体的商品或服务该怎么样确定呢？可以参照 2021 年的《类似商品和服务区分表》来查询。App 是一种软件,它首先是第 9 类的软件商品;软件商品来自哪里呢？是用第 42 类的软件开发服务开发出来的;然后通过第 38 类的在线数据联接通讯服务,同时还可以通过第 35 类的广告服务进行盈利;在此基础上还可以增加 App 的服务类别。例如,打车类 App,增加第 39 类的乘客运输服务,那么打车类软件涉及的注册类别至少包括 9、35、38、39 和 42 共五个类别。依此类推,交友类服务 App,则在此基础上增加第 45 类的交友服务;医疗服务 App,则在此基础上增加 44 类的医疗服务等。因此,依前述思路考虑 App 能关联的产品和/或服务的性质和功能,对应查找要保护的类别,就可以对企业 App 软件做到全面的商标注册保护。

9. 为何说商标申请等业务具有较高的专业性？企业商标注册流程有哪些步骤？

【风险提示与建议】

企业商标注册流程分为以下步骤:

(1)商标提交。企业向商标局提交商标注册申请。

(2)形式审查。商标局对企业提交的注册商标进行形式审查,符合要求的下发受理通知书,不符合要求的则不予受理。

(3)实质审查。企业注册商标形式审查通过后,商标局接着会对商标进行实质审查,实质审查符合要求的,商标局下发初步审定公告;如果实质审查不符合要求,商标局则会将商标驳回。

(4)商标公告。企业注册商标通过实质审查后会进入3个月的公告期,公告期间内如果没有企业或个人对企业注册商标提出商标异议,则商标进入注册公告;如果有企业或个人对企业注册商标提出商标异议,则企业商标进入商标异议期。

(5)下发商标注册证书。进入注册公告的企业商标,商标局会下发企业商标注册证书,即代表企业商标注册成功。

商标注册申请流程简图如图6所示。

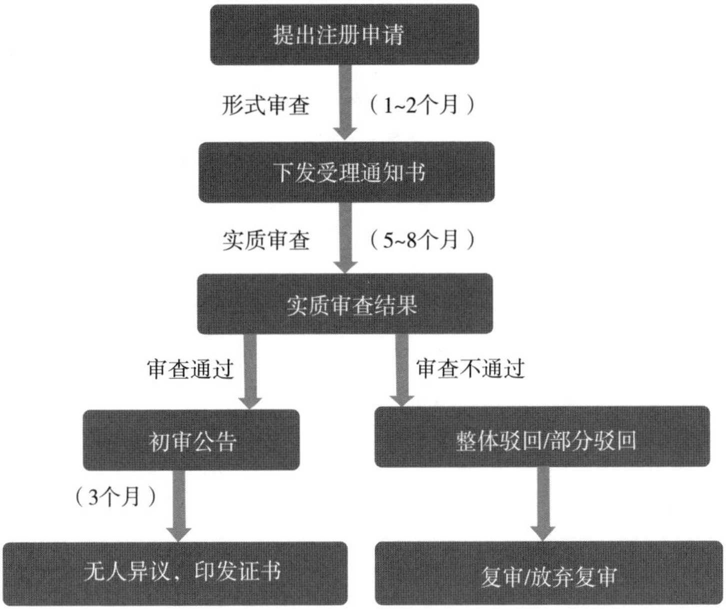

图6　商标注册申请流程示意

从商标申请的流程看,商标局对申请文本的格式及内容填写的规范性要求较高,此外,对时限的要求也较高。如果不满足要求,轻则导致补正,增加商标注册的风险,重则直接不予受理,使企业丧失商标申请的先机,因此建议企业委托专业人员代为办理。

【相关法条】

《商标法》

第四条　自然人、法人或者其他组织在生产经营活动中,对其商品或者服务需要取得商标专用权的,应当向商标局申请商标注册。不以使用为目的的恶意商标注册申请,应当予以驳回。

本法有关商品商标的规定,适用于服务商标。

第二十八条 对申请注册的商标,商标局应当自收到商标注册申请文件之日起九个月内审查完毕,符合本法有关规定的,予以初步审定公告。

第二十九条 在审查过程中,商标局认为商标注册申请内容需要说明或者修正的,可以要求申请人做出说明或者修正。申请人未做出说明或者修正的,不影响商标局做出审查决定。

第三十三条 对初步审定公告的商标,自公告之日起三个月内,在先权利人、利害关系人认为违反本法第十三条第二款和第三款、第十五条、第十六条第一款、第三十条、第三十一条、第三十二条规定的,或者任何人认为违反本法第四条、第十条、第十一条、第十二条、第十九条第四款规定的,可以向商标局提出异议。公告期满无异议的,予以核准注册,发给商标注册证,并予公告。

10. 如果他人的商标申请侵害了企业的合法权益,应如何处理？如果企业自己的商标申请被异议了,应如何应对？

【风险提示与建议】

如果他人的商标申请侵害了企业的合法权益,如在先姓名权、著作权等,企业应在该商标申请初审公告之日起 3 个月内,向商标局提出不应予以注册的异议申请。如果企业自己的商标申请被别人异议了,应按商标局指定时间进行答辩,说明他人的异议理由不成立,商标应该予以注册。企业如不能及时提交有说服力的异议答辩资料,申请注册的商标很可能因异议而不予注册。

企业在经营过程中,既要定时跟踪自己申请注册的商标的进展,也要时时监控竞争对手或其他经营主体对企业商标的抢注或恶意注册。此时就需要建立商标监控体系,定期检索查阅商标初审公告(可自行建立也可委托代理企业建立),在发现有抢注的情况下,及时提出异议申请,阻止他人注册以保护企业利益。一旦与企业商标或企业名称相同或近似的商标得以注册,很可能有与企业商标相同或近似的商标出现在市场上相同或类似的商品或服务上，跟企业的商品或服务混淆，扰乱市场，导致企业的市场份额下降。

【相关法条】

《商标法》

第三十三条　对初步审定公告的商标，自公告之日起三个月内，在先权利人、利害关系人认为违反本法第十三条第二款和第三款、第十五条、第十六条第一款、第三十条、第三十一条、第三十二条规定的，或者任何人认为违反本法第四条、第十条、第十一条、第十二条、第十九条第四款规定的，可以向商标局提出异议。公告期满无异议的，予以核准注册，发给商标注册证，并予公告。

第三十五条　对初步审定公告的商标提出异议的，商标局应当听取异议人和被异议人陈述事实和理由，经调查核实后，自公告期满之日起十二个月内做出是否准予注册的决定，并书面通知异议人和被异议人。有特殊情况需要延长的，经国务院工商行政管理部门批准，可以延长六个月。

商标局做出准予注册决定的，发给商标注册证，并予公告。异议人不服的，可以依照本法第四十四条、第四十五条的规定向商标评审委员会请求宣告该注册商标无效。

商标局做出不予注册决定，被异议人不服的，可以自收到通知之日起十五日内向商标评审委员会申请复审。商标评审委员会应当自收到申请之日起十二个月内做出复审决定，并书面通知异议人和被异议人。有特殊情况需要延长的，经国务院工商行政管理部门批准，可以延长六个月。被异议人对商标评审委员会的决定不服的，可以自收到通知之日起三十日内向人民法院起诉。人民法院应当通知异议人作为第三人参加诉讼。

商标评审委员会在依照前款规定进行复审的过程中，所涉及的在先权利的确定必须以人民法院正在审理或者行政机关正在处理的另一案件的结果为依据的，可以中止审查。中止原因消除后，应当恢复审查程序。

11. 如果企业的商标申请被驳回，该如何处理？

【风险提示与建议】

商标被驳回后，申请人如对商标局的驳回理由和法律依据不服，可以向国家知识产权局(商标评审业务组)申请复审,请求批准商标的注册。如企业不能在指定的期限内提交复审申请,商标驳回将会生效,商标的注册申请将以失败告终。

由于商标资源越来越有限,在先近似商标不断增加,加之商标局审查期限的不断缩短,审查员的审查标准也是越来越严格,商标申请的成功率越来越低。有统计显示,目前我国商标总的申请成功率已经低到40%,而且呈现逐年下降的趋势。寻找专业人士,准备驳回复审,可让驳回复审的成功率大大提升。如果复审失败也不要灰心,还可以向法院提起行政诉讼,争取商标可以获得注册。重视知识产权的人都明白,一个好的商标非常难得,哪怕穷尽所有法律程序也要将其注册成功。但是也不能"一条路走到黑",第二方案总是要有的。

【相关法条】

《商标法》

第三十四条 对驳回申请、不予公告的商标,商标局应当书面通知商标注册申请人。商标注册申请人不服的,可以自收到通知之日起十五日内向商标评审委员会[1]申请复审。商标评审委员会应当自收到申请之日起九个月内做出决定,并书面通知申请人。有特殊情况需要延长的,经国务院工商行政管理部门批准,可以延长三个月。当事人对商标评审委员会的决定不服的,可以自收到通知之日起三十日内向人民法院起诉。

12. 商标是非常重要的财产权益,哪些情形下企业必须办理注册商标或商标申请的转让/移转手续?

【风险提示与建议】

转让双方当事人协商一致,可以在签订转让协议后,申请商标由出让方转让至受让方。另外,因继承、企业合并、兼并或改制等其他事由发生商标

〔1〕 根据中央机构改革部署,自2019年1月14日起,原国家工商行政管理总局商标局、商标评审委员会、商标审查协作中心整合为国家知识产权局商标局,专利、商标审查工作以国家知识产权局的名义开展。

移转的，接受该注册商标专用权的当事人应当凭有关证明文件或者法律文书到商标局办理注册商标的移转手续。如依法院判决发生商标专用权移转的，也应当办理移转手续。企业作为商标转让的受让方时，尤其要注意及时在商标局办理转让手续，因为受让人是在转让注册商标经核准公告后才享有商标专用权，而不是在签订商标转让合同后。

需要注意的是，转让注册商标的，商标注册人对其在相同或类似商品上注册的相同或近似商标应当一并转让，否则将会导致商标转让申请的补正，如补正不满足要求，商标将不能被成功转让。且在转让申请核准之后，商标局并不会重新下发注册证书，而是颁发核准转让证明，受让人持原商标证书与核准转让证明共同证明其为商标权主体。

【相关法条】

《商标法》

第四十二条　转让注册商标的，转让人和受让人应当签订转让协议，并共同向商标局提出申请。受让人应当保证使用该注册商标的商品质量。

转让注册商标的，商标注册人对其在同一种商品上注册的近似的商标，或者在类似商品上注册的相同或者近似的商标，应当一并转让。

对容易导致混淆或者有其他不良影响的转让，商标局不予核准，书面通知申请人并说明理由。

转让注册商标经核准后，予以公告。受让人自公告之日起享有商标专用权。

13. 企业营业执照被吊销后，名下的商标是否可以转让？

【风险提示与建议】

吊销是工商行政管理术语，是对企业不符合工商经营管理规定的一种行政处罚。一般来说，企业被吊销营业执照但未被注销，企业主体还在，这种情况下同样可以办理商标转让。此时，商标权人虽因违反相关行政规定受到吊销营业执照的行政处罚，但这只是意味着该企业丧失经营资格，其主体资格仍然存续，所以，企业依然有处分自己无形财产的权利。

14. 因企业改制、兼并、合并，以及继承、司法判决等事由发生的商标权属的变化，如何办理“转让”？

【风险提示与建议】

上述情况一般不叫“商标转让”，而应称为“商标移转”。如果是国有企业改制，一般由主管的国资委出具相关改制文件，其中会明确约定商标权等知识产权的权利归属。如果是集体企业改制，一般会有上级主管部门的文件来明确商标权等知识产权的权属。由此，在办理商标移转手续的时候，向商标局提交这些证明文件即可。

企业改制后如新设立了企业，商标的转让必须按照商标移转手续进行办理；如果变更设立的企业承担了原企业的全部债权债务，资产属性没有发生变化的，则不用办理商标转让或移转手续，只需办理企业名称变更引起的商标信息变更。

根据《商标法实施条例》第 32 条的规定，在司法判决的商标转让中，需要当事人持生效的判决书、裁定书或者是民事调解书（如果是一审判决，还需另附判决生效证明），去商标局办理商标移转手续。

【相关法条】

《商标法实施条例》

第三十一条 转让注册商标的，转让人和受让人应当向商标局提交转让注册商标申请书。转让注册商标申请手续应当由转让人和受让人共同办理。商标局核准转让注册商标申请的，发给受让人相应证明，并予以公告。

转让注册商标，商标注册人对其在同一种或者类似商品上注册的相同或者近似的商标未一并转让的，由商标局通知其限期改正；期满未改正的，视为放弃转让该注册商标的申请，商标局应当书面通知申请人。

第三十二条 注册商标专用权因转让以外的继承等其他事由发生移转的，接受该注册商标专用权的当事人应当凭有关证明文件或者法律文书到商标局办理注册商标专用权移转手续。

注册商标专用权移转的，注册商标专用权人在同一种或者类似商品上注册的相同或者近似的商标，应当一并移转；未一并移转的，由商标局通知其限期改正；期满未改正的，视为放弃该移转注册商标的申请，商标局应当书面通知申请人。

商标移转申请经核准的，予以公告。接受该注册商标专用权移转的当事人自公告之日起享有商标专用权。

15. 企业做驰名商标认定有哪些好处？

【风险提示与建议】

日常生活中，我们经常会听到“驰名商标”这个词，到底什么才是法律意义上的驰名商标呢？根据《商标法》的定义，可以将其理解为“为相关公众所熟知的商标”。对于企业来说，认定驰名商标有如下好处：首先，驰名商标可以跨类别保护。在相关联的不同商标大类上，驰名商标不但可以防止与其相同或近似的商标在同类别上注册、使用，还可以阻止相同或近似商标在关联比较紧密的类别上注册、使用。其次，未注册的商标也可以作为驰名商标受到《商标法》的保护。一般来说，没有注册的商标是不受《商标法》保护的。普通在先使用未注册的商标也只能在原有使用范围内继续使用。而未注册但驰名的商标却可以享受比在先使用未注册商标更广泛的保护。最后，驰名商标还可以有效防止商标被他人作为企业字号注册企业，防止相关公众对商标持有人产生混淆。

企业在异议他人申请的，与本企业注册商标近似但商品类别不同的商标时，如果企业的注册商标能认定为驰名商标，则可以利用我国《商标法》关于驰名商标的跨类保护的规定，大大提高异议的成功率，否则，一般情况下异议成功的机会很小。

【相关法条】

《商标法》

第十三条 为相关公众所熟知的商标，持有人认为其权利受到侵害时，可以依照本法规定请求驰名商标保护。

就相同或者类似商品申请注册的商标是复制、摹仿或者翻译他人未在中国注册的驰名商标，容易导致混淆的，不予注册并禁止使用。

就不相同或者不相类似商品申请注册的商标是复制、摹仿或者翻译他人已经在中国注册的驰名商标，误导公众，致使该驰名商标注册人的利益可能受到损害的,不予注册并禁止使用。

第四十五条第一款 已经注册的商标,违反本法第十三条第二款和第三款、第十五条、第十六条第一款、第三十条、第三十一条、第三十二条规定的,自商标注册之日起五年内,在先权利人或者利害关系人可以请求商标评审委员会宣告该注册商标无效。对恶意注册的,驰名商标所有人不受五年的时间限制。

第五十八条 将他人注册商标、未注册的驰名商标作为企业名称中的字号使用,误导公众,构成不正当竞争行为的,依照《中华人民共和国反不正当竞争法》处理。

16. 如何认定驰名商标?宣传、使用驰名商标有哪些注意事项?

【风险提示与建议】

根据我国《商标法》和相关司法解释的规定,国家知识产权局商标局和法院都有权认定驰名商标。驰名商标的认定一般发生于商标的审查、争议处理过程中,和民事、行政案件的审理过程中,而上述机关就是对应的解决机构。

驰名商标的认定要遵守“按需认定、个案认定”的原则。只能在商标可能受到侵害的个案中,依照权利人的申请,才能由有关行政部门或法院认定。所以认定驰名商标的效果仅能在个案中体现,并非一经认定就“永久驰名”了。权利人每次需要保护商标权不受侵害,都必须在可能受到侵害的案件中要求进行驰名认定。

对于驰名商标认定的宣传,权利人不能将“驰名商标”字样印于产品包装上,或者用于广告宣传等商业活动中,否则可能面临10万元的处罚。但是权利人可以宣传涉及驰名商标认定的具体案件,以达到宣传效果。

【相关法条】

《商标法》

第十四条 驰名商标应当根据当事人的请求,作为处理涉及商标案件需要认定的事实进行认定。认定驰名商标应当考虑下列因素:

(一)相关公众对该商标的知晓程度;

(二)该商标使用的持续时间;

(三)该商标的任何宣传工作的持续时间、程度和地理范围;

（四）该商标作为驰名商标受保护的记录；

（五）该商标驰名的其他因素。

在商标注册审查、工商行政管理部门查处商标违法案件过程中，当事人依照本法第十三条规定主张权利的，商标局根据审查、处理案件的需要，可以对商标驰名情况作出认定。

在商标争议处理过程中，当事人依照本法第十三条规定主张权利的，商标评审委员会根据处理案件的需要，可以对商标驰名情况作出认定。

在商标民事、行政案件审理过程中，当事人依照本法第十三条规定主张权利的，最高人民法院指定的人民法院根据审理案件的需要，可以对商标驰名情况作出认定。

生产、经营者不得将“驰名商标”字样用于商品、商品包装或者容器上，或者用于广告宣传、展览以及其他商业活动中。

17. 企业经营过程中要避免侵犯他人的商标，企业是否了解侵犯他人商标的情形有哪些？

【风险提示与建议】

注册商标是企业的资产，对于侵犯商标权的行为应当予以打击。日常生活中提及的“商标侵权”实质上是指“侵犯商标注册权”。根据《商标法》的规定，注册商标专用权的保护，“以核准注册的商标和核定使用的商品为限”。即必须在注册的核准使用商品或服务范围内使用商标，才能构成商标侵权。

具体而言，哪些具体行为属于商标侵权？《商标法》作了以下列举：

（1）假冒商标，即侵权人未经商标注册人的许可，在同一种商品上使用相同商标的行为；

（2）仿冒商标，即未经商标注册人的许可，在同一种商品上使用与其注册商标近似的商标，或者在类似商品上使用与其注册商标相同或者近似的商标，容易导致混淆的；

（3）销售侵权商品，即侵权人没有生产商品，而是销售别人生产的侵权商品，也算对商标专用权的侵犯；

（4）伪造、擅自生产、销售商标标识，即未取得商标权利人许可，伪造、擅自生产和销售注册商标；

(5)擅自更换商标，未取得商标权利人允许，将权利人商品上的商标更换，然后将商品流入市场的行为；

(6)为他人侵权提供便利。

需要说明的是，《商标法》的列举并非穷尽式列举，如果存在其他侵犯商标专用权的行为，一样需要承担法律责任，可能要赔偿商标权人因侵权所受到的实际损失，实际损失难以确定的，赔偿额可以按照侵权人因侵权所获得的利益确定；侵权人获得的利益难以确定的，参照该商标许可使用费的倍数合理确定。

【相关法条】

《商标法》

第五十七条 有下列行为之一的，均属侵犯注册商标专用权：

(一)未经商标注册人的许可，在同一种商品上使用与其注册商标相同的商标的；

(二)未经商标注册人的许可，在同一种商品上使用与其注册商标近似的商标，或者在类似商品上使用与其注册商标相同或者近似的商标，容易导致混淆的；

(三)销售侵犯注册商标专用权的商品的；

(四)伪造、擅自制造他人注册商标标识或者销售伪造、擅自制造的注册商标标识的；

(五)未经商标注册人同意，更换其注册商标并将该更换商标的商品又投入市场的；

(六)故意为侵犯他人商标专用权行为提供便利条件，帮助他人实施侵犯商标专用权行为的；

(七)给他人的注册商标专用权造成其他损害的。

18. 在中国注册了商标，就可以在全世界任意使用了吗？

【风险提示与建议】

知识产权具有地域性的特点，在一国内注册的商标，也仅能在该国境内有效和合法地使用。如果不经查询或考虑而直接用在其他国家,有较高的侵权风险。在商品或服务进入其他国家前,一定要先注册商标,避免侵权。现在很多中国企业走出国门,却因忽略了在目的国进行知识产权方面的提前布局,导致企业在中国使用获得高美誉度的商标不能在目的国使用,商标注册过程往往也很多曲折,甚至闹出笑话。可以说,一个企业的知识产权视野,也是一个企业的国际视野。

【相关法条】

《商标法》

第二条 国务院工商行政管理部门商标局主管全国商标注册和管理的工作。

国务院工商行政管理部门设立商标评审委员会,负责处理商标争议事宜。

19. 在外国申请或注册了商标后在中国注册相同商标,是否享有优先权?

【风险提示与建议】

在中国,商标授权的原则是以申请日的先后顺序来确定对相同或近似商标的优先受理和准予注册。而这一制度为特定条件的申请人提供了获得顺位利益的机制。商标申请的优先权,是指商标注册时申请人可以提交证据,证明在申请之前的一段特定时间内,该申请商标已经在他国被注册或使用的,则可以将其在中国的申请日期相应提前到在他国的注册申请日。

那么,谁有权要求优先权呢?根据《商标法》的规定,优先权的要求分为以下两种情况:

(1)商标先行注册的。对于之前在外国注册了的商标,其在外国第一次申请注册之日起6个月内,又在中国就该商标申请注册的,可以就中国和该国签订的条约,或者共同参加的国际条约享受优先权。就目前而言,《保护工业产权巴黎公约》是中国签订的主要国际条约,如果是公约的缔约方,则可以在中国享有商标注册申请的优先权。

(2)商标先行展示的。商标在申请日前,在中国政府主办或者承认的国际展览会展出的商品上首次使用的,在6个月之内向中国提出注册申请的,可以要求优先权。

需要企业注意的是,优先权需要申请人主动提出申请,并在规定的时间内按要求提供相应的优先权证明资料,否则将导致优先权的丧失。

【相关法条】

《商标法》

第二十五条 商标注册申请人自其商标在外国第一次提出商标注册申请之日起六个月内,又在中国就相同商品以同一商标提出商标注册申请的,依照该外国同中国签订的协议或者共同参加的国际条约,或者按照相互承认优先权的原则,可以享有优先权。

依照前款要求优先权的,应当在提出商标注册申请的时候提出书面声明,并且在三个月内提交第一次提出的商标注册申请文件的副本;未提出书面声明或者逾期未提交商标注册申请文件副本的,视为未要求优先权。

20. 商标有有效期吗?到期不续展有什么风险?

【风险提示与建议】

我国商标的有效期限是10年,自核准注册之日起计算。如果商标到期之后企业仍然想继续使用该商标,就需要在失效前申请商标续展。

根据《商标法》的规定,商标有效期届满之前,即商标尚未失效的时候,商标注册人就应当在期限届满前12个月内申请续展。若超出此期限未办理的,可以给予6个月的宽展期。宽展期过后就再也没有机会续展商标,该商标将归于无效。因此,企业在商标注册后一定要留意到期日期并按规定提交续展资料和规费,以免商标失效。现在商标资源非常紧张,重新注册商标会面临非常大的困难,如果被他人抢注将会更加麻烦。

【相关法条】

《商标法》

第三十九条 注册商标的有效期为十年,自核准注册之日起计算。

第四十条 注册商标有效期满,需要继续使用的,商标注册人应当在期满前十二个月内按照规定办理续展手续;在此期间未能办理的,可以给予六个月的宽展期。每次续展注册的有效期为十年,自该商标上一届有效期满次日起计算。期满未办理续展手续的,注销其注册商标。

商标局应当对续展注册的商标予以公告。

21. 企业若准备注册国外商标应如何申请?什么是马德里商标国际申请体系?

【风险提示与建议】

申请人有两种途径可以进行商标的国际申请:一种是申请人到目的地国家按照所在国法律规定直接申请;另一种是申请人直接在中国利用马德里商标国际申请体系来进行国际注册。

我国是马德里商标国际申请体系的成员。《商标国际注册马德里协定》《商标国际注册马德里协定有关议定书》确定了马德里商标国际申请体系,方便申请人进行国际申请。马德里体系成员的企业和个人,可以通过这个体系,一次性地向多个指定的成员国申请注册商标,而不用每个国家单独申请一遍,从而提高效率、压缩成本,为跨国企业提供更为便捷的跨境商标申请服务。

【相关法条】

《商标法》

第二十一条　商标国际注册遵循中华人民共和国缔结或者参加的有关国际条约确立的制度,具体办法由国务院规定。

22. 企业是否知道商标有哪些财产权益?

【风险提示与建议】

商标专用权是权利人的专属权利。虽然商标权是无形财产,可是其权利却是看得见,摸得着的。

权利人可以自己在核定使用的商品或服务上使用商标,也可以授权他人使用该商标,收取一定的许可使用费。商标权利人可以有偿转让商标,也可以为担保债权债务，将商标进行质押。权利人应善用商标专用权，有效发挥商标权的作用。

需要提醒企业注意的是，转让注册商标的，对于在同一种商品上注册的近似的商标，或者在类似商品上注册的相同或者近似的商标应当一并转让；许可他人使用企业的注册商标的，企业应当将商标使用许可报商标局备案，由商标局公告，商标使用许可未经备案不得对抗善意第三人。

【相关法条】

《商标法》

第四十二条 转让注册商标的，转让人和受让人应当签订转让协议，并共同向商标局提出申请。受让人应当保证使用该注册商标的商品质量。

转让注册商标的，商标注册人对其在同一种商品上注册的近似的商标，或者在类似商品上注册的相同或者近似的商标，应当一并转让。

对容易导致混淆或者有其他不良影响的转让，商标局不予核准，书面通知申请人并说明理由。

转让注册商标经核准后，予以公告。受让人自公告之日起享有商标专用权。

第四十三条 商标注册人可以通过签订商标使用许可合同，许可他人使用其注册商标。许可人应当监督被许可人使用其注册商标的商品质量。被许可人应当保证使用该注册商标的商品质量。

经许可使用他人注册商标的，必须在使用该注册商标的商品上标明被许可人的名称和商品产地。

许可他人使用其注册商标的，许可人应当将其商标使用许可报商标局备案，由商标局公告。商标使用许可未经备案不得对抗善意第三人。

第四十八条 本法所称商标的使用，是指将商标用于商品、商品包装或者容器以及商品交易文书上，或者将商标用于广告宣传、展览以及其他商业活动中，用于识别商品来源的行为。

23. 注册商标是否可以作价作为股东和有限合伙人的出资？

【风险提示与建议】

知识产权作为一种无形资产，可以作价作为公司股东和有限合伙人对公司或合伙企业的出资,而商标是知识产权的一种,股东或合伙人当然可以以商标作价向公司或合伙企业出资。但股东或合伙人必须是该商标权的合法拥有者,经过法律程序的确认,其作价要经评估或协商一致,不得高估或低估作价,同时需要注意的是,要办妥其转让手续才能算履行了出资义务。

【相关法条】

《公司法》

第二十七条 股东可以用货币出资,也可以用实物、知识产权、土地使用权等可以用货币估价并可以依法转让的非货币财产作价出资;但是,法律、行政法规规定不得作为出资的财产除外。

对作为出资的非货币财产应当评估作价,核实财产,不得高估或者低估作价。法律、行政法规对评估作价有规定的,从其规定。

《合伙企业法》

第十六条 合伙人可以用货币、实物、知识产权、土地使用权或者其他财产权利出资,也可以用劳务出资。

合伙人以实物、知识产权、土地使用权或者其他财产权利出资,需要评估作价的,可以由全体合伙人协商确定,也可以由全体合伙人委托法定评估机构评估。

合伙人以劳务出资的,其评估办法由全体合伙人协商确定,并在合伙协议中载明。

第十七条 合伙人应当按照合伙协议约定的出资方式、数额和缴付期限,履行出资义务。

以非货币财产出资的,依照法律、行政法规的规定,需要办理财产权转移手续的,应当依法办理。

第六十四条 有限合伙人可以用货币、实物、知识产权、土地使用权或者其他财产权利作价出资。

有限合伙人不得以劳务出资。

24. 哪些信息对维持企业的商标权至关重要？如果这些信息变化了，是否需要及时变更？

【风险提示与建议】

商标注册后，如果申请人的名义、地址等关键信息发生变更，申请人需要向商标局提交变更信息申请，否则可能导致权利面临不必要的风险，例如，如果权利人的注册地址变更后没有及时向商标局申请变更，不但商标局可能依职权将商标撤销，也可能会因无法及时接收商标局的通知文件导致答辩权等权利灭失。实务中，有很多企业因为地址变更后没有收到商标局发来的撤销、无效申请答辩通知而导致商标被撤销或无效。因此，及时向商标局申请变更重要商标注册信息非常重要。

【相关法条】

《商标法》

第四十一条 注册商标需要变更注册人的名义、地址或者其他注册事项的，应当提出变更申请。

第四十九条第一款 商标注册人在使用注册商标的过程中，自行改变注册商标、注册人名义、地址或者其他注册事项的，由地方工商行政管理部门责令限期改正；期满不改正的，由商标局撤销其注册商标。

25. 企业是否了解注册商标连续三年不使用会被撤销？

【风险提示与建议】

在我国，商标注册后，如果权利人连续三年不使用该商标，任何单位和个人均可以向商标局申请撤销该商标。若撤销成功，原商标权利人不得再继续使用该商标。

为什么权利人不使用，商标就会被撤销？要解答这个疑问，需要从商标权的设置初衷开始讲起。知识产权起源于英国，其出现是为了保护和鼓励创新，能够使创新者从中获益，从而一方面让创新者继续创新，另一方面也吸引和鼓励更多的人加入创新的行列中，促进社会经济发展。但如果对知识产权保护过度的话，则会阻碍社会经济的发展，从而与其初衷背道而驰。同时，设立知识产权的有效期，也是为了督促权利人将权利转化为生产力，不要让权利"躺在权利簿上睡大觉"。

各国对知识产权的保护都设置了一定的期限，这也是为了最大限度地让知识产权推动社会经济发展。建议企业应合理、充分地使用商标。如果申请商标的目的仅是防御性的，则要寻求专业人士的建议。

【相关法条】

《商标法》

第四十四条第一款 已经注册的商标，违反本法第四条、第十条、第十一条、第十二条、第十九条第四款规定的，或者是以欺骗手段或者其他不正当手段取得注册的，由商标局宣告该注册商标无效；其他单位或者个人可以请求商标评审委员会宣告该注册商标无效。

第四十七条第一款 依照本法第四十四条、第四十五条的规定宣告无效的注册商标，由商标局予以公告，该注册商标专用权视为自始即不存在。

第四十九条第二款 注册商标成为其核定使用的商品的通用名称或者没有正当理由连续三年不使用的，任何单位或者个人可以向商标局申请撤销该注册商标。商标局应当自收到申请之日起九个月内做出决定。有特殊情况需要延长的，经国务院工商行政管理部门批准，可以延长三个月。

26. 企业若遇到注册商标三年不使用被申请撤销的情形，应对该类案件时如何组织使用证据？

【风险提示与建议】

我们常用的汉字不足1万字，英文字母也只有26个，由此商标资源就显得尤为重要。为避免商标资源的闲置浪费，我国《商标法》规定，注册商标成为其核定使用的商品的通用名称或者没有正当理由连续三年不使用的，任何单位或者个人可以向商标局申请撤销该注册商标，该行为在商标法领域通常被称为"撤三"。尤其在最近几年，"撤三"案件激增。这类案件采取举证责任倒置的原则，即由被申请人提交三年内注册商标的使用证据。如果企业的注册商标被提"撤三"，该如何组织使用证据进行答辩呢？这对企业的商标管理工作提出了考验。

根据《商标法》的规定，对使用证据的要求主要包括以下几点：(1)在商业活动中公开、真实地使用了注册商标；(2)是商业性的使用，而非象征性的使用；(3)提交的证据要体现是三年内的、连续性使用；(4)使用证据上要体现使用的商标标识；(5)要体现商标使用的主体，即商标权利人或被许可人。

常见的如商标的外包装、容器、标签、标牌、说明书、产品手册，交易文书、发票、合同，广告宣传或展览中的使用等，都可以作为商标实际使用的证据。另外需要提示的是，只要是对注册商标真实的、商业性的使用都可以作为使用证据提交，至于争议商标的商品或其他相关事物在经营活动中是否违反其他方面的法律规定，并非《商标法》所要规范和调整的问题。

【相关法条】

《商标法》

第四十八条 本法所称商标的使用，是指将商标用于商品、商品包装或者容器以及商品交易文书上，或者将商标用于广告宣传、展览以及其他商业活动中，用于识别商品来源的行为。

27. 有哪些正当理由连续三年不使用注册商标，商标仍不会被撤销？

【风险提示与建议】

在商标"撤三"案件中，如有下列特殊情况，属于商标权利人有正当理由连续三年不使用注册商标，其商标可以不被撤销：(1)不可抗力，如地震；(2)政府政策性限制，即因国家政策限制停止使用，如禽流感肆虐时，家禽肉制品的商标就极有可能受到政府限制；(3)破产清算，进入破产清算的企业停止使用商标也可以作为不使用的正当理由；(4)其他不可归责于商标注册人的正当理由。

【相关法条】

《商标法》

第四十九条 商标注册人在使用注册商标的过程中，自行改变注册商标、注册人名义、地址或者其他注册事项的，由地方工商行政管理部门责令限期改正;期满不改正的,由商标局撤销其注册商标。

注册商标成为其核定使用的商品的通用名称或者没有正当理由连续三年不使用的,任何单位或者个人可以向商标局申请撤销该注册商标。商标局应当自收到申请之日起九个月内做出决定。有特殊情况需要延长的,经国务院工商行政管理部门批准,可以延长三个月。

《商标法实施条例》

第六十七条　下列情形属于商标法第四十九条规定的正当理由:

(一)不可抗力;

(二)政府政策性限制;

(三)破产清算;

(四)其他不可归责于商标注册人的正当事由。

28. 防御商标和联合商标如何防止被他人提出“撤三”?

【风险提示与建议】

防御商标,是指某一注册商标权利人在该注册商标核定使用的商品(服务)或类似商品(服务)以外的其他多个类别的商品(服务)上注册或在所有商品(服务)类别上进行全类注册的商标。注册防御商标有利于企业的长远发展,可阻止他人在其他商品(服务)上进行抢注。

联合商标,是指同一商标权利人在同一种或类似商品上注册的若干近似商标。与普通商标不同,联合商标其实是几个互相近似的商标的组合,在这些商标中有一个商标是主商标或称正商标,其他则为联合商标。联合商标的存在是为了保护正商标不被变相抄袭使用。联合商标的使用扩大了注册商标专用权的范围,有利于防止他人的商标与自己人的商标近似而在市场上被消费者误认。

因防御商标和联合商标的作用和功能具有特殊性,其被闲置不用,经常会被人提出“撤三”。如何防止被他人提出“撤三”? 实务中主要有以下三种途径:(1)在礼品上使用,即商标权利人可以在庆典活动上的赠品或纪念品上使用上述两种商标;(2)许可第三人使用,即将上述商标许可第三人进行使用;(3)进行循环注册,即在获核准注册的上述商标三年期届满前重新申请注册。

29. 在先注册商标因连续三年不使用被撤销的,是否适用《商标法》第50条关于一年的隔离期限制,对企业与该在先商标相同或者近似的商标注册申请不予核准?

【风险提示与建议】

注册商标被撤销、被宣告无效或者期满不再续展的,自撤销、宣告无效或者注销之日起一年内,商标局对与该商标相同或者近似的商标注册申请不予核准。因此建议企业在商标注册前,应做好全面、彻底的检索,以避免拟注册商标出现上述不予核准的情形而被驳回注册申请。但若拟注册商标非常重要,为了获得更早的商标注册日,建议企业可不考虑上述一年的隔离期限制而尽快提出商标申请;在商标注册申请被驳回后,企业应按期申请驳回复审,以争取在驳回复审的决定作出前,突破一年隔离期的限制而获准注册。

但因没有正当理由连续三年不使用而被撤销注册商标的情形不受上述一年隔离期的限制。注册商标被撤销、被宣告无效或者期满不再续展的,如果不设置一定时间的隔离期限就核准新的相同或近似商标注册,有可能出现这样一种情况:原注册人被撤销的、被宣告无效或者期满不再续展商标的商品或服务还未退出市场,新商标注册人的商品或服务却已投入市场,市场上出现两家企业生产的带有相同或者近似商标的商品,造成消费者混淆。为避免这种情况的发生,有必要适用一年的隔离期。但没有正当理由连续三年不使用而被撤销的注册商标具有特殊性,由于原注册人已连续三年没有使用该注册商标,市场也没有出现该注册商标的商品或服务,适用一年的隔离期已无必要。因此等撤销复审期过后,如原注册人未提出撤销注册复审,原被"撤三"的商标不会成为新商标注册的障碍。

综上所述,在先相同或近似的注册商标被撤销(因连续三年不使用而被撤销的除外)、被宣告无效或者期满不再续展,从撤销公告之日、宣告无效复审期过后公告日,或者商标专用权届满之日起未满一年,应适用一年的隔离期,相关在先商标予以引证。在先相同或近似的注册商标因连续三年不使用而被撤销的,不适用一年的隔离期,等撤销注册复审期过后,如原注册人未提出撤销注册复审，相关商标不予引证。同理，原注册人重新提出该商标注册申请的，因不涉及市场上两家不同商标主体混淆的问题，故不适用一年的隔离期限制。

【相关法条】

《商标法》

第五十条 注册商标被撤销、被宣告无效或者期满不再续展的，自撤销、宣告无效或者注销之日起一年内，商标局对与该商标相同或者近似的商标注册申请，不予核准。

30. 什么是商标的无效宣告？

【风险提示与建议】

如果商标存在侵犯他人权利或者注册违反法律规定的情形，即使注册成功，仍可能被宣告无效。所以，企业申请注册商标应遵守法律规定并尽可能避免侵犯他人的权利。商标的无效宣告，是指商标局对符合一定条件，但是正处于生效期间的注册商标宣告无效的制度。具体包括以下两种情形。

（1）具有法定无效理由的。商标局可以主动审查，相关权利人也可以申请商标局宣告商标无效，且启动无效程序无时间限制，如申请人恶意注册商标的、不以使用为目的的、违反商标申请禁止性规定的，或者商标缺乏显著性的等。

（2）具有相对无效理由的。根据《商标法》的规定，有下列情况的，相关权利人可以在商标注册之日起5年内，向商标局申请宣告商标无效，如越权代理注册商标的，复制、模仿、翻译驰名商标的等。但是需要注意，此处有一个例外，若驰名商标被恶意注册，则不受5年的时间限制。

注册商标被宣告无效后，该商标自始无效。但是对之前已经生效的法院判决、已经履行的商标转让合同、许可合同等不具有溯及力，不影响之前行为的效力。

【相关法条】

《商标法》

第四十四条第一款 已经注册的商标,违反本法第四条、第十条、第十一条、第十二条、第十九条第四款规定的,或者是以欺骗手段或者其他不正当手段取得注册的,由商标局宣告该注册商标无效;其他单位或者个人可以请求商标评审委员会宣告该注册商标无效。

第四十五条第一款 已经注册的商标,违反本法第十三条第二款和第三款、第十五条、第十六条第一款、第三十条、第三十一条、第三十二条规定的,自商标注册之日起五年内,在先权利人或者利害关系人可以请求商标评审委员会宣告该注册商标无效。对恶意注册的,驰名商标所有人不受五年的时间限制。

第四十七条第一款 依照本法第四十四条、第四十五条的规定宣告无效的注册商标,由商标局予以公告,该注册商标专用权视为自始即不存在。

31. 什么是商标许可?如何办理商标许可备案?

【风险提示与建议】

商标许可,是指商标使用许可,即商标注册人通过法定程序允许他人使用其注册商标的行为,通常以订立使用许可合同的方式来实现。商标许可一般有三种类型:

(1)普通许可,即商标注册人允许被许可人在规定的地域范围内使用合同项下的注册商标。同时,商标注册人保留自己在该地区内使用该注册商标和再授权第三人使用该注册商标的权利。常见的商业品牌加盟代理使用的就是这种方式。

(2)排他许可,即商标注册人只能选择一位被许可人进行授权,而被许可人享有排除第三人使用的权利。这种情况下商标注册人和被许可人的商标使用权是并行的,排他许可只能排除第三方在该地区内使用该商标。如果出现商标侵权行为,被许可人可以和商标注册人共同提起商标侵权诉讼,当商标注册人不起诉或者怠于起诉时,被许可人可以单独提起诉讼。

(3)独占许可,即商标注册人在合同约定的时间和地区内,将该注册商标只许可给一个人使用，商标注册人自己也不能使用该注册商标。这种情况下被许可人相当于"准商标权人"。当商标被侵权时，被许可人可以用自己的名义独立提起商标侵权诉讼。只有等到许可合同上的时间到期后商标注册人才能再次使用该商标。

商标许可备案可以由商标注册人自行办理，也可以委托商标代理机构代为办理，商标注册人自行办理的，可以自行提交电子申请或到商标局指定的受理地点进行现场办理。需要提交的资料有《商标使用许可备案表》《商标使用许可合同》等。需要注意的是，如果在商标许可期间届满前提前终止商标许可，需要及时提交商标使用许可提前终止申请；如果在商标许可期间内许可人或者被许可人的名称发生变更，要及时提交变更许可人或被许可人名称的申请；如果需要撤回已经提交的商标许可备案申请，要及时提交撤回商标许可备案申请。

需要提醒企业注意的是，许可他人使用企业的注册商标的，企业应当将商标使用许可报商标局备案，由商标局公告，商标使用许可未经备案不得对抗善意第三人，会给企业带来不必要的风险。

【相关法条】

《商标法》

第四十三条 商标注册人可以通过签订商标使用许可合同，许可他人使用其注册商标。许可人应当监督被许可人使用其注册商标的商品质量。被许可人应当保证使用该注册商标的商品质量。

经许可使用他人注册商标的，必须在使用该注册商标的商品上标明被许可人的名称和商品产地。

许可他人使用其注册商标的，许可人应当将其商标使用许可报商标局备案，由商标局公告。商标使用许可未经备案不得对抗善意第三人。

32. 商标申请可以撤回或更正吗？商标注册后如果不需要了，是否可以注销？

【风险提示与建议】

商标申请的撤回，是指已经办理申请商标注册或者其他商标事宜，在商标局做出决定前，申请人可以撤回其申请。提出撤回商标注册申请的，不需要缴纳规费，但申请注册时已经缴纳的规费不予退回；此外，需要注意撤回的时机，申请人申请注册的商标已经注册的，申请人不能撤回该商标的注册申请，而应当办理注销注册商标手续，而且，撤回共同申请商标的注册的，需由代表人提出申请。

商标更正，是指商标注册申请人或注册人发现商标申请文件或者注册文件有明显错误的，可以申请更正。更正的错误仅限于申请文件或者注册文件中的名义、地址、商品等项目个别文字错误，不涉及实质性内容。

商标注销，是指商标局根据商标注册人本人或他人的申请，将注册商标注销或部分注销的法律程序。注册商标部分注销，是指商标注册人申请注销其在部分指定商品上的注册商标专用权的行为。注册商标注销包括经申请注销和商标局主动注销。注册商标经申请注销，是指商标注册人主动放弃商标专用权的行为；商标局主动注销，是指注册商标有效期满，商标注册人未提出续展申请的，商标局根据法律规定，将该注册商标登记注册事项从《商标注册簿》中取消的法律程序。注册商标被注销的，原《商标注册证》作废；商标注册人申请注销其商标在部分指定商品上的注册的，由商标局在原《商标注册证》上加注返还，或者重新核发《商标注册证》，并予公告。

需要提醒企业注意的是，注销商标一定要三思而后行，注销成功后，企业将不再具备排他性使用商标的权利、不再被允许标注注册商标标识并使用，商标注销后再注册也无法保证百分之百能注册成功。如果企业的商标注册存在需要更正的情形，也一定要及时更正，否则在行使商标权利时将面临无法证明自己是合法的商标权人的尴尬境地。

【相关法条】

《商标法》

第三十八条 商标注册申请人或者注册人发现商标申请文件或者注册文件有明显错误的，可以申请更正。商标局依法在其职权范围内作出更正，并通知当事人。

前款所称更正错误不涉及商标申请文件或者注册文件的实质性内容。

第四十条 注册商标有效期满，需要继续使用的，商标注册人应当在期满前十二个月内按照规定办理续展手续；在此期间未能办理的，可以给予六个月的宽展期。每次续展注册的有效期为十年，自该商标上一届有效期满次日起计算。期满未办理续展手续的,注销其注册商标。

商标局应当对续展注册的商标予以公告。

《商标法实施条例》

第六十一条 申请人在商标评审委员会作出决定、裁定前,可以书面向商标评审委员会要求撤回申请并说明理由,商标评审委员会认为可以撤回的,评审程序终止。

第六十二条 申请人撤回商标评审申请的,不得以相同的事实和理由再次提出评审申请。商标评审委员会对商标评审申请已经作出裁定或者决定的,任何人不得以相同的事实和理由再次提出评审申请。但是,经不予注册复审程序予以核准注册后向商标评审委员会提起宣告注册商标无效的除外。

第七十三条 商标注册人申请注销其注册商标或者注销其商标在部分指定商品上的注册的,应当向商标局提交商标注销申请书,并交回原《商标注册证》。

商标注册人申请注销其注册商标或者注销其商标在部分指定商品上的注册,经商标局核准注销的,该注册商标专用权或者该注册商标专用权在该部分指定商品上的效力自商标局收到其注销申请之日起终止。

第七十四条 注册商标被撤销或者依照本条例第七十三条的规定被注销的,原《商标注册证》作废,并予以公告;撤销该商标在部分指定商品上的注册的,或者商标注册人申请注销其商标在部分指定商品上的注册的,重新核发《商标注册证》,并予以公告。

33. 什么是通用名称?如何避免商标因沦为通用名称而被撤销?

【风险提示与建议】

关于什么是通用名称,法律并没有明确的概念,一般是指在某一范围内约定俗成被普遍使用的某一种类商品的名称。随着科技发展日新月异,不断有新的产品出现,伴随每个新产品的出现,都会出现一个新的产品名词。用通用名称去注册商标,也很可能获得注册,也有一些商标是在注册后才成为通用名称的。通用名称商标注销,是指注册商标成为核定使用商品或服务的通用名称的,任何人可以向商标局提出撤销该注册商标的申请。

对于注册时就已经是通用名称的商标,因为本不该得到注册,所以在面临被撤销的情况时,商标权人可以做的工作并不多,但是,对于在注册后才成为通用名称的商标,企业可以提前做一些工作,避免商标沦为通用名称,例如,避免用商标代替产品名称进行广告宣传;使用商标时在商标之后加上产品名称;对市场上的商标侵权行为及时进行维权;在发现商标有沦为通用名称的风险时,可以通过媒体向公众声明商标所有权,他人的不当使用属于侵权行为。

【相关法条】

《商标法》

第四十九条第二款 注册商标成为其核定使用的商品的通用名称或者没有正当理由连续三年不使用的,任何单位或者个人可以向商标局申请撤销该注册商标。商标局应当自收到申请之日起九个月内做出决定。有特殊情况需要延长的,经国务院工商行政管理部门批准,可以延长三个月。

34. 什么是商标申请的部分驳回、分割申请?

【风险提示与建议】

商标申请的部分驳回、分割申请,是指商标局对一件商标注册申请在部分指定商品上予以驳回的,申请人可以将该申请中初步审定的部分申请分割成另一件申请,分割后的申请保留原申请的申请日期。

申请分割不是必须的,申请人有选择权。在商标局向申请人发送《商标注册申请部分驳回通知书》的时候,会附带一份《商标注册申请分割申请》,如果不分割而是直接进行驳回复审,则通过的商品暂时不会初审公告,待驳回复审裁定时再根据结果进行公告;如果分割同时进行驳回复审的,则应当按照《商标注册申请分割申请》当中“备注”所提出的具体要求,在商标局附送的原件上填写签字盖章,再于15日之内寄回,通过的部分商品就会正常公告,只针对驳回部分进行复审;如果放弃驳回复审,则会直接初审公告所通过的部分商品,被驳回的商品直接不予以核准注册。

需要注意的是,如果复审的同时选择分割申请,在复审成功后,会有两个商标注册证书;如果复审时不选择分割申请,则通过的部分商品要待驳回复审裁定的时候再根据结果进行公告，商标注册的时间会推迟。申请人可以根据自身的需要评估是否选择分割申请。

【相关法条】

《商标法实施条例》

第二十二条　商标局对一件商标注册申请在部分指定商品上予以驳回的，申请人可以将该申请中初步审定的部分申请分割成另一件申请，分割后的申请保留原申请的申请日期。

需要分割的，申请人应当自收到商标局《商标注册申请部分驳回通知书》之日起15日内，向商标局提出分割申请。

商标局收到分割申请后，应当将原申请分割为两件，对分割出来的初步审定申请生成新的申请号，并予以公告。

35. 企业在什么情况下需要考虑商标购买？商标购买服务的内容有哪些？

【风险提示与建议】

商标转让过程多伴随商标购买，即商标受让人支付对价从商标权人处受让商标权。商标购买的原因有很多，例如，商标购买人急用商标，不想等待商标申请的时间和承担商标被驳回的风险；又如，商标购买人想要申请的商标被注册了，如果价格合理，商标购买人可能选择直接购买已注册的商标；再如，在先注册的商标影响了商标购买人在后申请的商标的注册，商标购买人为了顺利注册在后商标而选择购买在先注册的商标等。

商标的购买具有一定的风险，据此催生了商标购买服务。与其他中介服务不同，商标购买服务的提供者，即商标顾问，除为商标购买方寻求合适的商标出卖方并从中撮合商标买卖交易外，还承担了把控商标购买风险的工作。商标购买服务的内容包括：(1)确认待购买的商标是否真实存在；(2)待购买商标是否存在权利瑕疵，如商标转让方是否合法持有待购买商标，待购买商标是否被质押或处于无效、撤销等状态；(3)待购买商标的注册范围是否购买方需要的；(4)待购买商标名称与其他分类是否有容易产生近似的情况，如果有，近似商标分类也需要一并购买；等等。正是因为商标购买过程中有众多风险需要把控，所以商标购买方一般会聘请专业的商标顾问，以降低商标购买的风险。

【相关法条】

《商标法》

第四十二条 转让注册商标的，转让人和受让人应当签订转让协议，并共同向商标局提出申请。受让人应当保证使用该注册商标的商品质量。

转让注册商标的，商标注册人对其在同一种商品上注册的近似的商标，或者在类似商品上注册的相同或者近似的商标，应当一并转让。

对容易导致混淆或者有其他不良影响的转让，商标局不予核准，书面通知申请人并说明理由。

转让注册商标经核准后，予以公告。受让人自公告之日起享有商标专用权。

36. 企业如果在商标申请、确权时对商标局的决定不服，是否可以向法院起诉商标局以维护自己的合法权益？

【风险提示与建议】

商标行政诉讼，是指在商标授权、管理过程中受到知识产权局商标局或市场监督管理部门的具体行政行为处理的自然人、法人或非法人组织，对处理不服，依据《商标法》《行政诉讼法》有关规定向法院起诉，法院在双方当事人及其他诉讼参与人的参加下，对商标行政案件受理、审理、裁判以及执行活动的总称，是由司法机关解决商标行政争议的一种法律活动。

要区分商标行政诉讼与因商标侵权引起的民事诉讼。商标行政诉讼是在商标授权、管理过程中受到商标局或市场监督管理部门的具体行政行为处理的自然人、法人或非法人组织对管理机关作出的处罚是否合法和适当的争议；商标侵权诉讼则是侵权人和被侵权人之间因商标侵权行为引起的民事赔偿争议。

商标行政诉讼案件包括对商标局作出的决定或裁定不服，提出的行政诉讼，以及在商标管理过程中被处罚人对市场监督管理机关作出的处罚不服，以作出处罚的市场监督管理机关为被告提出的行政诉讼等。

需要提醒企业注意的是，行政诉讼有时效的要求，一定要在规定的时限内提起，否则将面临被驳回诉讼请求的风险。

【相关法条】

《商标法》

第三十五条第三款　商标局做出不予注册决定，被异议人不服的，可以自收到通知之日起十五日内向商标评审委员会申请复审。商标评审委员会应当自收到申请之日起十二个月内做出复审决定，并书面通知异议人和被异议人。有特殊情况需要延长的，经国务院工商行政管理部门批准，可以延长六个月。被异议人对商标评审委员会的决定不服的，可以自收到通知之日起三十日内向人民法院起诉。人民法院应当通知异议人作为第三人参加诉讼。

第四十四条　已经注册的商标，违反本法第四条、第十条、第十一条、第十二条、第十九条第四款规定的，或者是以欺骗手段或者其他不正当手段取得注册的，由商标局宣告该注册商标无效；其他单位或者个人可以请求商标评审委员会宣告该注册商标无效。

商标局做出宣告注册商标无效的决定，应当书面通知当事人。……当事人对商标评审委员会的决定不服的，可以自收到通知之日起三十日内向人民法院起诉。

其他单位或者个人请求商标评审委员会宣告注册商标无效的，商标评审委员会收到申请后，应当书面通知有关当事人，并限期提出答辩。……当事人对商标评审委员会的裁定不服的，可以自收到通知之日起三十日内向人民法院起诉。人民法院应当通知商标裁定程序的对方当事人作为第三人参加诉讼。

第四十五条第一款、第二款　已经注册的商标，违反本法第十三条第二款和第三款、第十五条、第十六条第一款、第三十条、第三十一条、第三十二条规定的，自商标注册之日起五年内，在先权利人或者利害关系人可以请求商标评审委员会宣告该注册商标无效。对恶意注册的，驰名商标所有人不受五年的时间限制。

商标评审委员会收到宣告注册商标无效的申请后，应当书面通知有关当事人，并限期提出答辩。……当事人对商标评审委员会的裁定不服的，可以自收到通知之日起三十日内向人民法院起诉。人民法院应当通知商标裁定程序的对方当事人作为第三人参加诉讼。

37. 企业被诉商标侵权，如何利用通用名称进行抗辩?

【风险提示与建议】

通用名称，是指在某一范围内约定俗成，被普遍使用的某一种类商品(服务)的名称，如游戏行业内的“飞车”“大富翁”等名称，已经成为公众约定俗成、普遍使用、表示某类商品的名称，可以认定为通用名称。前文提到企业在注册商标后要避免商标沦为通用名称，就是因为通用名称无法作为商标受到《商标法》的保护。同理，当企业被起诉侵犯他人商标权时，也可以结合案件实际情况利用通用名称提出抗辩。

采用通用名称抗辩时要注意考虑以下几点：(1)被诉侵权商标是否通过指示、描述等方式对注册商标构成商标合理使用。(2)被诉侵权商标与注册商标是否使用在相同或者类似的商品类别上。(3)被诉侵权商标与注册商标是否容易使相关公众对商品来源产生误认，或者认为其来源与原告注册商标的商品有特定联系，从而构成商标近似。当其不是作为区分商品或服务来源的商标使用，而是为了说明或描述自己的商品或服务时，可以认定为正当使用，因而不承担侵权责任。

采用该抗辩时应当尽量收集原告注册商标已成为或将要成为通用名称的相关证据，如业界通用表述方式、大量第三人使用情况等。

【相关法条】

《商标法》

第五十九条 注册商标中含有的本商品的通用名称、图形、型号，或者直接表示商品的质量、主要原料、功能、用途、重量、数量及其他特点，或者含有的地名，注册商标专用权人无权禁止他人正当使用。

三维标志注册商标中含有的商品自身的性质产生的形状、为获得技术效果而需有的商品形状或者使商品具有实质性价值的形状，注册商标专用权人无权禁止他人正当使用。

商标注册人申请商标注册前，他人已经在同一种商品或者类似商品上先于商标注册人使用与注册商标相同或者近似并有一定影响的商标的，注册商标专用权人无权禁止该使用人在原使用范围内继续使用该商标，但可以要求其附加适当区别标识。

38. 企业商标若被侵权，通过行政投诉维权的效果如何？

【风险提示与建议】

根据我国目前的国情，在保护商标权方面，《商标法》规定了颇具中国特色的“双轨制”，即司法保护和行政保护“两条途径、协调运作”，对于商标侵权案件，当事人可以向法院起诉，也可以请求管理机关对商标侵权进行行政查处。县级以上管理机关对商标侵权案件均有管辖权，不仅可以应当事人的投诉查处商标侵权案件，而且可以依照职权主动查处商标侵权案件。

市场监督管理机关对商标侵权进行行政查处的具体处罚措施包括：(1)责令立即停止销售；(2)收缴并销毁侵权商标标识；(3)消除现在商标上的侵权商标；(4)收缴直接专门用于商标侵权的模具、印版或者其他作案工具；(5)责令并监督销毁物品；(6)根据情节处以非法经营额50%以下或侵权所获利润5倍以下罚款，并可以责令侵权人赔偿被侵权人的损失。

商标权人通过请求市场监督管理机关对商标侵权进行行政查处，基本可以达到制止商标侵权和弥补因商标侵权所遭受的损失的目的。与商标侵权诉讼相比，查处、受理商标侵权行政案件的人员对业务更为熟悉，处理程序相对简便，结案较快，因而省时省力，但其明显的不足之处是行政处理决定无终局效力。当事人如对市场监督机关的处理决定不服，仍可以向法院起诉。商标权人在面临商标侵权纠纷时，可以根据具体情况，或者选择提起商标侵权诉讼，或者请求市场监督管理机关对商标侵权进行行政查处。

【相关法条】

《商标法》

第六十条　有本法第五十七条所列侵犯注册商标专用权行为之一，引起纠纷的，由当事人协商解决；不愿协商或者协商不成的，商标注册人或者利害关系人可以向人民法院起诉，也可以请求工商行政管理部门处理。

工商行政管理部门处理时，认定侵权行为成立的，责令立即停止侵权行为，没收、销毁侵权商品和主要用于制造侵权商品、伪造注册商标标识的工具，违法经营额五万元以上的，可以处违法经营额五倍以下的罚款，没有违法经营额或者违法经营额不足五万元的,可以处二十五万元以下的罚款。对五年内实施两次以上商标侵权行为或者有其他严重情节的,应当从重处罚。销售不知道是侵犯注册商标专用权的商品,能证明该商品是自己合法取得并说明提供者的,由工商行政管理部门责令停止销售。

对侵犯商标专用权的赔偿数额的争议,当事人可以请求进行处理的工商行政管理部门调解,也可以依照《中华人民共和国民事诉讼法》向人民法院起诉。经工商行政管理部门调解,当事人未达成协议或者调解书生效后不履行的,当事人可以依照《中华人民共和国民事诉讼法》向人民法院起诉。

第六十一条　对侵犯注册商标专用权的行为,工商行政管理部门有权依法查处;涉嫌犯罪的,应当及时移送司法机关依法处理。

第六十二条　县级以上工商行政管理部门根据已经取得的违法嫌疑证据或者举报,对涉嫌侵犯他人注册商标专用权的行为进行查处时,可以行使下列职权:

(一)询问有关当事人,调查与侵犯他人注册商标专用权有关的情况;

(二)查阅、复制当事人与侵权活动有关的合同、发票、账簿以及其他有关资料;

(三)对当事人涉嫌从事侵犯他人注册商标专用权活动的场所实施现场检查;

(四)检查与侵权活动有关的物品;对有证据证明是侵犯他人注册商标专用权的物品,可以查封或者扣押。

工商行政管理部门依法行使前款规定的职权时,当事人应当予以协助、配合,不得拒绝、阻挠。

在查处商标侵权案件过程中,对商标权属存在争议或者权利人同时向人民法院提起商标侵权诉讼的,工商行政管理部门可以中止案件的查处。中止原因消除后,应当恢复或者终结案件查处程序。

39. 将他人企业的注册商标在搜索引擎中设置为自己的搜索关键词，是否构成商标侵权？

【风险提示与建议】

将他人企业的注册商标设定为本企业产品的搜索关键词，提供给网络服务商并购买其竞价排名服务，使相关公众在使用他人注册商标进行检索时，显示的搜索结果都是自己企业的产品。该行为客观上利用了他人的注册商标和声誉，吸引了相关公众或消费者对自己企业网站的访问，达到宣传自己企业产品的效果，构成我国商标法意义上的商标性使用，容易使搜索用户/相关公众或消费者产生混淆或误认，损害了商标权人的利益。这种情况在司法实践中一般会被认定构成商标侵权，且违反诚实信用的基本法律原则。企业如果发现他人将本企业注册商标在搜索引擎中设置为关键词进行竞价排名，需要及时进行维权，以避免注册商标被侵权的损失。

【相关法条】

《商标法》

第五十七条 有下列行为之一的，均属侵犯注册商标专用权：

（一）未经商标注册人的许可，在同一种商品上使用与其注册商标相同的商标的；

（二）未经商标注册人的许可，在同一种商品上使用与其注册商标近似的商标，或者在类似商品上使用与其注册商标相同或者近似的商标，容易导致混淆的；

（三）销售侵犯注册商标专用权的商品的；

（四）伪造、擅自制造他人注册商标标识或者销售伪造、擅自制造的注册商标标识的；

（五）未经商标注册人同意，更换其注册商标并将该更换商标的商品又投入市场的；

（六）故意为侵犯他人商标专用权行为提供便利条件，帮助他人实施侵犯商标专用权行为的；

（七）给他人的注册商标专用权造成其他损害的。

40. 通过司法诉讼进行商标维权的效果如何?

【风险提示与建议】

商标权人或利害关系人在发现自己的商标权遭受侵害时,除了可以请求市场监督管理机关进行查处外,还有另一种选择,就是直接提起商标侵权民事诉讼。而且,商标权人或利害关系人在请求市场监督管理机关进行查处后,如对侵犯商标专用权的赔偿数额经市场监督管理部门调解,仍未达成协议或者调解书生效后对方不履行的,商标权人或利害关系人仍可以依照《民事诉讼法》的规定向法院起诉。此外,商标注册人或者利害关系人有证据证明他人正在实施或者即将实施侵犯其注册商标专用权的行为,如不及时制止将会使其合法权益受到难以弥补的损害的,可以依法在起诉前向法院申请采取行为保全和财产保全的措施;商标注册人或者利害关系人为制止侵权行为,在证据可能灭失或者以后难以取得的情况下,可以依法在起诉前向法院申请保全证据。

与商标侵权行政查处相比,商标侵权民事诉讼虽然程序烦琐、结案较慢,但因其具有终局效力,仍然是商标权人或利害关系人的一个重要选择。

【相关法条】

《商标法》

第六十条 有本法第五十七条所列侵犯注册商标专用权行为之一,引起纠纷的,由当事人协商解决;不愿协商或者协商不成的,商标注册人或者利害关系人可以向人民法院起诉,也可以请求工商行政管理部门处理。

工商行政管理部门处理时,认定侵权行为成立的,责令立即停止侵权行为,没收、销毁侵权商品和主要用于制造侵权商品、伪造注册商标标识的工具,违法经营额五万元以上的,可以处违法经营额五倍以下的罚款,没有违法经营额或者违法经营额不足五万元的,可以处二十五万元以下的罚款。对五年内实施两次以上商标侵权行为或者有其他严重情节的,应当从重处罚。销售不知道是侵犯注册商标专用权的商品,能证明该商品是自己合法取得并说明提供者的,由工商行政管理部门责令停止销售。

对侵犯商标专用权的赔偿数额的争议,当事人可以请求进行处理的工商行政管理部门调解,也可以依照《中华人民共和国民事诉讼法》向人民法院起诉。经工商行政管理部门调解，当事人未达成协议或者调解书生效后不履行的，当事人可以依照《中华人民共和国民事诉讼法》向人民法院起诉。

第六十五条　商标注册人或者利害关系人有证据证明他人正在实施或者即将实施侵犯其注册商标专用权的行为，如不及时制止将会使其合法权益受到难以弥补的损害的，可以依法在起诉前向人民法院申请采取责令停止有关行为和财产保全的措施。

第六十六条　为制止侵权行为，在证据可能灭失或者以后难以取得的情况下，商标注册人或者利害关系人可以依法在起诉前向人民法院申请保全证据。

41. 企业出售非自行生产的商品被起诉侵犯他人商标权，应当如何主张抗辩？

【风险提示与建议】

合法来源的抗辩主体是中间销售商，根据规定，销售商在销售商品时不知道是侵犯注册商标专用权的商品，同时能证明商品系合法取得并能说明提供者的，不承担赔偿责任。

具体来说，第一，要求销售商对产品存在侵犯权利人注册商标专用权这一情况并不知悉。这种不知情既包括不明知，也包括不应知。司法实践中，销售商一般通过陈述其不知情或提供自己已尽审慎义务的证据表明不知情，而商标权利人则一般通过诉前公证的方式固定销售侵权产品的事实，再通过发起律师函或警告函，证明销售商明知后继续销售的事实。第二，要求销售商证明商品是合法取得并说明提供者。一般销售商会通过提交供货方主体信息、购货合同、订货通知单、送货单、对账单、付款凭证等，相互之间形成完整的证据链，使法官相信商品客观上具有合法来源。而商标权利人则可以根据销售方提供的证据寻找漏洞，如进货价格不合理、进货时间不能对应等予以反驳。

【相关法条】

《商标法》

第六十四条第二款　销售不知道是侵犯注册商标专用权的商品，能证明该商品是自己合法取得并说明提供者的，不承担赔偿责任。

42. 企业在代理国外品牌期间是否可以在外文商标上附加中文标识？企业在国外品牌上附加的中文标识经获准注册，代理关系结束后该国外品牌在国内继续使用或授权新的代理商使用该中文标识是否构成侵权？

【风险提示与建议】

很多企业在代理国外品牌产品时，为了便于国内消费者识别，一般也会选择附加相应的中文标识共同使用在商品上，以此增强该品牌在国内的认知度和影响力。在不违反我国《商标法》关于商业标识的禁止性规定的前提下，企业可以根据需求在相应品牌上添加其需要的中文标识。如果外文品牌在中国有总代理商，基于良好合作关系，中文标识的创作通常由该总代理商负责，如果代理关系终止，双方对中文标识归属没有确定，而中文标识被代理商在中国注册为商标的情况下，该中文商标专用权益的归属以及外文品牌新的代理商是否有权继续使用该中文标识，便成为亟待解决的问题。

为说明以上问题，现结合琴侣公司与西为公司等侵害商标权纠纷案的审判裁决[1]做具体阐述，其中涉及的注册商标“阳光超人”即属上述情形下的中文标识。法院认为，中国代理商使用“阳光超人”所标识的产品来源不仅指向外文品牌公司（并非代理商），还承载了外文品牌良好的品质和声誉，形成了附载在该标识上的特有利益，而这些亦均源于外文品牌公司的产品。判断某一标识经使用产生的原始利益归属，并非考察标识的称谓本身由谁创造，而是应当考察消费者将该标识与何种商品相联系，进而判断相应标识利益的归属。本案中，在代理关系存续期间，相关消费者对“阳光超人”的认知均是与外文品牌公司及其产品相关联的。中国代理商主张其是“阳光超人”的原创者，并以此作为其享有商标权益的理由，缺乏法律依据。因此，基

---

〔1〕 参见北京知识产权法院民事判决书，(2017)京73民终1992号；北京市高级人民法院民事裁定书，(2018)京民申3688号。

于这种代理关系存在，国内代理商在外国品牌产品上使用中文标识的行为，实质上会被认定为该外国品牌所有者对中文标识的使用行为，由此产生的商标注册前的权益应当归属于外国品牌企业，即“阳光超人”属于外文品牌公司具有一定影响的未注册商标。

关于外文品牌新的代理商对“阳光超人”标识的使用的性质认定，法院认为，外文品牌新的代理商提供的证据，能够证明外文品牌新的代理商使用“阳光超人”经外文品牌公司授权，且标识的使用方式系沿袭之前代理商的使用方式，外文品牌新的代理商有权在原使用范围内继续使用，并不构成侵权。故在之前代理商与外文品牌公司的代理关系结束以后，外文品牌新的代理商沿袭之前的方式使用“阳光超人”标注外文品牌公司生产的产品，并不会使相关公众的认知发生混淆。

通过上述案例可以看出，法院认定中文标识属于外文品牌公司在先使用并具有一定影响的未注册商标，但外文品牌公司新代理商对该中文标识的使用行为受到一定的限制，仅限于原使用范围内继续使用，若超出了原使用范围则仍存在侵犯注册商标专用权的风险。

进一步讲，外文品牌公司对中文标识有在先使用权，而之前代理商有商标专用权，对于消费者而言二者是否有混淆之虞？

根据上述案例可知，基于这种代理关系的存在，国内企业在外国品牌产品上使用中文标识的行为，实质上会被认定为该外国品牌所有者对中文标识的使用行为，在商标获准注册前的商标权益应该归属于外国品牌企业。那么，国内代理商未经授权将该中文标识申请注册，被代理人实际上有权对该商标注册提出异议，且基于这种代理关系，这种商标注册申请将不被批准。即便被代理人未在法定期限内提出异议而使这种商标注册申请获准，但基于这种代理关系存在的前提，这样的注册商标也有可能会被认定为是以欺骗手段或者其他不正当手段取得注册的，由国家知识产权局宣告该注册商标无效。

综上所述，建议国内企业准备在自己代理的国外品牌上增加中文标识时，应当和国外企业就中文标识的权益归属作出明确的约定；若无法达成有利的合意，建议企业考虑在国外品牌产品上使用本企业在相关类别商品上已经获准注册的商标，以保护自身中文标识的权益。

【相关法条】

《商标法》

第十五条 未经授权，代理人或者代表人以自己的名义将被代理人或者被代表人的商标进行注册，被代理人或者被代表人提出异议的，不予注册并禁止使用。

就同一种商品或者类似商品申请注册的商标与他人在先使用的未注册商标相同或者近似，申请人与该他人具有前款规定以外的合同、业务往来关系或者其他关系而明知该他人商标存在，该他人提出异议的，不予注册。

第四十四条第一款 已经注册的商标，违反本法第四条、第十条、第十一条、第十二条、第十九条第四款规定的，或者是以欺骗手段或者其他不正当手段取得注册的，由商标局宣告该注册商标无效；其他单位或者个人可以请求商标评审委员会宣告该注册商标无效。

第五十九条第三款 商标注册人申请商标注册前，他人已经在同一种商品或者类似商品上先于商标注册人使用与注册商标相同或者近似并有一定影响的商标的，注册商标专用权人无权禁止该使用人在原使用范围内继续使用该商标，但可以要求其附加适当区别标识。

43. 企业未经授权在自己的商品上标注“某品牌同款”、标注“某明星同款”并使用相关明星照片，会有什么法律风险？

【风险提示与建议】

时下，网络购物已成为与大众生活日益密切的消费方式，很多店家为了增强自身产品品牌的曝光度、推广度和吸引力，会在产品描述上标识“某品牌同款”“某明星同款”等字样，这些做法实则隐藏巨大的法律风险。

首先，可能侵犯了其他主体的商标权或构成不正当竞争侵权。在爱华仕公司诉滨月箱包厂知识产权与竞争纠纷案[1]中，原告爱华仕公司系第7099937号“爱华仕”注册商标的权利人，该商标核定使用商品为第18类，即背包；书包；购物袋；钱包；手提包；旅行包；公文包；旅行包(箱)；运动包；伞

〔1〕 参见河北省保定市中级人民法院民事判决书，(2019)冀06知民初349号。

等。被告滨月箱包厂未经原告允许,在其阿里巴巴网站开设的网店所销售的商品名称中标注“爱华仕同款”字样,该行为增加了被告商品被搜索到的可能性,不当地增加了自己的交易机会,侵害了原告的合法权益。被告所销售的商品并非原告所生产的,其将原告的“爱华仕”注册商标用于标注该商品名称的行为,属于《商标法》第57条第1款第7项规定的情形,侵害了原告的注册商标专用权。同时,“爱华仕”字样亦是原告企业名称的简称,被告的该行为亦属于《反不正当竞争法》第6条第2款规定的情形,构成不正当竞争。

其次,未经授权而擅自使用明星照片并标注“某明星同款”做宣传,可能涉嫌侵犯明星的肖像权、姓名权等民事权利。在韩某诉尚峰公司肖像权纠纷案[1]中,尚峰公司使用演员韩某的肖像用于商品的宣传,旨在增加商品的关注度和销售量,进而推广业务,营利目的明显,其擅自使用韩某照片的行为侵犯了韩某的肖像权,应承担相应的侵权责任。

【相关法条】

《商标法》

第五十七条 有下列行为之一的,均属侵犯注册商标专用权:

……

(七)给他人的注册商标专用权造成其他损害的。

《反不正当竞争法》

第六条 经营者不得实施下列混淆行为,引人误认为是他人商品或者与他人存在特定联系:

……

(二)擅自使用他人有一定影响的企业名称(包括简称、字号等)、社会组织名称(包括简称等)、姓名(包括笔名、艺名、译名等);

……

《民法典》

第一千零一十二条 自然人享有姓名权,有权依法决定、使用、变更或者许可他人使用自己的姓名,但是不得违背公序良俗。

第一千零一十四条 任何组织或者个人不得以干涉、盗用、假冒等方式

---

〔1〕 参见江苏省苏州市姑苏区人民法院民事判决书,(2020)苏0508民初8374号。

侵害他人的姓名权或者名称权。

第一千零一十九条 ……未经肖像权人同意,不得制作、使用、公开肖像权人的肖像,但是法律另有规定的除外。

未经肖像权人同意,肖像作品权利人不得以发表、复制、发行、出租、展览等方式使用或者公开肖像权人的肖像。

44. 企业合理使用他人注册商标的情形有哪些?

【风险提示与建议】

商标侵权判断的前提是:(1)构成"商业性使用";(2)使用的标识是具备了商标意义的标识,即具有显著性且能够区别商品或服务的来源。这两个要素是判断是否构成商标侵权的必要因素,缺一不可。笔者结合《商标法》和相关法律法规以及司法实践,对企业合理使用他人注册商标的情形总结如下:

第一,若企业的行为并非构成商业使用行为,那么就不属于侵犯商标权,企业的使用行为可以理解为正当使用行为。若企业的真实使用意图并非为了产生区分、识别产品来源,并且客观上亦不能产生区分、识别的效果,那么这样的使用行为不属于《商标法》规制的商标侵权行为。

例如,对他人商标的使用是在封闭环境下或者某种特殊条件下进行的。在辉瑞公司等与联环药业公司申请侵犯商标权纠纷案[1]中,被控侵权产品的立体形状与涉案立体商标构成近似,但被控侵权产品系装在不透明的包装内,法院认为,消费者在购买产品时并不能据以识别该产品的外部形态,由于包装于不透明材料内的产品并不能起到表明来源和生产者的作用,因此即使其外部形状与涉案立体商标相近似,也不会使消费者产生混淆,故而侵权不成立。

再如,很多玩具厂商或者模型厂商,会推出基于真实商品设计制造的玩具或模型商品,为求逼真,这些商品不可避免会带有真实商品上所附着的商标,由于比例相差明显,相关消费者一般不会误认模型商品源于其上所附着

---

〔1〕 参见最高人民法院民事裁定书,(2009)民申字第268号。

的真实商品的商标主体，且这种使用一般也不会对真实产品附着的商标主体产生不利的实质影响。因此，这种使用应当视为一种附带性的非商业使用。

第二，若商标本身不具有识别商品或服务来源的商标意义，不具备商标的性质和用途，那么对该标识的使用就不会构成商标性使用，从而不构成商标侵权，司法实践中称为“描述性使用”。

例如，在某购物网站上购买手机外壳，通过搜索会出现大量与手机品牌、型号相匹配的销售信息，但出售该手机外壳的商家不会因为在网站上使用了手机商标而构成侵权，因为只要不是对商标加以突出使用，消费者只会认为该手机外壳适合该品牌手机使用，而不会产生该手机外壳是该品牌手机厂家所生产的误认。

第三，企业的标识并不具有显著性的含义，那么其他企业在合理范围内的使用行为亦不构成商标侵权。对于注册商标中含有的本商品的通用名称、图形、型号，或者直接表示的商品的质量、主要原料、功能、用途、重量、数量及其他特点，或者含有的地名，注册商标专用权人无权禁止他人正当使用。三维标志注册商标中含有的商品自身的性质产生的形状、为获得技术效果而需有的商品形状，或者使商品具有实质性价值的形状，注册商标专用权人无权禁止他人正当使用。

上述类型的商标只有经过长期使用取得“第二含义”，获得显著性之后，才能被注册成商标。即便如此，商标权人也不能阻止他人使用商标中的描述性文字或图形善意地说明其商品或服务的特征。因为这些文字毕竟不是商标权人臆造出来的，它们本来就处于公有领域之中，只不过通过商标权人长期将其与特定商品或服务联系在一起，使其被赋予了“第二含义”，而该标志的“第一含义”仍然保留在公共领域，供公众自由使用，而且他人只要善意地使用“第一含义”，也不会引起消费者对商品或服务来源的混淆。

在光明公司与美食达人公司侵害商标权纠纷案中，上海知识产权法院认为，[1]光明公司在被控侵权商品上使用85℃，仅是为了向相关公众说明其采用的巴氏杀菌技术的工艺特征，仍属于合理描述自己经营商品特点的

---

〔1〕 参见上海知识产权法院民事判决书，(2018)沪73民终289号。

范围,并非对美食达人公司注册商标的使用,而是对温度表达方式的正当使用。该案裁判观点显然是对85℃“第一含义”的使用认可。

第四,商标注册人申请商标注册前,他人已经在同一种商品或者类似商品上先于商标注册人使用与注册商标相同或者近似,并有一定影响的商标的,注册商标专用权人无权禁止该使用人在原使用范围内继续使用该商标,但可以要求其附加适当区别标识。

【相关法条】

《商标法》

第四十八条 本法所称商标的使用,是指将商标用于商品、商品包装或者容器以及商品交易文书上,或者将商标用于广告宣传、展览以及其他商业活动中,用于识别商品来源的行为。

第五十九条第三款 商标注册人申请商标注册前,他人已经在同一种商品或者类似商品上先于商标注册人使用与注册商标相同或者近似并有一定影响的商标的,注册商标专用权人无权禁止该使用人在原使用范围内继续使用该商标,但可以要求其附加适当区别标识。

45. 假冒注册商标会坐牢吗?

【风险提示与建议】

《刑法》第213条对假冒注册商标罪给出了明确界定,即未经注册商标所有人许可,在同一种商品上使用与其注册商标相同的商标,情节严重的,处3年以下有期徒刑或者拘役,并处或者单处罚金;情节特别严重的,处3年以上10年以下有期徒刑,并处罚金。据此,假冒注册商标如果情节严重是可能构成犯罪的。根据最高人民法院、最高人民检察院《关于办理侵犯知识产权刑事案件具体应用法律若干问题的解释》的规定,非法经营数额在5万元以上或违法所得数额在3万元以上,就属于情节严重,构成假冒注册商标罪。

可见,假冒商标罪的入刑门槛并不高,商标权人或利害关系人在商标权受到假冒商标行为的侵犯时,可以先评估侵权人的非法经营额或者违法所得额是否达到入刑标准,再选择通过民事诉讼或刑事诉讼的方式维护自己的权利。刑事打击效果因为涉及刑罚,效果往往比其他维权手段更为有效。

企业也要及时监控自己的商标使用行为，避免陷入使用假冒商标的风险。假冒注册商标是有刑事责任风险的，企业的负责人更可能作为直接责任人受到刑事处罚。企业负责人一定要领导企业合法经营，做好知识产权合规工作。企业要注册自己的商标，通过使用、宣传自己的品牌，获得良好商誉和品牌价值。

【相关法条】

《刑法》

第二百一十三条 未经注册商标所有人许可，在同一种商品、服务上使用与其注册商标相同的商标，情节严重的，处三年以下有期徒刑，并处或者单处罚金；情节特别严重的，处三年以上十年以下有期徒刑，并处罚金。

第二百二十条 单位犯本节第二百一十三条至第二百一十九条之一规定之罪的，对单位判处罚金，并对其直接负责的主管人员和其他直接责任人员，依照本节各该条的规定处罚。

最高人民法院、最高人民检察院《关于办理侵犯知识产权刑事案件具体应用法律若干问题的解释》

第一条 未经注册商标所有人许可，在同一种商品上使用与其注册商标相同的商标，具有下列情形之一的，属于刑法第二百一十三条规定的"情节严重"，应当以假冒注册商标罪判处三年以下有期徒刑或者拘役，并处或者单处罚金：

（一）非法经营数额在五万元以上或者违法所得数额在三万元以上的；

（二）假冒两种以上注册商标，非法经营数额在三万元以上或者违法所得数额在二万元以上的；

（三）其他情节严重的情形。

具有下列情形之一的，属于刑法第二百一十三条规定的"情节特别严重"，应当以假冒注册商标罪判处三年以上七年以下有期徒刑，并处罚金：

（一）非法经营数额在二十五万元以上或者违法所得数额在十五万元以上的；

（二）假冒两种以上注册商标，非法经营数额在十五万元以上或者违法所得数额在十万元以上的；

（三）其他情节特别严重的情形。

46. 什么叫同一种商品？假冒他人注册的服务商标是否能构成刑事犯罪？

【风险提示与建议】

所谓“同一种商品”，通常是以《类似商品与服务区分表》为基本的划分标准，《类似商品与服务区分表》上的名称是重要的参考依据。即便名称不同，指代同一种事物的商品，如果在功能、用途、主要原料、消费对象、消费渠道等方面相同或者基本相同，相关公众一般即认为是同一种商品，这种情况下也就可以认定为“同一种商品”，这个概念的认定在商标刑事案件中尤其重要。

我国《商标法》对注册商标的分类有多种，其中商品商标和服务商标是最常见的两大类。所谓商品商标，是指使用在有形的具体商品上的商标标识；服务商标，是指提供服务的经营者用来区别无形服务来源的商标标识。

众所周知，假冒他人注册的商品商标，情节严重的，构成刑事犯罪，但假冒他人注册的服务商标是否构成犯罪？这个问题曾经在理论上有两种完全不同的观点。但是在2021年3月1日实施的《刑法修正案（十一）》出台后，这个争议就不存在了。该修正案将《刑法》第213条修改为：“未经注册商标所有人许可，在同一种商品、服务上使用与其注册商标相同的商标，情节严重的，处三年以下有期徒刑，并处或者单处罚金；情节特别严重的，处三年以上十年以下有期徒刑，并处罚金。”直接将假冒注册商标罪明确包括对服务类商标权的侵害行为。因此，假冒他人服务商标也构成《刑法》第213条所规定的假冒注册商标罪。

【相关法条】

《商标法》

第三条第一款　经商标局核准注册的商标为注册商标，包括商品商标、服务商标和集体商标、证明商标；商标注册人享有商标专用权，受法律保护。

第四条第二款　本法有关商品商标的规定，适用于服务商标。

《刑法》

第二百一十三条　未经注册商标所有人许可，在同一种商品、服务上使用与其注册商标相同的商标,情节严重的,处三年以下有期徒刑,并处或者单处罚金;情节特别严重的,处三年以上十年以下有期徒刑,并处罚金。

47. 企业使用注册商标有哪些注意事项?不按照注册商标标样使用商标会有什么法律风险?

【风险提示与建议】

近年来,随着公众商标保护意识的增强,尤其类似“iPad”商标侵权纠纷、“鸿蒙”商标注册申请被驳回等事件的出现,经营者对商标注册保护的重视程度提高,但商标并非一经注册便可高枕无忧,不合规的商业性使用注册商标,存在很大的法律风险。

第一,要规范使用注册商标,否则商标可能会被撤销。商标实际使用的样式要和最初申请注册的样式保持一致,不能改变注册商标的结构、组成元素或样式。如果改变,轻则会被责令限期改正,重则将导致注册商标被撤销。

除此之外,若注册商标被申请“撤三”,注册人需要按期提交使用证据进行答辩方能保住其注册商标,但若商标注册人擅自改变注册商标,无法提供与其注册商标相符的使用证据,商标局有理由认定注册商标没有正当理由连续三年未商业使用而宣告撤销注册商标。

因此,企业若根据自身商业发展规划需要调整注册商标标样,建议尽早将新标识申请商标注册,并且针对已注册商标,合理地运营商标,同时应当注意留存规范的使用证据,以备上述所需。

第二,给企业自己的商标附上相关标记。企业可以在使用尚未获准注册的商标的时候,在商品商标的右上角或者右下角使用“TM”(商品商标的英文 Trade Mark 的首字母缩写)符号,服务商标使用“SM”(服务商标的英文 Service Mark 的首字母缩写)符号。如果企业的商标已经获准注册,那么建议企业在商标相应位置使用®标识,或者标明“注册商标”。企业的商标若未经获准注册,企业在商业使用商标的过程中不能将之标识为注册商标或增加®标识,否则可能会招致严重的行政处罚。

笔者建议,最好在任何商标使用的情形下都打上相应的标识,这不仅是一个标记，更是一种保护！商标的正确使用不仅会避免不必要的撤销风险，还能突出商标的显著性识别效用，减少商标沦为商品通用名称而最终丧失商标价值的概率，这样才能更加长久地保护企业自身注册商标的价值。

【相关法条】

《商标法》

第四十九条 商标注册人在使用注册商标的过程中，自行改变注册商标、注册人名义、地址或者其他注册事项的，由地方工商行政管理部门责令限期改正；期满不改正的，由商标局撤销其注册商标。

注册商标成为其核定使用的商品的通用名称或者没有正当理由连续三年不使用的，任何单位或者个人可以向商标局申请撤销该注册商标。商标局应当自收到申请之日起九个月内做出决定。有特殊情况需要延长的，经国务院工商行政管理部门批准，可以延长三个月。

第五十二条 将未注册商标冒充注册商标使用的，或者使用未注册商标违反本法第十条规定的，由地方工商行政管理部门予以制止，限期改正，并可以予以通报，违法经营额五万元以上的，可以处违法经营额百分之二十以下的罚款，没有违法经营额或者违法经营额不足五万元的，可以处一万元以下的罚款。

《商标法实施条例》

第六十三条 使用注册商标，可以在商品、商品包装、说明书或者其他附着物上标明“注册商标”或者注册标记。

注册标记包括㊟和®。使用注册标记，应当标注在商标的右上角或者右下角。

48. 对于企业而言，专门的商标法律顾问有什么价值？

【风险提示与建议】

商标是一种信息资源，具有传递信息和创造价值的功能，通过对商标的广泛宣传而使企业品牌为消费者所熟知，开拓市场，给企业带来收益。商标注册，不仅保护企业自己经营的品牌长久发展，也能有力地阻止那些仿冒者，以合法的手段保护企业自身的经济利益。随着经济的发展，品牌效益日益凸显，商标成为企业的"灵魂"所在。为了不断提升企业自身的商标价值，商标顾问法律服务应运而生。

商标顾问法律服务，是指由专业的商标顾问机构就企业从商标战略的制订、实施、执行到商标的注册、维护、维权、培育等各方面事务提供咨询、建议、提供法律意见书并代理企业完成相关商标事务。

由于商标业务专业性强、时效性要求高，聘请专业的商标法律顾问已经成为越来越多的重视自身商标价值的企业的选择，实践证明，这种选择也往往能更经济、更有效地防控商标法律风险。商标业务的专业性之强，有目共睹，就拿最基本的商标注册申请为例，如果申请人的申请资料填写有误，即可能造成申请不予受理，只能修改后再次提交，而在首次申请与再次申请之间，他人可能已经递交了相似的商标注册申请，从而导致申请人的再次申请被驳回，申请人就只能跟本应得到注册的商标擦肩而过。更不要说驰名商标认定等对专业性要求更高的业务了。商标业务的时效性更是摆在申请人面前的一道难题，单就商标复审业务而言，申请人需要在收到驳回通知之日起 15 日内向商标局申请复审，要在这么短的时间内准备好有说服力的复审申请资料，对于非专业人士而言基本上是不可能完成的任务，而一旦超期，商标将最终被驳回。所以对企业来讲，聘请专业的商标法律顾问是很有必要的。

【相关法条】

《商标法》

第十八条　申请商标注册或者办理其他商标事宜，可以自行办理，也可以委托依法设立的商标代理机构办理。

外国人或者外国企业在中国申请商标注册和办理其他商标事宜的，应当委托依法设立的商标代理机构办理。

第三章

著作权篇

1. 企业是否有必要对每一部作品进行著作权登记？软件著作权登记需要哪些材料？

【风险提示与建议】

很多人有一个疑惑:既然法律规定了作品无论是否登记,作者或其他著作权人依法取得的著作权不受影响,为什么还是有很多人如此热衷著作权登记？著作权登记最大的作用就是作为初步证明,是对外证明著作权归属的最直接、最直观的方式,属于合法的证明文件。一旦进行了著作权登记,不仅在发生侵权时可以大大减少权利人的举证负担;在对外宣传企业实力或者进行企业增资、融资抵押等事项时,也会是一个强有力的证明。

但是基于成本考虑,并不建议企业对于每一部作品均进行著作权登记,而应选择使用频率较高、容易被侵权或被人引用的核心作品进行著作权登记,获得相应的著作权证书,便于后期维权举证或对外宣传。例如,企业开发的软件作品,建议都进行著作权登记。

计算机软件的登记依照《计算机软件著作权登记办法》进行,其他作品的登记依照《作品自愿登记试行办法》进行。企业在申请软件著作权登记的时候除了提供企业的主体材料外,还需要提供图文结合的软件操作说明书、前后各 30 页源代码(每页不低于 50 行)等。

【相关法条】

《计算机软件著作权登记办法》

第七条　申请登记的软件应是独立开发的,或者经原著作权人许可对原有软件修改后形成的在功能或者性能方面有重要改进的软件。

第八条　合作开发的软件进行著作权登记的,可以由全体著作权人协商确定一名著作权人作为代表办理。著作权人协商不一致的,任何著作权人均可在不损害其他著作权人利益的前提下申请登记,但应当注明其他著作权人。

第九条　申请软件著作权登记的,应当向中国版权保护中心提交以下材料:

(一)按要求填写的软件著作权登记申请表;

（二）软件的鉴别材料；

（三）相关的证明文件。

2. 企业若准备办理著作权登记、申请外观设计专利，著作权与外观设计专利应当一同申请还是选择一项进行申请？

【风险提示与建议】

知识产权的申请看似简单，实则暗藏玄机。著作权申请在我国属于自愿申请，非核准机制，发证机构为中宣部下设的中国版权保护中心，著作权申请表中的开发/创作完成日期可自由填写（诉讼中不可单独以该日期作为完成日期的认定证据）。而外观设计专利在我国为核准制，发证机关为国家知识产权局，外观设计必须要具有新颖性，即在申请日前不得有与本专利申请相同或近似的专利，否则不予授权。

因此，若著作权申请的日期早于外观设计，则该著作权可能会变成该外观设计专利的后患，即使该外观设计获得授权，该授权也不具有稳定性，有被无效宣告的风险。为保障专利的稳定性，建议企业在申请专利时做好全面的考量及计划，最好进行一并申请或著作权申请晚于外观设计专利申请。

【相关法条】

《专利法》

第二十三条　授予专利权的外观设计，应当不属于现有设计；也没有任何单位或者个人就同样的外观设计在申请日以前向国务院专利行政部门提出过申请，并记载在申请日以后公告的专利文件中。

授予专利权的外观设计与现有设计或者现有设计特征的组合相比，应当具有明显区别。

授予专利权的外观设计不得与他人在申请日以前已经取得的合法权利相冲突。

本法所称现有设计，是指申请日以前在国内外为公众所知的设计。

3. 企业为什么要保留作品底稿？保存作品原始底稿的方式有哪些？

【风险提示与建议】

鉴于很多企业没有完整的底稿保存管理制度，原始底稿容易丢失，进行作品的著作权登记成为受众多著作权人青睐的一种方式。在此需要提醒企业注意的是，著作权登记只能作为著作权归属证明的初步证据，在著作权纠纷中，作品原始底稿的提供往往更为重要。尤其是对于作品产出较多的中小企业如设计企业、广告企业、漫画企业等，如果每一部作品都进行著作权登记，其工作量之繁重可想而知，因此建议企业重视对作品原始底稿的保存。

对于企业员工产出的作品底稿，有多种保存方式，其中最重要的就是对作品内容和作品完成时间的保存和证明。对此，企业可以要求员工在作品完成的过程中通过邮件交付作品并尽可能保存相关邮件记录，同时在作品完成后通过在企业微博或微信公众号、第三方平台发表，上传云端或者其他可以证明作品完成时间的方式进行作品底稿的辅助保存。

【相关法条】

最高人民法院《关于审理著作权民事纠纷案件适用法律若干问题的解释》

第七条 当事人提供的涉及著作权的底稿、原件、合法出版物、著作权登记证书、认证机构出具的证明、取得权利的合同等，可以作为证据。

在作品或者制品上署名的自然人、法人或者非法人组织视为著作权、与著作权有关权益的权利人，但有相反证明的除外。

4. 如何让企业网页受到著作权法保护？

【风险提示与建议】

网页已经逐渐成为互联网时代的“企业名片”，如果各网页中除涉及部分公有领域的设计外，其颜色选择、板块构造、布局逻辑等蕴含了企业自身精神、文化、工作服务理念等多重信息的集合，是企业独特思想的外化表达，其就符合了著作权法意义上的作品，即文学、艺术和科学领域内，具有独创性并能以某种有形形式复制的智力创作成果，即应当受著作权法保护。但如果网页仅仅是一般性的、基础性的，或者系统自带的栏目设置，则可能因为不具有独创性而不受著作权法的保护。

从现有判例来看，网页在符合一定条件的情况下，是属于著作权法意义上的作品，受著作权法保护的〔1〕。司法实践中，法院在认定一个“网页”是否构成作品时，主要从网页的构成要素以及对要素的编排、选择等是否具有独创性来考察。对于独创性的标准，法院一般采纳“最低独创性标准”。目前司法实践中对“网页”的认定多为“汇编作品”。“网页”作为一个由文字、图形、摄影作品、超链接、栏目设置等作品性材料和非作品性材料组成的集合载体，符合《著作权法》关于“汇编作品”的定义。另外，单个作品性材料是否享有著作权，并不影响网页著作权人的权利。

因此，企业网页若想获得著作权法的保护，应当注重网页设计的独创性，将网页作为企业独特思想的外化表达。

【相关法条】

《著作权法》

第十五条 汇编若干作品、作品的片段或者不构成作品的数据或者其他材料，对其内容的选择或者编排体现独创性的作品，为汇编作品，其著作权由汇编人享有，但行使著作权时，不得侵犯原作品的著作权。

《著作权法实施条例》

第二条 著作权法所称作品，是指文学、艺术和科学领域内具有独创性并能以某种有形形式复制的智力成果。

5. 对于企业利用人工智能创作生成的作品是否可以进行著作权保护？

【风险提示与建议】

根据现行法律规定，文字作品应由自然人创作完成。虽然随着科学技

〔1〕 参见盘石信息公司诉霖汰节能技术公司著作权侵权纠纷案，浙江省杭州市萧山区人民法院(2014)杭萧知初字第12号民事判决书。

术的发展，计算机软件智能生成的此类人工智能（Artificial Intelligence，AI）“作品”在内容、形态，甚至表达方式上日趋接近自然人，但根据现实的科技及产业发展水平，现行法律权利保护体系已经可以对此类软件的智力、经济投入给予充分保护，就不宜再对民法主体的基本规范予以突破。因此，自然人创作完成仍应是著作权法领域文字作品的必要条件〔1〕，即企业利用 AI 创作生成的作品是否能进行著作权保护，取决于该 AI 作品是否构成自然人创作的具有独创性的作品。

例如，在腾讯公司与盈讯公司著作权权属、侵权纠纷、商业贿赂不正当竞争纠纷案〔2〕中，法院审理认为：

首先，应当从是否独立创作及外在表现上是否与已有作品存在一定程度的差异，或具备最低程度的创造性进行分析判断。涉案文章由原告主创团队人员运用 Dreamweaver 软件生成，其外在表现符合文字作品的形式要求，其表现的内容体现出对当日上午相关股市信息、数据的选择、分析、判断，文章结构合理、表达逻辑清晰，具有一定的独创性。

其次，从涉案文章的生成过程来分析，该文章的表现形式是由原告主创团队相关人员个性化的安排与选择所决定的，其表现形式并非唯一，具有一定的独创性。

最后，涉案文章是由原告主持的多团队、多人分工形成的整体智力创作完成的作品，整体体现原告对于发布股评综述类文章的需求和意图。涉案文章在由原告运营的腾讯网证券频道上发布，文章末尾注明“本文由腾讯机器人 Dreamwriter 自动撰写”，故是原告主持创作的法人作品。

法院最终认定，被告未经许可，在其经营的网贷之家网站上向公众提供被诉侵权文章内容，供公众在选定的时间、选定的地点获得的行为，侵害了原告享有的信息网络传播权，应承担相应的民事责任。鉴于被告已经删除侵权作品，法院判决被告赔偿原告经济损失及合理的维权费用 1500 元。

从以上判决可看出，法院认定“腾讯机器人 Dreamwriter 自动撰写”的“作品”构成应受我国《著作权法》保护的作品，乃是基于该作品本质上仍是由“原

---

〔1〕 参见北京菲材律师事务所诉百度公司侵害署名权、保护作品完整权、信息网络传播权纠纷案，北京互联网法院（2018）京 0491 民初 239 号民事判决书。

〔2〕 参见广东省深圳市南山区人民法院民事判决书，（2019）粤 0305 民初 14010 号。

告主持的多团队、多人分工”情形下的自然人所完成，且该作品具备独创性。

【相关法条】

《著作权法》

第十一条 著作权属于作者，本法另有规定的除外。

创作作品的自然人是作者。

由法人或者非法人组织主持，代表法人或者非法人组织意志创作，并由法人或者非法人组织承担责任的作品，法人或者非法人组织视为作者。

《著作权法实施条例》

第二条 著作权法所称作品，是指文学、艺术和科学领域内具有独创性并能以某种有形形式复制的智力成果。

6. 企业是否与员工约定了其在任职期间创作完成的作品的著作权归属企业所有？

【风险提示与建议】

很多企业认为，只要是员工在职期间因为工作任务创作完成的作品，著作权就一定归属企业，这种观念其实是错误的。职务作品的著作权仍归属于作者，企业只是在业务范围内有权优先使用，只有满足一定条件的职务作品，员工仅享有署名权，由企业享有著作权的其他权利。那么，哪些作品的著作权归属企业呢？一般来说，主要利用企业的物质技术条件创作并由企业承担责任的工程设计图、产品设计图、地图、示意图、计算机软件等职务作品，其著作权才归属企业。企业如想要获得员工创作作品的著作权，建议应当在员工入职时与之签署相关协议，约定权利归属。

【相关法条】

《著作权法》

第二条 中国公民、法人或者非法人组织的作品，不论是否发表，依照本法享有著作权。

外国人、无国籍人的作品根据其作者所属国或者经常居住地国同中国签订的协议或者共同参加的国际条约享有的著作权，受本法保护。

外国人、无国籍人的作品首先在中国境内出版的，依照本法享有著作权。

未与中国签订协议或者共同参加国际条约的国家的作者以及无国籍人的作品首次在中国参加的国际条约的成员国出版的,或者在成员国和非成员国同时出版的,受本法保护。

第十八条 自然人为完成法人或者非法人组织工作任务所创作的作品是职务作品,除本条第二款的规定以外,著作权由作者享有,但法人或者非法人组织有权在其业务范围内优先使用。作品完成两年内,未经单位同意,作者不得许可第三人以与单位使用的相同方式使用该作品。

有下列情形之一的职务作品,作者享有署名权,著作权的其他权利由法人或者非法人组织享有,法人或者非法人组织可以给予作者奖励:

(一)主要是利用法人或者非法人组织的物质技术条件创作,并由法人或者非法人组织承担责任的工程设计图、产品设计图、地图、示意图、计算机软件等职务作品;

(二)报社、期刊社、通讯社、广播电台、电视台的工作人员创作的职务作品;

(三)法律、行政法规规定或者合同约定著作权由法人或者非法人组织享有的职务作品。

7. 企业的作品被第三方抢先进行著作权登记怎么办?

【风险提示与建议】

在著作权登记活动中,中国版权保护中心审核申请人按照要求提交的一系列材料后,一般只要不是依法禁止出版、传播的作品,过了一定审查期限后,即可登记成功。即著作权登记仅作形式审查。这也造成了第三方抄袭企业的作品甚至将抄袭的作品直接进行了著作权登记的情况。在这种情况下,企业又该如何处理呢?

一般来说,往往有两种维权途径可以选择:一是确认著作权归属,证明自己才是最早的权利人,确认著作权归属的一大有效途径即通过向法院提起著作权确权之诉,确认权利人;二是申请撤销著作权登记,即依据《作品自愿登记试行办法》第6条向作品登记机关申请撤销。

【相关法条】

最高人民法院《关于审理著作权民事纠纷案件适用法律若干问题的解释》

第七条第二款 在作品或者制品上署名的自然人、法人或者非法人组织视为著作权、与著作权有关权益的权利人，但有相反证明的除外。

《作品自愿登记试行办法》

第六条 有下列情况的，作品登记机关应撤销其登记：

1. 登记后发现有本办法第五条所规定的情况的；

2. 登记后发现与事实不相符的；

3. 申请人申请撤销原作品登记的；

4. 登记后发现是重复登记的。

8. 企业签订委托开发/设计/创作合同时应注意哪些问题？

【风险提示与建议】

委托开发/设计/创作作品的当事人在履行合同过程中产生的知识产权归属、如何实施、如何向合同外第三方转让等问题，涉及知识产权的申请、转让权、使用权及转让有关的财产权利等问题，这直接关系合同当事人的切身利益，故对于合同的内容应注意如下问题：

(1)合同形式。合同必须采用书面形式。

(2)合同性质。不能以合同名称来判定合同的性质，否则可能导致当事人对合同性质产生误解。对技术开发合同而言，要在合同条款中明确是委托开发还是合作开发。那种虽然在开发中提供了资金、设备、人力但并未参加实质性研究开发工作的合同应当属于委托开发合同。

(3)必要条款内容。例如，技术开发合同中的项目名称、研究开发成果的具体标准、履行期限、计划、进度、方式、地点、当事人的保密义务、技术成果的归属和分享、验收的标准和方法、研究开发费用的支付方法和方式、开发项目中某些关键术语的解释、争议的解决方法、违约责任以及损害赔偿的计算方法等；又如，游戏开发合同中的开发进度、完成日期、版号及著作权申请、游戏前、后端的知识产权归属、游戏的维护义务、游戏服务器或游戏本身出现问题的抢救措施及时限、保密条款、成果文件细化及移交、游戏换皮的制约等；再如，委托创作文学、动漫作品合同中的作品名称、作品知识产权的归属、署名问题、保密条款等。

(4)验收相关问题。明确验收标准及期限，委托方不及时验收的后果，委托方提出验收建议的方式，受托方的修改次数，受托方屡次无法满足委托方修改要求时的处理方式，委托方改变制作素材、制作风格等导致受托方因非质量因素对作品进行修改时的费用调整方式，明确验收联系人及联系方式。

【相关法条】

《民法典》

第八百四十五条 技术合同的内容一般包括项目的名称，标的的内容、范围和要求，履行的计划、地点和方式，技术信息和资料的保密，技术成果的归属和收益的分配办法，验收标准和方法，名词和术语的解释等条款。

与履行合同有关的技术背景资料、可行性论证和技术评价报告、项目任务书和计划书、技术标准、技术规范、原始设计和工艺文件，以及其他技术文档，按照当事人的约定可以作为合同的组成部分。

技术合同涉及专利的，应当注明发明创造的名称、专利申请人和专利权人、申请日期、申请号、专利号以及专利权的有效期限。

第八百四十六条 技术合同价款、报酬或者使用费的支付方式由当事人约定，可以采取一次总算、一次总付或者一次总算、分期支付，也可以采取提成支付或者提成支付附加预付入门费的方式。

约定提成支付的，可以按照产品价格、实施专利和使用技术秘密后新增的产值、利润或者产品销售额的一定比例提成，也可以按照约定的其他方式计算。提成支付的比例可以采取固定比例、逐年递增比例或者逐年递减比例。

约定提成支付的，当事人可以约定查阅有关会计账目的办法。

第八百五十二条 委托开发合同的委托人应当按照约定支付研究开发经费和报酬，提供技术资料，提出研究开发要求，完成协作事项，接受研究开发成果。

第八百五十三条 委托开发合同的研究开发人应当按照约定制定和实施研究开发计划，合理使用研究开发经费，按期完成研究开发工作，交付研究开发成果，提供有关的技术资料和必要的技术指导，帮助委托人掌握研究开发成果。

第八百六十一条 委托开发或者合作开发完成的技术秘密成果的使用权、转让权以及收益的分配办法,由当事人约定;没有约定或者约定不明确,依据本法第五百一十条的规定仍不能确定的,在没有相同技术方案被授予专利权前,当事人均有使用和转让的权利。但是,委托开发的研究开发人不得在向委托人交付研究开发成果之前,将研究开发成果转让给第三人。

《著作权法》

第十九条 受委托创作的作品,著作权的归属由委托人和受托人通过合同约定。合同未作明确约定或者没有订立合同的,著作权属于受托人。

9. 企业在签署著作权许可或转让合同时该注意些什么?

【风险提示与建议】

近年来,IP(Intellectual Property,直译含义为知识产权,在互联网领域泛指所有成名文创,如文学、影视、动漫、游戏等作品的统称)概念火爆,作为泛娱乐化产业的核心,极具经济开发价值的 IP 越来越受到资本关注。相关著作权的许可和转让日益成为著作权利用的主要方式,但是因著作权许可合同和转让合同没有约定清楚而导致的著作权侵权现象频发。主要集中在三个方面:(1)因签署合同前没有审核清楚权属材料,引发权利不明的法律风险。(2)IP授权形式没有明确,对于是独占许可、排他许可还是普通许可约定不明。例如,对于游戏开发运营商来说,IP 授权的形式不同,其享有的 IP 价值的大小不同。(3)现实情况中一直存在类似“独家游戏改编权”的描述,这种描述即没有明确授权形式,存在一定的法律风险。

企业要使用他人作品,应当同著作权人签署著作权许可合同。首先,要审核转让方作品的权属资料,在合同条款中加入转让方保证自己是作品的唯一合法权利人的内容并约定当出现侵害第三方权利人的情况时,被转让方保留追偿的权利。权属证明可以是原图、草稿、创作说明、版权登记等资料。其次,合同条款中应包括许可使用的权利种类;许可使用的权利是专有使用权或者非专有使用权;许可使用的地域范围、期间;付酬标准和办法;违约责任;作品的名称;转让的权利种类、地域范围;转让价金;交付转让价金的日期和方式等内容。最后，应当注意按照合同约定的作品使用范围进行使用，避免侵权。许可使用合同和转让合同中著作权人未明确许可、转让的权利，未经著作权人同意，转让方不得行使。

【相关法条】

《著作权法》

第二十六条 使用他人作品应当同著作权人订立许可使用合同，本法规定可以不经许可的除外。

许可使用合同包括下列主要内容：

（一）许可使用的权利种类；

（二）许可使用的权利是专有使用权或者非专有使用权；

（三）许可使用的地域范围、期间；

（四）付酬标准和办法；

（五）违约责任；

（六）双方认为需要约定的其他内容。

第二十七条 转让本法第十条第一款第五项至第十七项规定的权利，应当订立书面合同。

权利转让合同包括下列主要内容：

（一）作品的名称；

（二）转让的权利种类、地域范围；

（三）转让价金；

（四）交付转让价金的日期和方式；

（五）违约责任；

（六）双方认为需要约定的其他内容。

第二十九条 许可使用合同和转让合同中著作权人未明确许可、转让的权利，未经著作权人同意，另一方当事人不得行使。

10. 企业与他人合作创作作品的著作权该如何行使？

【风险提示与建议】

随着社会发展，多人共同创作作品成为常态，如多家公司合作开发游戏、计算机软件等。但合作作者在合作开发前不注意约定著作权的归属，也不约定作品该如何行使，难免在后续的作品使用过程中发生冲突。合作作者是否可以不经另一作者同意直接使用作品？如果可以使用，对使用的作品的权限范围是什么？不可分割作品的著作权又该如何行使？

无论企业是要委托他人创作作品还是要与另一企业或个人合作作品，都要注意约定作品著作权的归属。如果是合作作品，必须要满足两个要件：一是具有合作意图，即各方在创作作品之前或创作作品时具有共同创作完成一个作品及成为合作作者的意图；二是具有合作事实，即各方共同参加创作，对作品作出直接的、实质性的贡献。所谓“参加创作”，是指对作品的思想观点、表达形式付出了创造性的智力劳动，或者构思策划，或者执笔操作，如果没有对作品付出创造性的劳动，就不能成为合作作者。

合作作品可以分割使用的，作者对各自创作的部分可以单独享有著作权，但行使著作权时不得侵犯合作作品整体的著作权，即各作者对各自创作的部分单独享有著作权；共同创作作品的所有作者共同享有对作品整体的著作权。作者对各自创作的部分单独享有著作权，对该部分作品的使用，各作者完全可以单独决定，但在行使著作权时不得侵犯合作作品整体的著作权。不可分割合作作品的著作权，则必须经合作作者协商后方可行使；在无法协商一致时，合作作者无权禁止其他合作作者行使除转让以外的共有著作权；合作作者单独行使共有著作权时，不得损害其他合作作者获得报酬的权利。

【相关法条】

《著作权法》

第十四条 两人以上合作创作的作品，著作权由合作作者共同享有。没有参加创作的人，不能成为合作作者。

合作作品的著作权由合作作者通过协商一致行使；不能协商一致，又无正当理由的，任何一方不得阻止他方行使除转让、许可他人专有使用、出质以外的其他权利，但是所得收益应当合理分配给所有合作作者。

合作作品可以分割使用的，作者对各自创作的部分可以单独享有著作权，但行使著作权时不得侵犯合作作品整体的著作权。

《著作权法实施条例》

第九条 合作作品不可以分割使用的，其著作权由各合作作者共同享有，通过协商一致行使；不能协商一致，又无正当理由的，任何一方不得阻止他方行使除转让以外的其他权利，但是所得收益应当合理分配给所有合作作者。

11. 企业要改编、翻译、注释、整理、汇编作品出版有哪些注意事项？

【风险提示与建议】

企业如果想要改编、翻译、注释、整理、汇编作品出版，应注意要取得原作品著作权人的许可。不仅要取得相关的经济权利，在改编、翻译、注释、整理、汇编作品的过程中还要注意不要侵犯原作者的人身权利，尤其是署名权和保护作品完整权。要在尊重原作品的表达的基础上进行改编、翻译、注释、整理、汇编。因汇编作品的形式非常多样，作品和数据是否受《著作权法》保护并不影响其成为汇编作品的构成成分。另外，汇编作品如果具有独创性，即拥有独立完整的著作权，可以整体进行许可或转让。

【相关法条】

《著作权法》

第十三条 改编、翻译、注释、整理已有作品而产生的作品，其著作权由改编、翻译、注释、整理人享有，但行使著作权时不得侵犯原作品的著作权。

第十五条 汇编若干作品、作品的片段或者不构成作品的数据或者其他材料，对其内容的选择或者编排体现独创性的作品，为汇编作品，其著作权由汇编人享有，但行使著作权时，不得侵犯原作品的著作权。

第十六条 使用改编、翻译、注释、整理、汇编已有作品而产生的作品进行出版、演出和制作录音录像制品，应当取得该作品的著作权人和原作品的著作权人许可，并支付报酬。

《保护文学和艺术作品伯尔尼公约》

第二条第五款 文字或艺术作品的汇编，诸如百科全书和选集，凡由于对材料的选择和编排而构成智力创作的，应得到相应的、但不损害汇集内每一作品的版权的保护。

12. 作品权利归属于企业的，产生纠纷时企业如何证明自己是作品的权利人？

【风险提示与建议】

根据《著作权法》的规定，创作作品的自然人是作者，由法人或者非法人组织主持，代表法人或者非法人组织意志创作，并由法人或者非法人组织承担责任的作品，法人或者非法人组织视为作者。一般而言，在作品上署名的自然人、法人或者非法人组织为作者。作品原件、作品底稿、合法出版物、认证机构的认证、授权合同、交易见证书等都可以作为作品权属的初步证明。实践中，能够证明作品权利归属的方式往往是提供原始底稿或者进行著作权登记。如广东省的用户可以直接登录广东版权网（www. gd - copyright. cn/gdcrsp）进行著作权登记。

【相关法条】

《著作权法》

第九条 著作权人包括：

（一）作者；

（二）其他依照本法享有著作权的自然人、法人或者非法人组织。

第十一条 著作权属于作者，本法另有规定的除外。

创作作品的自然人是作者。

由法人或者非法人组织主持，代表法人或者非法人组织意志创作，并由法人或者非法人组织承担责任的作品，法人或者非法人组织视为作者。

第十二条 在作品上署名的自然人、法人或者非法人组织为作者，且该作品上存在相应权利，但有相反证明的除外。

作者等著作权人可以向国家著作权主管部门认定的登记机构办理作品登记。

与著作权有关的权利参照适用前两款规定。

《作品自愿登记试行办法》

第二条 作品实行自愿登记。作品不论是否登记，作者或其他著作权人依法取得的著作权不受影响。

13. 企业的作品与他人的作品存在一定的相似，而企业的作品创作时间在后，是否就代表着一定侵权？

【风险提示与建议】

就相同主题进行作品的创作，难免会存在一定的相似之处。但是，即使两件作品存在一定的相似，也不一定意味着侵权。[1] 首先，如果企业的作品是独立创作完成，且没有接触对方作品的可能性的话，企业的作品就不构成侵权，而是拥有独立的著作权。其次，看相似的部分是属于公有领域的信息还是对方的独创性表达，法律只保护独创性表达部分，对公有领域的信息不予保护。最后，看企业是否属于合理使用等情况。为了个人学习、研究或者欣赏，介绍、评论某一作品或者说明某一问题，在作品中适当引用他人已经发表的作品等情况属于合理使用。但合理使用他人作品需要注意以下四点：(1)必须是已经发表的作品；(2)对作品的合理使用必须注明作者的姓名、作品的名称；(3)使用目的应该是非营利性质的；(4)不得损害著作权人的其他合法权益。

【相关法条】

《著作权法》

第二十四条 在下列情况下使用作品，可以不经著作权人许可，不向其支付报酬，但应当指明作者姓名或者名称、作品名称，并且不得影响该作品的正常使用，也不得不合理地损害著作权人的合法权益：

（一）为个人学习、研究或者欣赏，使用他人已经发表的作品；

（二）为介绍、评论某一作品或者说明某一问题，在作品中适当引用他人已经发表的作品；

（三）为报道新闻，在报纸、期刊、广播电台、电视台等媒体中不可避免地再现或者引用已经发表的作品；

（四）报纸、期刊、广播电台、电视台等媒体刊登或者播放其他报纸、期

---

〔1〕 参见最高人民法院公布的2009年中国法院知识产权司法保护50件典型案例之十七：黄天源诉内蒙古大学出版社、广西壮族自治区外文书店侵犯著作权纠纷上诉案，广西壮族自治区高级人民法院(2009)桂民三终字第48号民事判决书。

刊、广播电台、电视台等媒体已经发表的关于政治、经济、宗教问题的时事性文章,但著作权人声明不许刊登、播放的除外;

(五)报纸、期刊、广播电台、电视台等媒体刊登或者播放在公众集会上发表的讲话,但作者声明不许刊登、播放的除外;

(六)为学校课堂教学或者科学研究,翻译、改编、汇编、播放或者少量复制已经发表的作品,供教学或者科研人员使用,但不得出版发行;

(七)国家机关为执行公务在合理范围内使用已经发表的作品;

(八)图书馆、档案馆、纪念馆、博物馆、美术馆、文化馆等为陈列或者保存版本的需要,复制本馆收藏的作品;

(九)免费表演已经发表的作品,该表演未向公众收取费用,也未向表演者支付报酬,且不以营利为目的;

(十)对设置或者陈列在公共场所的艺术作品进行临摹、绘画、摄影、录像;

(十一)将中国公民、法人或者非法人组织已经发表的以国家通用语言文字创作的作品翻译成少数民族语言文字作品在国内出版发行;

(十二)以阅读障碍者能够感知的无障碍方式向其提供已经发表的作品;

(十三)法律、行政法规规定的其他情形。

前款规定适用于对与著作权有关的权利的限制。

《著作权法实施条例》

第二条 著作权法所称作品,是指文学、艺术和科学领域内具有独创性并能以某种有形形式复制的智力成果。

第三条 著作权法所称创作,是指直接产生文学、艺术和科学作品的智力活动。

为他人创作进行组织工作,提供咨询意见、物质条件,或者进行其他辅助工作,均不视为创作。

第二十一条 依照著作权法有关规定,使用可以不经著作权人许可的已经发表的作品的,不得影响该作品的正常使用,也不得不合理地损害著作权人的合法利益。

《信息网络传播权保护条例》

第六条 通过信息网络提供他人作品,属于下列情形的,可以不经著作

权人许可,不向其支付报酬:

(一)为介绍、评论某一作品或者说明某一问题,在向公众提供的作品中适当引用已经发表的作品;

(二)为报道时事新闻,在向公众提供的作品中不可避免地再现或者引用已经发表的作品;

(三)为学校课堂教学或者科学研究,向少数教学、科研人员提供少量已经发表的作品;

(四)国家机关为执行公务,在合理范围内向公众提供已经发表的作品;

(五)将中国公民、法人或者其他组织已经发表的、以汉语言文字创作的作品翻译成的少数民族语言文字作品,向中国境内少数民族提供;

(六)不以营利为目的,以盲人能够感知的独特方式向盲人提供已经发表的文字作品;

(七)向公众提供在信息网络上已经发表的关于政治、经济问题的时事性文章;

(八)向公众提供在公众集会上发表的讲话。

14. 企业与第三方进行著作权交易时应该注意哪些问题?

【风险提示与建议】

影视文娱企业在日常运营中经常会遇到作品的著作权交易,在与第三方的著作权交易过程中,建议企业注意授权许可的权利种类、地域范围(是否含我国港澳台地区等)和期间,尤其要注意核查授权方或许可方是否拥有相应的著作权权利。如授权方或许可方并非作品的原始著作权人,还应注意核查其授权链条是否完整。在审查授权链条是否完整的时候,应当注意以下三点:(1)授权范围和期限是否一一对应;(2)合同中是否明确有转授权、转许可的权利;(3)是否约定有维权权利。

【相关法条】

《著作权法》

第十条 著作权包括下列人身权和财产权:

(一)发表权,即决定作品是否公之于众的权利;

（二）署名权，即表明作者身份，在作品上署名的权利；

（三）修改权，即修改或者授权他人修改作品的权利；

（四）保护作品完整权，即保护作品不受歪曲、篡改的权利；

（五）复制权，即以印刷、复印、拓印、录音、录像、翻录、翻拍、数字化等方式将作品制作一份或者多份的权利；

（六）发行权，即以出售或者赠与方式向公众提供作品的原件或者复制件的权利；

（七）出租权，即有偿许可他人临时使用视听作品、计算机软件的原件或者复制件的权利，计算机软件不是出租的主要标的的除外；

（八）展览权，即公开陈列美术作品、摄影作品的原件或者复制件的权利；

（九）表演权，即公开表演作品，以及用各种手段公开播送作品的表演的权利；

（十）放映权，即通过放映机、幻灯机等技术设备公开再现美术、摄影、视听作品等的权利；

（十一）广播权，即以有线或者无线方式公开传播或者转播作品，以及通过扩音器或者其他传送符号、声音、图像的类似工具向公众传播广播的作品的权利，但不包括本款第十二项规定的权利；

（十二）信息网络传播权，即以有线或者无线方式向公众提供，使公众可以在其选定的时间和地点获得作品的权利；

（十三）摄制权，即以摄制视听作品的方法将作品固定在载体上的权利；

（十四）改编权，即改变作品，创作出具有独创性的新作品的权利；

（十五）翻译权，即将作品从一种语言文字转换成另一种语言文字的权利；

（十六）汇编权，即将作品或者作品的片段通过选择或者编排，汇集成新作品的权利；

（十七）应当由著作权人享有的其他权利。

著作权人可以许可他人行使前款第五项至第十七项规定的权利，并依照约定或者本法有关规定获得报酬。

著作权人可以全部或者部分转让本条第一款第五项至第十七项规定的权利，并依照约定或者本法有关规定获得报酬。

第二十九条　许可使用合同和转让合同中著作权人未明确许可、转让的权利，未经著作权人同意，另一方当事人不得行使。

15. 企业的摄影作品被侵权时，如何举证说明企业的摄影作品的独创性？

【风险提示与建议】

我国著作权权属侵权纠纷案件中，主张“摄影作品”侵权的占比极高。我国对于摄影作品独创性的要求非常低，绝大多数照片都可以归入摄影作品之列，但“摄影作品”的独创性是其价值的体现，也是确定判赔金额时的重要考量因素。一般来说，独创性越高的摄影作品被侵权后判赔额度越高。当企业的摄影作品被侵权时，应当着重收集与其摄影作品独创性相关的证据。例如，邀请摄影师就摄影作品创作情况提供证人证言，收集归纳被侵权摄影作品的拍摄数据等。

一个摄影作品的独创性体现在以下四个方面：第一，摄影器材的选取，例如，拍摄同一场景时，使用广角镜头还是长焦镜头；第二，摄影技巧的展示，如测光和曝光、拍摄角度的选择等；第三，拍摄时机的选取，摄影号称“瞬间的艺术”，经典的摄影作品往往是摄影者利用自己敏锐的判断力捕捉到了稍纵即逝的场景而成就的经典；第四，摄影中的个性化安排，如在人物摄影中让被摄影者摆出特定的姿势等。拍摄技术的难度并不能作为判断其独创性水平的最重要标准，而要根据拍摄出的照片效果所呈现的作者经过个人思考、安排和选择作出的具体表达予以评判，机械性地记录过程或客观地如实反映所传递的信息量和内容极为有限，其感染力和观赏性也存在局限性。

【相关法条】

最高人民法院《关于审理著作权民事纠纷案件适用法律若干问题的解释》

第十五条 由不同作者就同一题材创作的作品，作品的表达系独立完成并且有创作性的，应当认定作者各自享有独立著作权。

《著作权法实施条例》

第二条 著作权法所称作品，是指文学、艺术和科学领域内具有独创性并能以某种有形形式复制的智力成果。

第四条 著作权法和本条例中下列作品的含义：

……

（十）摄影作品，是指借助器械在感光材料或者其他介质上记录客观物体形象的艺术作品；

……

16. 企业因使用他人摄影作品被诉侵权的，如何进行有效抗辩，减少损失？

【风险提示与建议】

除企业具有法定的合理使用、法定许可等特殊情形外，企业作为被告在此类型案件中可以使用如下抗辩策略：

第一，主张原告不是涉案摄影作品的著作权人。一般来说，提供相反证据证明原告不是权属人是比较困难的，除非被告本身就是该作品的著作权人或者知道该作品的著作权人。所以企业作为被告可以着重关注原告所提供的证据是否有瑕疵。例如，因授权获得权利的，授权的时间等是否有问题。

第二，主张被告不存在侵权行为。该策略分为两种情况：(1)被告使用作品非原告享有著作权的作品，如有的图片有细微差异；(2)被告不是（实际）侵权人，非适格被告，如主张自己不是涉案域名的主办单位、未实际经营该网站；该网站是委托其他人设计、经营的，法院应追加被告等。

第三，主张原告要求的赔偿金额过高。具体可从三个角度入手：(1)否认原告实际损失证明。如果原告提供了相关证据证明其损失，被告可以否定该证据的关联性，例如，摄影作品的支出明细，因为无法直接证明所列支出就是用于涉案摄影作品的；即使是，也应该由所有摄影作品平摊承担支出。(2)被告没有因为使用该摄影作品获利。(3)可主张涉案作品知名度、创造性较低，赔偿金额应适当下调。

【相关法条】

《著作权法》

第五十四条 侵犯著作权或者与著作权有关的权利的，侵权人应当按照权利人因此受到的实际损失或者侵权人的违法所得给予赔偿；权利人的实际损失或者侵权人的违法所得难以计算的，可以参照该权利使用费给予赔偿。对故意侵犯著作权或者与著作权有关的权利,情节严重的,可以在按照上述方法确定数额的一倍以上五倍以下给予赔偿。

权利人的实际损失、侵权人的违法所得、权利使用费难以计算的,由人民法院根据侵权行为的情节,判决给予五百元以上五百万元以下的赔偿。

赔偿数额还应当包括权利人为制止侵权行为所支付的合理开支。

人民法院为确定赔偿数额,在权利人已经尽了必要举证责任,而与侵权行为相关的账簿、资料等主要由侵权人掌握的,可以责令侵权人提供与侵权行为相关的账簿、资料等;侵权人不提供,或者提供虚假的账簿、资料等的,人民法院可以参考权利人的主张和提供的证据确定赔偿数额。

人民法院审理著作权纠纷案件,应权利人请求,对侵权复制品,除特殊情况外,责令销毁;对主要用于制造侵权复制品的材料、工具、设备等,责令销毁,且不予补偿;或者在特殊情况下,责令禁止前述材料、工具、设备等进入商业渠道,且不予补偿。

最高人民法院《关于审理著作权民事纠纷案件适用法律若干问题的解释》

第七条 当事人提供的涉及著作权的底稿、原件、合法出版物、著作权登记证书、认证机构出具的证明、取得权利的合同等,可以作为证据。

在作品或者制品上署名的自然人、法人或者非法人组织视为著作权、与著作权有关权益的权利人,但有相反证明的除外。

17. 企业是否可以直接使用来自素材网站的图片?

【风险提示与建议】

一些企业在进行网站宣传、公众号内容发布等活动时需要配图,而网络上存在大量的没有署名的图片,且使用这些图片的人数也很多,这是否意味着企业也可以免费使用这些图片呢?图片属于《著作权法》规定的法定作品类型无疑,除了合理使用、强制许可外,如果想使用,必须得到许可或者转让。企业在使用这些网络上的图片时,必须要求相关工作人员规避网络素材风险,审查每一项作品的来源。因此企业如果想在网站或公众号上使用相关配图,首选原创图片,如果没有原创图片,可以选择一些版权图库,进行著作权许可,比较通用的图库有 pixabay、Pexels、StockSnap 等。如果已经未经著作权人同意使用了著作权人的图片,则应及时联系著作权人,征得许可,补交许可费用,注明作品名称和作品来源。如果著作权人不同意使用,则应及时删除图片,消除影响,降低损失。另外,如果使用的是他人的人像照片,除了需要获得著作权许可之外,为避免侵犯他人肖像权,还要征得人像本人的同意。

【相关法条】

《著作权法》

第五十二条 有下列侵权行为的,应当根据情况,承担停止侵害、消除影响、赔礼道歉、赔偿损失等民事责任:

(一)未经著作权人许可,发表其作品的;

(二)未经合作作者许可,将与他人合作创作的作品当作自己单独创作的作品发表的;

(三)没有参加创作,为谋取个人名利,在他人作品上署名的;

(四)歪曲、篡改他人作品的;

(五)剽窃他人作品的;

(六)未经著作权人许可,以展览、摄制视听作品的方法使用作品,或者以改编、翻译、注释等方式使用作品的,本法另有规定的除外;

(七)使用他人作品,应当支付报酬而未支付的;

(八)未经视听作品、计算机软件、录音录像制品的著作权人、表演者或者录音录像制作者许可,出租其作品或者录音录像制品的原件或者复制件的,本法另有规定的除外;

(九)未经出版者许可,使用其出版的图书、期刊的版式设计的;

(十)未经表演者许可,从现场直播或者公开传送其现场表演,或者录制其表演的;

(十一)其他侵犯著作权以及与著作权有关的权利的行为。

18. 企业进行自媒体宣传时如何避免被图片厂商投诉/诉讼?

【风险提示与建议】

近年来,企业自媒体的宣传图片因侵权问题频繁受到图片厂商的起诉,令企业的财力、人力及物力都遭受了不同程度的损失。在知识产权保护力度日渐加强的今天,企业存在被认定侵权的不利判决将会对其造成一定的负面影响。建议采取如下措施:

(1)加强对宣传部门员工的法律培训,避免从网上随意下载权属不明的图片,建议通过图片商的官网购买图片使用服务;

(2)可组织拍摄团队,自行拍摄宣传图片;

(3)可将自媒体宣传事宜委托给专业的第三方广告企业,通过委托合同中对知识产权条款的约定,明确第三方广告企业提供的宣传图片、字体所引起的侵权责任分担问题。

【相关法条】

《著作权法》

第五十四条 侵犯著作权或者与著作权有关的权利的,侵权人应当按照权利人因此受到的实际损失或者侵权人的违法所得给予赔偿;权利人的实际损失或者侵权人的违法所得难以计算的,可以参照该权利使用费给予赔偿。对故意侵犯著作权或者与著作权有关的权利,情节严重的,可以在按照上述方法确定数额的一倍以上五倍以下给予赔偿。

权利人的实际损失、侵权人的违法所得、权利使用费难以计算的,由人民法院根据侵权行为的情节,判决给予五百元以上五百万元以下的赔偿。

赔偿数额还应当包括权利人为制止侵权行为所支付的合理开支。

人民法院为确定赔偿数额,在权利人已经尽了必要举证责任,而与侵权行为相关的账簿、资料等主要由侵权人掌握的,可以责令侵权人提供与侵权行为相关的账簿、资料等;侵权人不提供,或者提供虚假的账簿、资料等的,人民法院可以参考权利人的主张和提供的证据确定赔偿数额。

人民法院审理著作权纠纷案件,应权利人请求,对侵权复制品,除特殊情况外,责令销毁;对主要用于制造侵权复制品的材料、工具、设备等,责令销毁,且不予补偿;或者在特殊情况下,责令禁止前述材料、工具、设备等进入商业渠道，且不予补偿。

19. 企业在自己经营的同一个网站内多次发布同一侵权图片，是否构成多次侵权？对判赔数额是否有影响？

【风险提示与建议】

一些大型网站，往往设置了多频道（栏目），一张图片在同一网站内的不同频道（栏目）中分别使用也是常见的情况。图片的权利人维权时一般会对发布图片的所有页面均进行公证，然后主张企业使用了多张/次图片，应对每次使用分别进行赔偿。目前，对于企业在同一网站中多次使用同一图片是否构成多次侵权，是存在争议的。有观点认为，应采取行为标准，即企业有多次使用/编辑，应按多次侵权处理，但在判赔时应该降低每张图片的赔偿金额。还有观点认为，应采取服务器标准，即图片都存储在企业的同一服务器中，应按一次侵权处理，但在判赔时应该提高该张图片的赔偿金额。

无论争议与否，使用未授权的图片都会构成侵权，不同的仅是赔偿数额多少的问题，所以，企业在网站中所使用的图片，应尽可能向图片厂商购买授权服务，从而杜绝图片侵权事件发生的可能性。

20. 企业若是提供网络服务的平台商，平台用户自行上传了侵权的图片/视频等作品，企业如何应诉？是否需要承担侵权责任？

【风险提示与建议】

提供网络服务的平台被诉发布了涉诉侵权作品，首先，要证明自身不是涉案信息的发布者，可提供平台的经营许可证、用户的注册信息、上传途径截图等证明。其次，要证明自身并没有对涉案信息进行编辑、推送，涉案信息也不在显眼位置。再次，要证明不存在明显侵权的可能性，如涉案信息知名度较低。最后，证明平台对此也没有收取任何的费用。

当上述完成，基本可以证明平台不存在侵权或者共同侵权的行为。平台只要尽到“通知—删除”义务即可，即在接到权利人的通知后，及时删除权利人认为侵权的作品，平台即无须承担侵权责任。如果平台接到权利人的通知后，明知涉案信息侵权而不删除，则需承担共同侵权责任。

【相关法条】

《信息网络传播权保护条例》

第十五条 网络服务提供者接到权利人的通知书后，应当立即删除涉嫌侵权的作品、表演、录音录像制品，或者断开与涉嫌侵权的作品、表演、录音录像制品的链接，并同时将通知书转送提供作品、表演、录音录像制品的服务对象；服务对象网络地址不明、无法转送的，应当将通知书的内容同时在信息网络上公告。

第二十二条 网络服务提供者为服务对象提供信息存储空间，供服务对象通过信息网络向公众提供作品、表演、录音录像制品，并具备下列条件的，不承担赔偿责任：

（一）明确标示该信息存储空间是为服务对象所提供，并公开网络服务提供者的名称、联系人、网络地址；

（二）未改变服务对象所提供的作品、表演、录音录像制品；

（三）不知道也没有合理的理由应当知道服务对象提供的作品、表演、录音录像制品侵权；

（四）未从服务对象提供作品、表演、录音录像制品中直接获得经济利益；

（五）在接到权利人的通知书后，根据本条例规定删除权利人认为侵权的作品、表演、录音录像制品。

21. 企业的商标、自媒体宣传、广告宣传等所使用的字体如何避免字体侵权？

【风险提示与建议】

字体侵权事件与图片侵权事件一样，频繁发生，如何避免被字体商投诉、起诉，成为企业需要关注的问题。在企业日常经营过程中，其商标字体、产品包装字体、广告册宣传字体、自媒体字体等都有可能涉及字体侵权问题。建议如下：

（1）使用宋体、仿宋、楷体、黑体、隶书等免费提供且可用于商业用途的字体，切记不要使用微软雅黑字体；

（2）商标、包装、广告等设计委托外部设计机构进行，约定知识产权归责条款，规避风险。

22. 企业仅为他人提供推广渠道，是否会有著作权侵权风险？

【风险提示与建议】

有些广告公司不为客户制作广告，而仅提供推广渠道，按照流量收取费用，典型的如微信公众号推送。但即使仅提供推广渠道，也要注意对推广内容进行必要的审查。因为推广侵权内容的行为可能侵犯著作权人的信息网络传播权等权利，此时，企业至少需要承担停止侵权的民事责任，也有可能要承担消除影响、赔礼道歉等责任，根据主观过错的情形还可能承担赔偿损失的责任。

因此，企业在进行推广时，首先要注意对推广内容的审查，要求客户提供相关权属证明材料，如原图、草稿、创作说明、版权登记等资料。另外，即使进行了审查，企业仅是一个广告商，也很难鉴别推广的内容是否存在侵权行为。建议企业在推广之前与进行客户约定，客户应当保证推广的内容权属明确无争议，不会侵犯任何第三方的著作权，如果企业被第三方追究侵权责任，则企业保留追偿的权利，客户应当赔偿企业的全部损失，包括但不限于企业为参与民事诉讼程序支付的合理费用、律师费等。

【相关法条】

《著作权法》

第五十二条 有下列侵权行为的，应当根据情况，承担停止侵害、消除影响、赔礼道歉、赔偿损失等民事责任：

（一）未经著作权人许可，发表其作品的；

（二）未经合作作者许可，将与他人合作创作的作品当作自己单独创作的作品发表的；

（三）没有参加创作，为谋取个人名利，在他人作品上署名的；

（四）歪曲、篡改他人作品的；

（五）剽窃他人作品的；

（六）未经著作权人许可，以展览、摄制视听作品的方法使用作品，或者以改编、翻译、注释等方式使用作品的，本法另有规定的除外；

（七）使用他人作品，应当支付报酬而未支付的；

（八）未经视听作品、计算机软件、录音录像制品的著作权人、表演者或者录音录像制作者许可，出租其作品或者录音录像制品的原件或者复制件的，本法另有规定的除外；

（九）未经出版者许可，使用其出版的图书、期刊的版式设计的；

（十）未经表演者许可，从现场直播或者公开传送其现场表演，或者录制其表演的；

（十一）其他侵犯著作权以及与著作权有关的权利的行为。

23. 企业若收到字体或者软件开发企业的侵权通知函，该如何处理？

【风险提示与建议】

很多企业都曾收到字体开发企业或者软件开发企业等权利人的侵权通知函。当收到此类函件时，企业也不必惊慌，建议先排查侵权通知函涉及的相关内容，核查是否存在侵权，然后根据该内容对企业业务的影响程度选择是否删除（一般建议删除，预先做停止侵权处理；如为非常必要的内容，也可以通过后期与权利人达成和解的方式重新获得授权）。考虑维权成本的问题，权利人一般也是抱着能与企业达成新的合作的希望与企业接洽的。在此需要提醒企业注意的是，在与权利人协商达成合作后，一定要在签署新的合作协议中注意授权范围的问题，以及权利人对于企业之前非授权使用作品行为的责任豁免。

【相关法条】

《著作权法》

第五十二条 有下列侵权行为的，应当根据情况，承担停止侵害、消除影响、赔礼道歉、赔偿损失等民事责任：

（一）未经著作权人许可，发表其作品的；

(二)未经合作作者许可,将与他人合作创作的作品当作自己单独创作的作品发表的;

(三)没有参加创作,为谋取个人名利,在他人作品上署名的;

(四)歪曲、篡改他人作品的;

(五)剽窃他人作品的;

(六)未经著作权人许可,以展览、摄制视听作品的方法使用作品,或者以改编、翻译、注释等方式使用作品的,本法另有规定的除外;

(七)使用他人作品,应当支付报酬而未支付的;

(八)未经视听作品、计算机软件、录音录像制品的著作权人、表演者或者录音录像制作者许可,出租其作品或者录音录像制品的原件或者复制件的,本法另有规定的除外;

(九)未经出版者许可,使用其出版的图书、期刊的版式设计的;

(十)未经表演者许可,从现场直播或者公开传送其现场表演,或者录制其表演的;

(十一)其他侵犯著作权以及与著作权有关的权利的行为。

24. 企业在网上下载免费的办公软件供员工使用,是否存在法律风险?

【风险提示与建议】

企业或企业员工从网上下载免费办公软件使用,主要分为以下几种情况:

(1)从官方网站/渠道下载的免费软件/免费试用版。正常情况下不存在因违反《著作权法》相关规定而产生的法律风险。不过需要注意的是,如果下载的软件存在免费试用期,而企业用户在试用期结束后仍然继续使用,则可能构成违反软件使用协议的情况。另外,如果免费软件的用户使用协议中限定为个人使用,则理论上依然存在企业因违反使用协议而构成著作权侵权的法律风险。

(2)使用从非官方渠道下载的软件。因著作权权属不明,存在属于侵权复制品的潜在风险。根据相关规定,在知道软件是侵权复制品的情况下仍下载安装并商业使用的行为,应当承担停止侵权,赔偿损失的责任。软件的复制品持有人不知道也没有合理理由应当知道该软件是侵权复制品的,不承担赔偿责任,但应当停止使用、销毁该侵权复制品。如果停止使用并销毁该侵权复制品将给复制品使用人造成重大损失的,复制品使用人可以在向软件著作权人支付合理费用后继续使用。换句话说,如果企业不知道该软件是否属于侵权复制品,以及没有正当理由应当知道该软件的权属状态,则需要停止使用或向著作权人支付相应的使用费用。因此,下载来源不明的免费办公软件是存在一定潜在风险的。

(3)下载使用“破解版”“免注册”软件。“破解版”“免注册”软件,也就是盗版软件,属于典型的侵权复制品。如果侵权行为人明知或应知软件系侵权复制品仍商业使用的,应按照《著作权法》第52条第7项、《计算机软件保护条例》第24条第1款第1项的规定,承担民事责任。若情节严重,直接决定以及执行大规模复制、下载、安装及使用的企业人员还有可能触犯《刑法》,面临刑事指控。如果企业下载并商业性使用“破解版”“免注册”软件,将面临巨大的法律风险。

出于实现缩减企业运作成本的目的,企业使用免费办公软件本无可厚非。因此,为了更好地帮助企业节约运作成本,建议企业就办公软件管理方面采取如下措施:

(1)尽可能选择官方正版免费软件。现在网络资源丰富,不少办公软件也提供了免费版本或免费在线版本,如金山WPS、Google文档等。企业可结合自身运作需要,选择相应的免费版或免费在线版统一使用。

(2)可以选择使用某些替代性强的免费软件,达到“1+1=2”的效果。例如,需要某付费软件的功能A+B,企业可以选择具有功能A的免费软件以及具有功能B的免费软件作为替代,以节约企业支出。

(3)若必须使用某些特定软件,应当尽可能购买正版,以保证软件的可靠性及安全性。避免为了压缩成本使用携带病毒、木马等恶意代码的软件而造成不必要的经济损失,并尽量规避上述法律风险。若单独购买成本过高,可尝试联系同行业者或求助行业协会进行大量采购,争取尽量降低采购价格。

【相关法条】

《著作权法》

第五十二条 有下列侵权行为的,应当根据情况,承担停止侵害、消除影响、赔礼道歉、赔偿损失等民事责任：

（一）未经著作权人许可，发表其作品的；

（二）未经合作作者许可，将与他人合作创作的作品当作自己单独创作的作品发表的；

（三）没有参加创作，为谋取个人名利，在他人作品上署名的；

（四）歪曲、篡改他人作品的；

（五）剽窃他人作品的；

（六）未经著作权人许可，以展览、摄制视听作品的方法使用作品，或者以改编、翻译、注释等方式使用作品的，本法另有规定的除外；

（七）使用他人作品，应当支付报酬而未支付的；

（八）未经视听作品、计算机软件、录音录像制品的著作权人、表演者或者录音录像制作者许可，出租其作品或者录音录像制品的原件或者复制件的，本法另有规定的除外；

（九）未经出版者许可，使用其出版的图书、期刊的版式设计的；

（十）未经表演者许可，从现场直播或者公开传送其现场表演，或者录制其表演的；

（十一）其他侵犯著作权以及与著作权有关的权利的行为。

《计算机软件保护条例》

第二十四条 除《中华人民共和国著作权法》、本条例或者其他法律、行政法规另有规定外，未经软件著作权人许可，有下列侵权行为的，应当根据情况，承担停止侵害、消除影响、赔礼道歉、赔偿损失等民事责任；同时损害社会公共利益的，由著作权行政管理部门责令停止侵权行为，没收违法所得，没收、销毁侵权复制品，可以并处罚款；情节严重的，著作权行政管理部门并可以没收主要用于制作侵权复制品的材料、工具、设备等；触犯刑律的，依照刑法关于侵犯著作权罪、销售侵权复制品罪的规定，依法追究刑事责任：

（一）复制或者部分复制著作权人的软件的；

……

有前款第一项或者第二项行为的，可以并处每件100元或者货值金额1倍以上5倍以下的罚款；有前款第三项、第四项或者第五项行为的，可以并处20万元以下的罚款。

第三十条 软件的复制品持有人不知道也没有合理理由应当知道该软件是侵权复制品的，不承担赔偿责任；但是，应当停止使用、销毁该侵权复制品。如果停止使用并销毁该侵权复制品将给复制品使用人造成重大损失的，复制品使用人可以在向软件著作权人支付合理费用后继续使用。

25. 企业为软件运行数据设定的特定读取文件格式是否属于保护其软件著作权的技术措施？

【风险提示与建议】

企业为了限制其他竞争者的机器读取自身研发的文件，有时会将软件运行的输出数据设定为特定文件格式，竞争者为了破解该文件而研发软件或硬件，来读取其设定的特定文件格式，是不属于侵权行为的，因为企业在软件上的竞争优势不能直接转化为硬件上的竞争优势。企业为输出的数据设定特定文件格式，并对该文件格式采取加密措施，只是一个扩大竞争优势的行为，不属于《著作权法》规定所指的著作权人为保护其软件著作权而采取技术措施的行为。竞争者破解特殊文件格式的行为也不属于《计算机软件保护条例》第 24 条第 1 款第 3 项规定的行为，即不属于故意避开或者破坏著作权人为保护其软件著作权而采取的技术措施的行为，也不属于侵犯软件著作权的行为。

例如，在最高人民法院指导案例 48 号[1]中，法院认为，涉案企业限定相关软件只能在其自主研发的雕刻系统中使用，其根本目的和真实意图在于建立和巩固该软件与其雕刻机床之间的捆绑关系。这种行为不属于为保护软件著作权而采取的技术保护措施。如果将对软件著作权的保护扩展到与软件捆绑在一起的产品上，必然超出我国《著作权法》对计算机软件著作权的保护范围。

---

〔1〕 参见最高人民法院指导案例 48 号：北京精雕科技有限公司诉上海奈凯电子科技有限公司侵害计算机软件著作权纠纷案，上海市高级人民法院（2006）沪高民三（知）终字第 110 号民事判决书。

【相关法条】

《著作权法》

第五十四条 侵犯著作权或者与著作权有关的权利的,侵权人应当按照权利人因此受到的实际损失或者侵权人的违法所得给予赔偿;权利人的实际损失或者侵权人的违法所得难以计算的,可以参照该权利使用费给予赔偿。对故意侵犯著作权或者与著作权有关的权利,情节严重的,可以在按照上述方法确定数额的一倍以上五倍以下给予赔偿。

权利人的实际损失、侵权人的违法所得、权利使用费难以计算的,由人民法院根据侵权行为的情节,判决给予五百元以上五百万元以下的赔偿。

赔偿数额还应当包括权利人为制止侵权行为所支付的合理开支。

人民法院为确定赔偿数额,在权利人已经尽了必要举证责任,而与侵权行为相关的账簿、资料等主要由侵权人掌握的,可以责令侵权人提供与侵权行为相关的账簿、资料等;侵权人不提供,或者提供虚假的账簿、资料等的,人民法院可以参考权利人的主张和提供的证据确定赔偿数额。

人民法院审理著作权纠纷案件,应权利人请求,对侵权复制品,除特殊情况外,责令销毁;对主要用于制造侵权复制品的材料、工具、设备等,责令销毁,且不予补偿;或者在特殊情况下,责令禁止前述材料、工具、设备等进入商业渠道,且不予补偿。

《计算机软件保护条例》

第二条 本条例所称计算机软件(以下简称软件),是指计算机程序及其有关文档。

第三条 本条例下列用语的含义:

(一)计算机程序,是指为了得到某种结果而可以由计算机等具有信息处理能力的装置执行的代码化指令序列,或者可以被自动转换成代码化指令序列的符号化指令序列或者符号化语句序列。同一计算机程序的源程序和目标程序为同一作品。

……

第二十四条第一款 除《中华人民共和国著作权法》、本条例或者其他法律、行政法规另有规定外,未经软件著作权人许可,有下列侵权行为的,应当根据情况,承担停止侵害、消除影响、赔礼道歉、赔偿损失等民事责任;同时损害社会公共利益的,由著作权行政管理部门责令停止侵权行为,没收违法所得，没收、销毁侵权复制品，可以并处罚款；情节严重的，著作权行政管理部门并可以没收主要用于制作侵权复制品的材料、工具、设备等；触犯刑律的，依照刑法关于侵犯著作权罪、销售侵权复制品罪的规定，依法追究刑事责任：

（一）复制或者部分复制著作权人的软件的；

（二）向公众发行、出租、通过信息网络传播著作权人的软件的；

（三）故意避开或者破坏著作权人为保护其软件著作权而采取的技术措施的；

（四）故意删除或者改变软件权利管理电子信息的；

（五）转让或者许可他人行使著作权人的软件著作权的。

26. 网络游戏上线运营前是否需要取得《网络文化经营许可证》？

【风险提示与建议】

网络游戏上线之前，要进行一系列的运营资格申请和审核，例如，进行软件著作权登记以取得登记证书、获得通信部门颁发的增值电信业务经营许可证（也就是通常所说的“ICP 证”）等。在过去的一段时间里，还应当按照要求前往文化部门办理《网络文化经营许可证》（也就是通常所说的“文网文证”或“网文证”）。

2019 年 5 月 14 日，文化和旅游部办公厅发布《关于调整〈网络文化经营许可证〉审批范围 进一步规范审批工作的通知》，通知中规定，“根据《文化和旅游部职能配置、内设机构和人员编制规定》，文化和旅游部不再承担网络游戏行业管理职责。自接到本通知之日起，各省（区、市）（包括新疆生产建设兵团，下同）文化和旅游行政部门不再审批核发涉及‘利用信息网络经营网络游戏’‘利用信息网络经营网络游戏（含网络游戏虚拟货币发行）’‘利用信息网络经营网络游戏虚拟货币交易’等经营范围的《网络文化经营许可证》。”同年 7 月 10 日，《网络游戏管理暂行办法》被文化和旅游部废止。这意味着自 2019 年 5 月后，游戏运营已经不再需要经过文化部门的审核，也不再需要申请《网络文化经营许可证》。

【相关法条】

文化和旅游部《关于废止〈网络游戏管理暂行办法〉和〈旅游发展规划管理办法〉的决定》

为贯彻落实《深化党和国家机构改革方案》有关要求，进一步推进“放管服”改革，根据《文化和旅游部职能配置、内设机构和人员编制规定》，文化和旅游部决定废止《网络游戏管理暂行办法》（文化部令第49号）和《旅游发展规划管理办法》（国家旅游局令第12号）。

本决定自公布之日起生效。

27. 网络游戏运营企业是否必须办理《网络出版服务许可证》？

【风险提示与建议】

根据2009年实施的原新闻出版总署、国家版权局、全国“扫黄打非”工作小组办公室《关于贯彻落实国务院〈“三定”规定〉和中央编办有关解释，进一步加强网络游戏前置审批和进口网络游戏审批管理的通知》的规定，“未经新闻出版总署前置审批并获得具有网络游戏经营范围的互联网出版许可证，任何机构和个人不得从事网络游戏运营服务”。又根据2016年3月生效的《网络出版服务管理规定》的相关规定，确认将游戏作为原创数字化作品纳入网络出版物的范围，通过信息网络向公众提供游戏作品的企业应取得《网络出版服务许可证》。可见，目前《网络出版服务许可证》仍然是从事游戏出版运营业务最重要的行政资质之一。

但由于政策原因，对《网络出版服务许可证》的审批愈加严格，实践中，众多游戏运营企业通过与拥有《网络出版服务许可证》的出版单位合作获得游戏出版审批手续，即版号。这种合作形式虽然与规定存在一定出入，但现阶段新闻出版部门对该行为一般仍然持肯定态度，不排除后期会随着监管趋严而要求网络游戏企业自主申请并取得《网络出版服务许可证》。

【相关法条】

《网络出版服务管理规定》

第二条 在中华人民共和国境内从事网络出版服务，适用本规定。

本规定所称网络出版服务，是指通过信息网络向公众提供网络出版物。

本规定所称网络出版物，是指通过信息网络向公众提供的，具有编辑、制作、加工等出版特征的数字化作品，范围主要包括：

（一）文学、艺术、科学等领域内具有知识性、思想性的文字、图片、地图、游戏、动漫、音视频读物等原创数字化作品；

（二）与已出版的图书、报纸、期刊、音像制品、电子出版物等内容相一致的数字化作品；

（三）将上述作品通过选择、编排、汇集等方式形成的网络文献数据库等数字化作品；

（四）国家新闻出版广电总局[1]认定的其他类型的数字化作品。

网络出版服务的具体业务分类另行制定。

《关于移动游戏出版服务管理的通知》

十三、本通知自 2016 年 7 月 1 日起施行。自施行之日起，未经国家新闻出版广电总局批准的移动游戏，不得上网出版运营。

28. 企业若打算上线一款 App，上线之前在知识产权方面需要做哪些准备？

【风险提示与建议】

“兵马未动，知产先行”，这句话在企业的知识产权战略筹备中被引用最多。企业在上线一款 App 之前，应当注意针对 App 相关要素进行知识产权的申请。一般而言，App 涉及较多的知识产权类型有商标权、软件著作权、美术作品著作权等。例如，对于 App 名称、App 图标等，根据我国《商标法》相关法律规定的商标注册制原则，可以在 App 上线前事先提交文字或图形等商标的注册申请；对于 App 本身，提交软件著作权的登记申请；如 App 名称字体或图标具有一定审美意义，还可以进行美术作品的登记申请。

---

〔1〕 2018 年 4 月 16 日，根据中共中央印发的《深化党和国家机构改革方案》的规定，国家新闻出版广电总局的新闻出版管理职责划入中央宣传部。中央宣传部对外加挂国家新闻出版署（国家版权局）牌子。

【相关法条】

《商标法》

第五十六条 注册商标的专用权,以核准注册的商标和核定使用的商品为限。

《著作权法实施条例》

第四条 著作权法和本条例中下列作品的含义:

……

(八)美术作品,是指绘画、书法、雕塑等以线条、色彩或者其他方式构成的有审美意义的平面或者立体的造型艺术作品;

……

29. 企业开发软件游戏类产品,对游戏类著作权该如何保护?

【风险提示与建议】

对于游戏类著作权的保护可分为前期申请确权和后期维权,具体说明如下:

(1)前期申请确权:游戏中包含著作权的有游戏软件、音乐、人物造型、非玩家角色造型、场景图形、技能图形、文字作品等多种知识产权元素,应对各个元素分别进行保护申请(可结合成本考虑进行软件著作权及作品著作权的全部或部分登记申请,对于不进行作品登记的元素注意做好原稿的保存)。同时做好与研发人员的保密协议及竞业禁止限制协议的签订,对涉密的软件源代码等做好保密措施。

(2)后期维权:包括监控同质化游戏的上线及运营情况;发现可能构成侵权的游戏产品,立即进行证据保全、公证;被诉主体选择开发商、版号方、发行方、平台方;起诉时案由应列为侵害著作权及不正当竞争纠纷;针对被控侵权游戏的情形,选择被侵害的权利。

要补充说明的是,2020 年修正的《著作权法》将“电影作品和类电作品”的表述变更为“视听作品”,故游戏应作为视听作品进行保护。

30. 企业若发现他人未经允许直播介绍本企业游戏玩法或者直播本企业游戏画面，该未获授权的游戏直播是否构成著作权侵权？

【风险提示与建议】

国内法院已有相关生效判决认定该行为构成侵权，侵害了游戏权利人对其游戏连续性的画面作为视听作品之著作权。游戏的连续动态画面由一系列有伴音或者无伴音的画面组成，创作设计过程及视听效果体现了创作者较高的创作高度，应属于文学、艺术领域具有独创性并能以有形形式复制的智力成果，可认定为《著作权法》规定的视听作品，并受到《著作权法》保护，故未经授权不能进行游戏直播。例如，广州知识产权法院对网易公司诉华多公司侵害著作权案作出一审判决[1]，判决华多公司停止通过网络传播《梦幻西游》或《梦幻西游 2》的游戏画面，并赔偿网易公司经济损失 2000 万元。广东省高级人民法院二审判决维持原判[2]。

31. 企业在宣传活动中是否可以播放一些背景音乐或者视频？

【风险提示与建议】

企业有时候为了宣传，会通过播放一些背景音乐、视频等来吸引群众的注意力。有的企业误以为这是免费表演，属于《著作权法》中规定的“免费表演已经发表的作品，该表演未向公众收取费用，也未向表演者支付报酬”的情形，应当属于合理使用，不需要歌曲著作权人许可，也不需要向其支付报酬。一般而言，不能排除这些行为能够引导消费者进行后续消费，所以不能直接把这些宣传行为归为合理使用行为，在宣传过程中要注意以下几点：第一，可以使用免版权音乐，免版权音乐的作者往往开放音乐的使用权限，供视频制作者免费或者以非常低的代价使用这些音乐素材。有许多专门收录免版权音乐的网站，如 Free Music Archive（FMA）、Free PD、国际乐谱库

〔1〕 参见广东省广州知识产权法院民事判决书，(2015)粤知法著民初字第 16 号。

〔2〕 参见广东省高级人民法院民事判决书，(2018)粤民终 137 号。

(IMSLP)等,均提供免版权音乐的检索和下载服务;还可以在 Youtube、Soundcloud 等音视频平台上搜索"Royalty Free Music",获得免费资源。第二,如果确想使用有版权的作品,可以联系作者或者中国音乐著作权协会取得相关作品著作权的许可。

【相关法条】

《著作权法》

第二十四条 在下列情况下使用作品,可以不经著作权人许可,不向其支付报酬,但应当指明作者姓名或者名称、作品名称,并且不得影响该作品的正常使用,也不得不合理地损害著作权人的合法权益:

(一)为个人学习、研究或者欣赏,使用他人已经发表的作品;

(二)为介绍、评论某一作品或者说明某一问题,在作品中适当引用他人已经发表的作品;

(三)为报道新闻,在报纸、期刊、广播电台、电视台等媒体中不可避免地再现或者引用已经发表的作品;

(四)报纸、期刊、广播电台、电视台等媒体刊登或者播放其他报纸、期刊、广播电台、电视台等媒体已经发表的关于政治、经济、宗教问题的时事性文章,但著作权人声明不许刊登、播放的除外;

(五)报纸、期刊、广播电台、电视台等媒体刊登或者播放在公众集会上发表的讲话,但作者声明不许刊登、播放的除外;

(六)为学校课堂教学或者科学研究,翻译、改编、汇编、播放或者少量复制已经发表的作品,供教学或者科研人员使用,但不得出版发行;

(七)国家机关为执行公务在合理范围内使用已经发表的作品;

(八)图书馆、档案馆、纪念馆、博物馆、美术馆、文化馆等为陈列或者保存版本的需要,复制本馆收藏的作品;

(九)免费表演已经发表的作品,该表演未向公众收取费用,也未向表演者支付报酬,且不以营利为目的;

(十)对设置或者陈列在公共场所的艺术作品进行临摹、绘画、摄影、录像;

(十一)将中国公民、法人或者非法人组织已经发表的以国家通用语言文字创作的作品翻译成少数民族语言文字作品在国内出版发行;

(十二)以阅读障碍者能够感知的无障碍方式向其提供已经发表的作品;

（十三）法律、行政法规规定的其他情形。

前款规定适用于对与著作权有关的权利的限制。

《著作权法实施条例》

第二十一条　依照著作权法有关规定，使用可以不经著作权人许可的已经发表的作品的，不得影响该作品的正常使用，也不得不合理地损害著作权人的合法利益。

32. 企业进行直播、短视频项目要注意哪些可能涉及的著作权侵权问题？

【风险提示与建议】

企业进行直播、短视频项目要注意以下可能涉及著作权侵权问题的情况：

（1）直播、短视频中涉及歌唱的伴奏，若未经授权，则构成著作权侵权，侵犯录音录像制作者权中的信息网络传播权。

（2）直播、短视频中未经许可的转播、转发，构成著作权侵权。

（3）如果短视频是翻拍其他网友的创作，则需要个案分析。首先，应判断被翻拍作品本身是否构成著作权法意义上的作品（需符合独创性）。其次，需对比作品内容是否相同或实质性相似（包括但不限于人物角色、台词、故事情节等），若翻拍作品同时符合上述条件，则构成侵权。例如，在微播视界公司（抖音短视频）诉百度在线公司、百度网讯公司（伙拍小视频）侵害作品信息网络传播权案[1]中，北京互联网法院认定涉案短视频《5.12，我想对你说》是在已有素材的基础上进行的选择、编排，体现了制作者的个性化表达，并且带给观众积极向上的精神享受，具备独创性，构成类电作品，是受我国《著作权法》保护的作品。又如，在快手公司起诉华多公司侵犯著作权案[2]中，北京市海淀区人民法院认为，“这智商没谁了”短视频在十余秒的时间内亦可以创作出体现一定主题，且结合文字、场景、对话、动作等多种元素的内容表达，在一定介质上，由一系列有伴音的画面组成，并通过网络传

---

〔1〕 参见北京互联网法院民事判决书，（2018）京0491民初1号。

〔2〕 参见北京市海淀区人民法院民事判决书，（2017）京0108民初51249号。

播的作品,属于类电作品[1],判决华多公司侵犯了快手公司依法享有的信息网络传播权,判决华多公司赔偿经济损失10,000元及合理开支13,460元。

33. 企业发现第三方网站擅自播放自己拍摄的短视频,应该怎么办?

【风险提示与建议】

互联网时代,很多企业都会拍摄关于产品等的短视频以吸引流量。如果短视频是企业独立完成且具备独创性的,构成视听作品,是受《著作权法》保护的对象。第三方未经企业授权擅自播放相关短视频的,侵犯了企业的视听作品的信息网络传播权。

企业可以通过查询第三方网站的非经营性互联网信息服务备案(ICP备案)信息,知悉网站的经营者,或通过网页最下端的版权所有、联系企业等信息确定网站的经营者。

如果该第三方网站的经营者是短视频发布者,企业可以发函要求第三方网站删除短视频,也可以直接起诉该第三方网站要求停止侵权、赔偿损失。

如果该第三方网站的经营者不是短视频发布者,而是提供网络服务的平台,企业可以通过线上联系或者发函的方式要求第三方网站删除短视频,同时要求第三方网站披露发布者的注册信息。如果第三方网站接到通知后,明知该短视频的播放侵犯了企业的信息网络传播权而不删除的,企业可以要求第三方网站对侵权行为承担连带赔偿责任。

另外,建议企业可以在短视频播放页面打上水印,或者在短视频最后声明版权所有,这样可以证明企业是短视频的著作权所有人,维权时比较方便,也能降低侵权造成的影响。

【相关法条】

《著作权法》

第十二条 在作品上署名的自然人、法人或者非法人组织为作者,且该

[1] 2020年修正的《著作权法》将"电影作品和类电作品"的表述变更为"视听作品"。

作品上存在相应权利,但有相反证明的除外。

作者等著作权人可以向国家著作权主管部门认定的登记机构办理作品登记。

与著作权有关的权利参照适用前两款规定。

《著作权法实施条例》

第四条 著作权法和本条例中下列作品的含义:

……

(十一)电影作品和以类似摄制电影的方法创作的作品,是指摄制在一定介质上,由一系列有伴音或者无伴音的画面组成,并且借助适当装置放映或者以其他方式传播的作品;

……

《信息网络传播权保护条例》

第十四条 对提供信息存储空间或者提供搜索、链接服务的网络服务提供者,权利人认为其服务所涉及的作品、表演、录音录像制品,侵犯自己的信息网络传播权或者被删除、改变了自己的权利管理电子信息的,可以向该网络服务提供者提交书面通知,要求网络服务提供者删除该作品、表演、录音录像制品,或者断开与该作品、表演、录音录像制品的链接。通知书应当包含下列内容:

(一)权利人的姓名(名称)、联系方式和地址;

(二)要求删除或者断开链接的侵权作品、表演、录音录像制品的名称和网络地址;

(三)构成侵权的初步证明材料。

权利人应当对通知书的真实性负责。

34. 企业/个人对未获授权的影视作品进行解说(视频解说/图片解说),是否侵犯著作权?

【风险提示与建议】

在短视频行业迎来用户和流量爆发的时期,有很多UP主(网络流行词,指在视频网站、论坛、ftp站点上传视频音频文件的人)在做影视类解说的短视频，通过精心剪辑的几分钟短视频加上人工解说完成对整部影视作品的剖析，此类型的短视频受到很多网友的喜爱。也有企业通过对影视作品截图并配上自行创作的文字进行静态的影视解说（如图解电影）。

一般认为，上述两种行为可能不符合《著作权法》规定的合理使用，要考虑企业/个人在介绍、评论影视作品时是否适当地引用他人已发表的作品，是否以商业利益为目的（据短视频平台的规则，UP主并非真正意义上的免费，其通过关注量、点赞量可获得一定的收益；图解电影也有广告、会员的情形），如有上述情形将不能认定为合理使用，未经著作权人授权就可能构成侵权。2019年8月，北京互联网法院对"图解电影"侵犯电视剧《三生三世十里桃花》信息网络传播权案作出一审判决[1]，判定被告蜀黍科技公司提供"图解电影"图片集的行为构成对原告优酷网络公司信息网络传播权的侵犯，赔偿经济损失3万元。北京知识产权法院二审后判决维持原判[2]。

企业和个人应注意尽可能做到如下几点：(1)引用目的是介绍、评论作品或者说明问题，不超出必要的限度；(2)不得大比例引用内容，内容方面尽可能不要引用关键画面、主要情节，特别是不能基本表达展现整体故事；(3)尽量不要对于热门影片、未在影院上映的影片、刚上映的影片进行解说。

【相关法条】

《著作权法》

第二十四条 在下列情况下使用作品，可以不经著作权人许可，不向其支付报酬，但应当指明作者姓名或者名称、作品名称，并且不得影响该作品的正常使用，也不得不合理地损害著作权人的合法权益：

（一）为个人学习、研究或者欣赏，使用他人已经发表的作品；

（二）为介绍、评论某一作品或者说明某一问题，在作品中适当引用他人已经发表的作品；

（三）为报道新闻，在报纸、期刊、广播电台、电视台等媒体中不可避免地再现或者引用已经发表的作品；

（四）报纸、期刊、广播电台、电视台等媒体刊登或者播放其他报纸、期刊、广播电台、电视台等媒体已经发表的关于政治、经济、宗教问题的时事性

---

〔1〕 参见北京互联网法院民事判决书，(2019)京0491民初663号。

〔2〕 参见北京知识产权法院民事判决书，(2020)京73民终187号。

文章，但著作权人声明不许刊登、播放的除外；

（五）报纸、期刊、广播电台、电视台等媒体刊登或者播放在公众集会上发表的讲话，但作者声明不许刊登、播放的除外；

（六）为学校课堂教学或者科学研究，翻译、改编、汇编、播放或者少量复制已经发表的作品，供教学或者科研人员使用，但不得出版发行；

（七）国家机关为执行公务在合理范围内使用已经发表的作品；

（八）图书馆、档案馆、纪念馆、博物馆、美术馆、文化馆等为陈列或者保存版本的需要，复制本馆收藏的作品；

（九）免费表演已经发表的作品，该表演未向公众收取费用，也未向表演者支付报酬，且不以营利为目的；

（十）对设置或者陈列在公共场所的艺术作品进行临摹、绘画、摄影、录像；

（十一）将中国公民、法人或者非法人组织已经发表的以国家通用语言文字创作的作品翻译成少数民族语言文字作品在国内出版发行；

（十二）以阅读障碍者能够感知的无障碍方式向其提供已经发表的作品；

（十三）法律、行政法规规定的其他情形。

前款规定适用于对与著作权有关的权利的限制。

35. 作为电商经营类企业，需要注意的著作权侵权问题有哪些？

【风险提示与建议】

（1）字体侵权问题：网店中经销产品的文字介绍，若未经许可使用了他人拥有著作权的字体，则可能构成著作权侵权。

（2）图片侵权问题：网店中售卖产品的图片介绍，若未经许可使用了他人拥有著作权的图片，则该售卖产品可能构成著作权侵权。

（3）产品侵权问题：网店中售卖的玩具、玩偶、首饰等具有独创性工业设计的产品，若未经著作权利人授权或为“山寨”产品，则该售卖产品可能构成著作权侵权。

36. 企业如何在电商平台上对侵犯摄影作品或美术作品著作权的商家进行投诉？需要准备哪些证据？

【风险提示与建议】

电商平台已对知识产权侵权问题作出了一定的防控及处罚措施，但仍无法杜绝一些店铺卖家的盗图情形，盗图可能会令消费者对被控侵权店铺与正品店铺产生一定的联系，产生误认，给权利人造成市场影响。对于已发生的盗图行为，企业应该如何维权？下面以淘宝/天猫平台为例进行讲解。

需要准备的证据包括如下几项：(1)主体资格证明（个人提供身份证、法人提供营业执照）；(2)著作权证明资料（著作权登记证书或设计原稿/照片原件或设计原稿/照片的时间戳证明）；(3)侵权网页的证据保全公证。公证的目的在于固定证据，便于日后的诉讼。

投诉的步骤：(1)注册成为“阿里巴巴知识产权保护平台”的用户，将权利证书上传至该用户名下；(2)撰写知识产权侵权对比文件；(3)在平台下进行投诉申请表的填写、权属证据上传、侵权链接上传等工作；(4)等待平台反馈被投诉人的答辩及处理结果。

37. 企业发现侵犯自身著作权的行为，应如何维权？

【风险提示与建议】

一般情况下，对于侵犯企业著作权的被控侵权人，企业可以向其发律师函，也可以向市场监督管理局提起对其的行政投诉；还可以诉至法院。

企业应该根据自身需求选择合适的维权途径。例如，电商企业生产销售了一款“爆品”，如果不尽快制止侵权行为，销售量会立即大幅度降低，“爆品”的销售又有一定的时效性，那么电商企业的当务之急就是制止侵权行为，最快捷的途径就是向电商平台进行知识产权投诉，让平台将侵权产品下架。如非电商企业，发律师函、向市场监督管理局提起投诉也能较快地制止侵权行为。

发函、投诉、起诉这些程序并非只能择其一。企业可以根据期待效果、维权成本等综合考虑后选择其中的一项程序，也可以先后启动多项程序。

一般建议，企业可以先对被控侵权人发律师函，或者提起行政投诉。如果发律师函或者提起行政投诉后，被控侵权人同意停止侵权、赔偿企业损失，双方可以就此调解结案。如果发律师函、提起行政投诉后，被控侵权人只是停止侵权，但没有赔偿企业损失，企业可以另行起诉要求赔偿损失。需要注意的是，无论采取哪一种方式维权，均建议先通过公证固定被控侵权人存在侵权行为的证据，再启动上述程序。

38. 企业发现侵犯自身著作权的产品/行为，有什么办法可以取得相关证据？

【风险提示与建议】

调查取证难是知识产权侵权案件相较其他民事侵权案件的一个明显特征。例如，企业通过某些渠道知悉某生产商在生产侵犯企业著作权的产品，但因该生产商直接将被控侵权产品出口，企业无法从市场上购买到该产品，无法举证该生产商侵权。即便企业能从市场上公证购买到被控侵权产品，但也可能因为无法自行获取该生产商的生产销售数据，导致获得的侵权赔偿金额不高。

企业无法自行获取侵权证据的情况下，可以通过法院、市场监督管理局等途径取得。

(1)企业可以向法院申请诉前证据保全。企业需要提供有权提出证据保全申请(企业为该著作权的权利人或者利害关系人)、有被申请人实施了被控侵权行为的证据，并要说明申请保全的证据存在灭失或者以后难以取得的可能。法院会根据情况裁定是否实施证据保全措施，如果法院裁定保全的，法院工作人员会到被申请人处调查取证，采取封存等措施，这些被封存的产品、账簿(销售数据)等可以作为判决的证据。

(2)企业可以向市场监督管理局对被控侵权人提起行政投诉，企业需要提供的材料与上述向法院申请诉前财产保全的材料基本相同。因为市场监督管理局的监督范围比较广，企业如果不能提供被投诉人侵犯著作权的初步证据，可以根据被投诉人是否存在生产销售“三无产品”、侵犯商标权等情况，以初步证据比较充分的理由进行投诉。市场监督管理局一旦接受投诉，会进行立案调查,调查中所获取的信息可以作为以后起诉被投诉人侵犯著作权的证据。

【相关法条】

《著作权法》

第五十七条 为制止侵权行为,在证据可能灭失或者以后难以取得的情况下,著作权人或者与著作权有关的权利人可以在起诉前依法向人民法院申请保全证据。

39. 企业如何对侵犯自身著作权的行为提起行政投诉?

【风险提示与建议】

鉴于对侵害著作权行为从提起诉讼到拿到生效判决的时间比较久,所以对于一些急需被控侵权人立即停止侵权的行为,建议企业可以先向市场监督管理局对被控侵权人提起行政投诉。

所需材料包括:(1)投诉书(写明投诉对象、投诉行为事项、投诉依据等);(2)主体材料(双方主体材料);(3)权利凭证(证明己方是权利人的证据,如涉及著作权的底稿、原件、合法出版物、著作权登记证书、认证机构出具的证明、取得权利的合同等)复印件,并提供原件核对;(4)侵权证据(如购买公证获得的产品、网页);(5)授权委托书(如委托员工或者第三方办理);(6)其他根据各地市场监督管理局要求需要提供的材料,如承诺书等。

如果投诉成立,市场监督管理局可以责令被控侵权人停止侵权,并对其进行罚款等。此时,企业和被控侵权人可以进行调解,如协议赔偿金额、许可使用费用等。但此调解不具有强制性,若企业与被控侵权人无法就上述达成一致意见的,企业仍可以另行起诉要求赔偿损失。

【相关法条】

《著作权法》

第五十三条 有下列侵权行为的,应当根据情况,承担本法第五十二条规定的民事责任;侵权行为同时损害公共利益的,由主管著作权的部门责令停止侵权行为,予以警告,没收违法所得,没收、无害化销毁处理侵权复制品以及主要用于制作侵权复制品的材料、工具、设备等,违法经营额五万元以上的，可以并处违法经营额一倍以上五倍以下的罚款；没有违法经营额、违法经营额难以计算或者不足五万元的，可以并处二十五万元以下的罚款；构成犯罪的，依法追究刑事责任：

（一）未经著作权人许可，复制、发行、表演、放映、广播、汇编、通过信息网络向公众传播其作品的，本法另有规定的除外；

（二）出版他人享有专有出版权的图书的；

（三）未经表演者许可，复制、发行录有其表演的录音录像制品，或者通过信息网络向公众传播其表演的，本法另有规定的除外；

（四）未经录音录像制作者许可，复制、发行、通过信息网络向公众传播其制作的录音录像制品的，本法另有规定的除外；

（五）未经许可，播放、复制或者通过信息网络向公众传播广播、电视的，本法另有规定的除外；

（六）未经著作权人或者与著作权有关的权利人许可，故意避开或者破坏技术措施的，故意制造、进口或者向他人提供主要用于避开、破坏技术措施的装置或者部件的，或者故意为他人避开或者破坏技术措施提供技术服务的，法律、行政法规另有规定的除外；

（七）未经著作权人或者与著作权有关的权利人许可，故意删除或者改变作品、版式设计、表演、录音录像制品或者广播、电视上的权利管理信息的，知道或者应当知道作品、版式设计、表演、录音录像制品或者广播、电视上的权利管理信息未经许可被删除或者改变，仍然向公众提供的，法律、行政法规另有规定的除外；

（八）制作、出售假冒他人署名的作品的。

40. 员工离职后开设了与企业业务同类的新企业，且该新企业的网站网页与企业网站页面相似，企业应如何处理？

【风险提示与建议】

首先，如果企业与离职员工之间签订了竞业限制协议并按约支付了竞业限制补偿金的，企业可以起诉员工违反竞业限制的规定，要求员工停止经营并支付违约金。

其次,企业可以起诉该离职员工开设的新企业侵犯企业网页的著作权(企业需要证明网页中的图片、线条、色彩组合和排版设计,体现了企业对网页的内容选择和编排的独创性,网页应当视为汇编作品,享有著作权),要求停止侵权、赔偿损失。如果新企业是离职员工设立的一人有限责任企业的,企业也可以一并起诉离职员工,离职员工在无法证明自身财产与新企业财产独立的情况下,对新企业的赔偿给付义务承担连带责任。

最后,企业还可以起诉新企业构成不正当竞争,理由包括:(1)两企业经营同类业务,构成竞争关系;(2)企业的域名、网页具有一定影响力;(3)两企业的网页类似,构成混淆;(4)新企业的股东是企业的前员工,能接触到企业的网站,有一定的故意等。另外,根据实际情况,起诉离职员工构成共同侵权或对新企业的赔偿给付义务承担连带责任。

【相关法条】

《著作权法》

第十五条 汇编若干作品、作品的片段或者不构成作品的数据或者其他材料,对其内容的选择或者编排体现独创性的作品,为汇编作品,其著作权由汇编人享有,但行使著作权时,不得侵犯原作品的著作权。

《反不正当竞争法》

第六条 经营者不得实施下列混淆行为,引人误认为是他人商品或者与他人存在特定联系:

(一)擅自使用与他人有一定影响的商品名称、包装、装潢等相同或者近似的标识;

(二)擅自使用他人有一定影响的企业名称(包括简称、字号等)、社会组织名称(包括简称等)、姓名(包括笔名、艺名、译名等);

(三)擅自使用他人有一定影响的域名主体部分、网站名称、网页等;

(四)其他足以引人误认为是他人商品或者与他人存在特定联系的混淆行为。

《公司法》

第六十三条 一人有限责任公司的股东不能证明公司财产独立于股东自己的财产的,应当对公司债务承担连带责任。

41. 企业购买字画等美术作品时需要注意什么？购买后可以直接将美术作品出版成册吗？

【风险提示与建议】

字画等美术作品的原件具有较高的收藏价值，但购买了美术作品的原件，只是拥有了该美术作品原件的所有权和展览权，并不当然拥有该美术作品的著作权。所以企业购买美术作品时，要明确对价是否包括《著作权法》第 10 条第 1 款第 5 项至第 17 项规定的权利。

如果企业获得著作权人对美术作品的著作权（财产性权利）的转让，企业可以授权他人将美术作品出版发行。但需要注意以下两点：(1)因国家对出版物发行依法实行许可制度，未经许可，任何单位和个人不得从事出版物发行活动，所以企业应授权或者委托有资质的机构出版发行画册。(2)企业对选画、排版、设计等需要花一定心思，画册的编排有独创性，企业对画册（汇编作品）方能享受著作权。

【相关法条】

《著作权法》

第二十条　作品原件所有权的转移，不改变作品著作权的归属，但美术、摄影作品原件的展览权由原件所有人享有。

作者将未发表的美术、摄影作品的原件所有权转让给他人，受让人展览该原件不构成对作者发表权的侵犯。

《出版物市场管理规定》

第三条　国家对出版物批发、零售依法实行许可制度。从事出版物批发、零售活动的单位和个人凭出版物经营许可证开展出版物批发、零售活动；未经许可，任何单位和个人不得从事出版物批发、零售活动。

任何单位和个人不得委托非出版物批发、零售单位或者个人销售出版物或者代理出版物销售业务。

42. 企业盗版或者销售盗版作品是否会造成要承担刑事责任的后果？

【风险提示】

生活中，很多人一直认为侵犯知识产权只是普通侵权，只需要承担民事赔偿。其实不然，未经著作权人许可使用他人作品的，除需要承担民事责任外，往往可能还会构成刑事犯罪。公司犯罪的，直接负责的主管人员和其他直接责任人员亦要按照规定接受处罚。

违法所得数额较大或者存在其他严重情节，是区别侵犯著作权罪和民事侵权行为的重要标准。一旦被认定构成违法所得数额较大或具有其他严重情节，则达到侵犯著作权刑事犯罪的立案标准。

根据最高人民法院相关司法解释的规定：

“违法所得数额较大”，是指违法所得数额在3万元以上。

“具有其他严重情节的”，主要是指：(1)非法经营数额在5万元以上或者传播作品数量500次以上或者传播他人作品被实际点击50,000次以上的或者注册会员人数达到1000人以上的。此处特别需要注意的是，单项标准未达到但是达到其中两项以上标准一半以上的，也属于“具有其他严重情节”。(2)以营利为目的，未经著作权人许可，复制发行其文字作品、音乐、电影、电视、录像作品、计算机软件及其他作品，复制品数量合计在500张(份)以上的也属于“具有其他严重情节”。

销售侵权复制品的，违法所得数额在10万元以上即达到销售侵权复制品罪的立案标准。

【相关法条】

《刑法》

第二百一十七条 以营利为目的，有下列侵犯著作权或者与著作权有关的权利的情形之一，违法所得数额较大或者有其他严重情节的，处三年以下有期徒刑，并处或者单处罚金；违法所得数额巨大或者有其他特别严重情节的，处三年以上十年以下有期徒刑，并处罚金：

(一)未经著作权人许可，复制发行、通过信息网络向公众传播其文字作品、音乐、美术、视听作品、计算机软件及法律、行政法规规定的其他作品的；

(二)出版他人享有专有出版权的图书的;

(三)未经录音录像制作者许可,复制发行、通过信息网络向公众传播其制作的录音录像的;

(四)未经表演者许可,复制发行录有其表演的录音录像制品,或者通过信息网络向公众传播其表演的;

(五)制作、出售假冒他人署名的美术作品的;

(六)未经著作权人或者与著作权有关的权利人许可,故意避开或者破坏权利人为其作品、录音录像制品等采取的保护著作权或者与著作权有关的权利的技术措施的。

第二百一十八条 以营利为目的,销售明知是本法第二百一十七条规定的侵权复制品,违法所得数额巨大或者有其他严重情节的,处五年以下有期徒刑,并处或者单处罚金。

第二百二十条 单位犯本节第二百一十三条至第二百一十九条之一规定之罪的,对单位判处罚金,并对其直接负责的主管人员和其他直接责任人员,依照本节各该条的规定处罚。

最高人民检察院、公安部《关于公安机关管辖的刑事案件立案追诉标准的规定(一)》

第二十六条 [侵犯著作权案(刑法第二百一十七条)]以营利为目的,未经著作权人许可,复制发行其文字作品、音乐、电影、电视、录像作品、计算机软件及其他作品,或者出版他人享有专有出版权的图书,或者未经录音录像制作者许可,复制发行其制作的录音录像,或者制作、出售假冒他人署名的美术作品,涉嫌下列情形之一的,应予立案追诉:

(一)违法所得数额三万元以上的;

(二)非法经营数额五万元以上的;

(三)未经著作权人许可,复制发行其文字作品、音乐、电影、电视、录像作品、计算机软件及其他作品,复制品数量合计五百张(份)以上的;

(四)未经录音录像制作者许可,复制发行其制作的录音录像制品,复制品数量合计五百张(份)以上的;

(五)其他情节严重的情形。

以刊登收费广告等方式直接或者间接收取费用的情形,属于本条规定的"以营利为目的"。

本条规定的“未经著作权人许可”，是指没有得到著作权人授权或者伪造、涂改著作权人授权许可文件或者超出授权许可范围的情形。

本条规定的“复制发行”，包括复制、发行或者既复制又发行的行为。

通过信息网络向公众传播他人文字作品、音乐、电影、电视、录像作品、计算机软件及其他作品，或者通过信息网络传播他人制作的录音录像制品的行为，应当视为本条规定的“复制发行”。

侵权产品的持有人通过广告、征订等方式推销侵权产品的，属于本条规定的“发行”。

本条规定的“非法经营数额”，是指行为人在实施侵犯知识产权行为过程中，制造、储存、运输、销售侵权产品的价值。已销售的侵权产品的价值，按照实际销售的价格计算。制造、储存、运输和未销售的侵权产品的价值，按照标价或者已经查清的侵权产品的实际销售平均价格计算。侵权产品没有标价或者无法查清其实际销售价格的，按照被侵权产品的市场中间价格计算。

第二十七条　［销售侵权复制品案（刑法第二百一十八条）］以营利为目的，销售明知是刑法第二百一十七条规定的侵权复制品，涉嫌下列情形之一的，应予立案追诉：

（一）违法所得数额十万元以上的；

（二）违法所得数额虽未达到上述数额标准，但尚未销售的侵权复制品货值金额达到三十万元以上的。

最高人民法院、最高人民检察院、公安部《关于办理侵犯知识产权刑事案件适用法律若干问题的意见》

十三、关于通过信息网络传播侵权作品行为的定罪处罚标准问题

以营利为目的，未经著作权人许可，通过信息网络向公众传播他人文字作品、音乐、电影、电视、美术、摄影、录像作品、录音录像制品、计算机软件及其他作品，具有下列情形之一的，属于刑法第二百一十七条规定的“其他严重情节”：

（一）非法经营数额在五万元以上的；

（二）传播他人作品的数量合计在五百件（部）以上的；

（三）传播他人作品的实际被点击数达到五万次以上的；

（四）以会员制方式传播他人作品，注册会员达到一千人以上的；

（五）数额或者数量虽未达到第（一）项至第（四）项规定标准，但分别达到其中两项以上标准一半以上的；

（六）其他严重情节的情形。

实施前款规定的行为，数额或者数量达到前款第（一）项至第（五）项规定标准五倍以上的，属于刑法第二百一十七条规定的“其他特别严重情节”。

第四章

商业秘密与竞业禁止篇

1. 企业商业秘密的界定标准是什么？

【风险提示与建议】

企业若不能保护好自己的商业秘密，不仅容易造成技术资料失窃、盗用、技术信息泄露，还有可能使企业辛苦培养的客户被他人撬走，从而给企业造成严重经济损失。反过来，侵犯他人商业秘密不仅涉及侵权赔偿，严重时还有可能面临牢狱之灾。因此，了解我国法律所规定和保护的商业秘密非常重要。

我国《反不正当竞争法》明文规定，商业秘密，是指不为公众所知悉、具有商业价值并经权利人采取相应保密措施的技术信息、经营信息等商业信息。其中，所谓不为公众所知悉，是指商业秘密权利人请求保护的信息在被诉侵权行为发生时不为所属领域的相关人员普遍知悉和容易获得；具有商业价值，是指具有现实的或者潜在的商业价值，能为权利人带来竞争优势；所谓保密措施，是指权利人为防止商业秘密泄露，在被诉侵权行为发生以前所采取的合理保密措施，实践中应当根据商业秘密及其载体的性质、商业秘密的商业价值、保密措施的可识别程度、保密措施与商业秘密的对应程度以及权利人的保密意愿等因素，认定权利人是否采取了相应保密措施。

例如，未经公开，并采取了一定保密措施的产品制造方法、工程设计、实验数据、技术诀窍、产品配方、工艺流程、客户名单、招投标中的标底及标书内容、经营方针、财务资料、投资决策意向、产品服务定价等，都属于企业的商业秘密。

【相关法条】

《反不正当竞争法》

第九条第四款　本法所称的商业秘密，是指不为公众所知悉、具有商业价值并经权利人采取相应保密措施的技术信息、经营信息等商业信息。

2. 企业如何保护、管理自身的商业秘密?

【风险提示与建议】

对于企业而言，商业秘密实际是企业通过在技术研发以及经营管理方面投入大量的人力、物力以及财力后所形成的核心竞争力，也是企业在日益激烈的市场竞争中赖以生存和发展的基石。但目前很多企业并没有采取有效的保护措施，导致大量的无形财产白白流失，甚至被侵犯了商业秘密也不知，给企业自身造成了巨大的损失。为此，笔者就企业有关商业秘密的管理和保护提供以下几点建议:

(1)企业应当与企业所有员工签订全面详细的保密协议，约定具体的保密范围、保密方式、保密期限(约定期限不仅限于在职期间，还应包括离职后，直至企业通过书面形式通知其或者企业通过公共媒体对外宣布解密)，以及保密义务与违约责任等，使企业所有员工受到法律的约束，不得泄露或擅自使用企业的商业秘密，如有违约，企业将追究其法律责任。另外，对于企业高级管理人员、高级技术人员和其他负有保密义务的人员，企业在与其签订劳动合同、保密协议的同时，还应与其另行签订竞业限制协议(建议在相关人员入职时就签订竞业限制协议，避免其离职时不签或拒签)。

(2)企业需要根据各个部门的具体情况制定详细的保密管理制度，主要包括:保密对象、涉密场所、保密标志的内容或者保密文件的内容、保密措施等。例如，对于工厂车间或者研发区需设立关卡，建立门卫制度，并在外面设置限制进入的标志等，使相关区域相对封闭。条件允许的，还可设立特别的保密区，与周围其他区域分隔开来，内部一般员工以及外来人员一概不允许入内，凡涉及商业秘密的样品、原材料、生产工具、研发资料等一概不向外展示。企业内部特定人员进入保密区需进行详细的登记管理。又如，对于办公区内需要保密的资料、文件应加盖企业的保密章，并锁入特定的保险柜，由专人保管，并规定借阅制度。

保密管理制度制定后，需由企业全部员工签字表示已知晓相关制度内容。企业员工签字确认的保密制度由企业的人事管理部门单独建档进行保存，也作为企业商业秘密的一部分。

(3)对于企业员工需进行经常性的商业秘密知识普及，特定员工需进行商业秘密保护的专门培训，强化员工的法律意识，构建完善的管理保护体系。

（4）企业在与外部单位及人员合作交流时，如在与其他企业、个人进行商事合作时，可在合同中增加具体的保密条款。

【相关法条】

《反不正当竞争法》

第九条　经营者不得实施下列侵犯商业秘密的行为：

（一）以盗窃、贿赂、欺诈、胁迫、电子侵入或者其他不正当手段获取权利人的商业秘密；

（二）披露、使用或者允许他人使用以前项手段获取的权利人的商业秘密；

（三）违反保密义务或者违反权利人有关保守商业秘密的要求，披露、使用或者允许他人使用其所掌握的商业秘密；

（四）教唆、引诱、帮助他人违反保密义务或者违反权利人有关保守商业秘密的要求，获取、披露、使用或者允许他人使用权利人的商业秘密。

经营者以外的其他自然人、法人和非法人组织实施前款所列违法行为的，视为侵犯商业秘密。

第三人明知或者应知商业秘密权利人的员工、前员工或者其他单位、个人实施本条第一款所列违法行为，仍获取、披露、使用或者允许他人使用该商业秘密的，视为侵犯商业秘密。

本法所称的商业秘密，是指不为公众所知悉、具有商业价值并经权利人采取相应保密措施的技术信息、经营信息等商业信息。

3. 员工离职后“自立门户”，或可能抢夺企业的原有客户，客户名单通过商业秘密保护的条件是什么？

【风险提示与建议】

员工离职后“自立门户”并经营与原用人单位相同的业务，同时利用对原单位的客户名单、联系人、底价、成本等的熟悉，以及接触的原单位的技术秘密等信息，抢夺企业原有客户，该行为可能构成商业秘密中的客户名单侵权。客户名单能否构成商业秘密，可从以下几个方面去考量：

首先，商业秘密中的客户名单，一般是指由客户的名称、地址、联系方式以及交易的习惯、意向、内容等构成的，区别于相关公知信息的特殊客户信息，包括汇集众多客户的客户名册，以及保持长期稳定交易关系的特定客户。通常而言，仅包含客户的名称、地址及联系方式的客户信息往往从公共渠道也较容易获得，较难构成商业秘密，而客户的交易习惯、交易需求、价格承受能力，甚至客户主管人员的个性等信息，往往是区别于公知信息的特殊客户信息，可以构成受保护的经营秘密。由于这些特殊的客户信息有可能处于动态，难以直接明确地通过某种方法予以固定，故可以通过分析权利人开发客户投入的时间与人力、物力成本以及双方长期稳定的交易往来等情况来判断该客户信息是否区别于从公共渠道容易获得的企业名录，是否构成"不为公众所知悉"的信息。

其次，企业与员工签署的《劳动合同》《技术及商业保密条例》以及其他类似保密合同、保密制度、保密条款等，均明确客户名单等经营信息系企业的商业秘密内容，员工在职期间及离职后对企业的客户名单商业秘密负有保密义务，即可认定企业为防止商业秘密信息泄露，就涉案客户名单已经采取了合理的保密措施。实际上，商业秘密的保密性并不要求保密措施天衣无缝，且对所有人员都处于隔离状态，只要秘密权利人采取了合理的保密措施，保密义务人通过制度或协议知晓其有保密义务，就认为秘密权利人已经采取了保密措施。

最后，长期稳定的客户名单，必然会大大增加企业的交易机会，减少企业的交易成本，为企业带来竞争优势及稳定的经济利益，具有价值性或实用性。因此客户名单一般被认定构成商业秘密，离职员工以及其成立、参股、合作的企业不能凭借该员工所掌握的客户名单信息与相关客户进行交易，否则即会构成商业秘密侵权，严重者还将因此面临牢狱之灾。故企业遇到离职员工抢夺客户资源，或者未经允许与单位原有客户进行交易的情形时，可以考虑通过民事诉讼或者刑事指控的方式进行维权。

【相关法条】

《反不正当竞争法》

第九条　经营者不得实施下列侵犯商业秘密的行为：

（一）以盗窃、贿赂、欺诈、胁迫、电子侵入或者其他不正当手段获取权利人的商业秘密；

（二）披露、使用或者允许他人使用以前项手段获取的权利人的商业秘密；

（三）违反保密义务或者违反权利人有关保守商业秘密的要求，披露、使用或者允许他人使用其所掌握的商业秘密；

（四）教唆、引诱、帮助他人违反保密义务或者违反权利人有关保守商业秘密的要求，获取、披露、使用或者允许他人使用权利人的商业秘密。

经营者以外的其他自然人、法人和非法人组织实施前款所列违法行为的，视为侵犯商业秘密。

第三人明知或者应知商业秘密权利人的员工、前员工或者其他单位、个人实施本条第一款所列违法行为，仍获取、披露、使用或者允许他人使用该商业秘密的，视为侵犯商业秘密。

本法所称的商业秘密，是指不为公众所知悉、具有商业价值并经权利人采取相应保密措施的技术信息、经营信息等商业信息。

最高人民法院《关于审理侵犯商业秘密民事案件适用法律若干问题的规定》

第一条　与技术有关的结构、原料、组分、配方、材料、样品、样式、植物新品种繁殖材料、工艺、方法或其步骤、算法、数据、计算机程序及其有关文档等信息，人民法院可以认定构成反不正当竞争法第九条第四款所称的技术信息。

与经营活动有关的创意、管理、销售、财务、计划、样本、招投标材料、客户信息、数据等信息，人民法院可以认定构成反不正当竞争法第九条第四款所称的经营信息。

前款所称的客户信息，包括客户的名称、地址、联系方式以及交易习惯、意向、内容等信息。

4. 员工未经企业同意擅自披露企业内部往来邮件信息，是否构成商业秘密侵权？

【风险提示与建议】

员工未经企业同意擅自披露往来邮件信息是否构成商业秘密侵权，主要看该邮件内蕴含的信息是否能够构成商业秘密，往来邮件是否具有商业秘密的“三性”，即秘密性、价值性、保密性。

如果邮件以及邮件附件中存在属于商业秘密的内容，则该披露是不被允许的。为了降低未来商业秘密侵权认定的难度并规避员工对企业内部往来邮件对外披露，企业可以从以下几个方面进行警示、约束：(1)固定企业邮件格式，在邮件中，对邮件内容进行保密性申明；(2)从内部规章制度上，将邮件列为商业秘密信息，禁止员工向无关第三人披露；(3)要求离职员工登记、返还、删除、销毁其接触或者获取的商业秘密及其载体，继续承担保密义务。

【相关法条】

《反不正当竞争法》

第九条 经营者不得实施下列侵犯商业秘密的行为：

(一)以盗窃、贿赂、欺诈、胁迫、电子侵入或者其他不正当手段获取权利人的商业秘密；

(二)披露、使用或者允许他人使用以前项手段获取的权利人的商业秘密；

(三)违反保密义务或者违反权利人有关保守商业秘密的要求，披露、使用或者允许他人使用其所掌握的商业秘密；

(四)教唆、引诱、帮助他人违反保密义务或者违反权利人有关保守商业秘密的要求，获取、披露、使用或者允许他人使用权利人的商业秘密。

经营者以外的其他自然人、法人和非法人组织实施前款所列违法行为的，视为侵犯商业秘密。

第三人明知或者应知商业秘密权利人的员工、前员工或者其他单位、个人实施本条第一款所列违法行为，仍获取、披露、使用或者允许他人使用该商业秘密的，视为侵犯商业秘密。

本法所称的商业秘密，是指不为公众所知悉、具有商业价值并经权利人采取相应保密措施的技术信息、经营信息等商业信息。

5. 挖掘竞争对手的员工到本企业处理相同的业务，是否构成商业秘密侵权？

【风险提示与建议】

挖掘竞争对手的员工到本企业处理相同的业务，有可能与被挖掘的原竞争对手的员工构成共同侵犯商业秘密。

根据《反不正当竞争法》第 9 条的规定，教唆、引诱、帮助他人违反保密义务或者违反权利人有关保守商业秘密的要求，获取、披露、使用或者允许他人使用权利人的商业秘密，构成侵犯商业秘密。

如果企业挖掘竞争对手的员工到本企业处理相同的业务：首先，单从行为上看，就具有教唆、引诱、帮助员工披露相关商业秘密的嫌疑，一旦该员工在企业工作后用到了原单位相关技术、资料以及其他相关信息，在没有相反证据证实企业自身确实无相关行为的情况下，法院是很难认定企业不构成商业秘密侵权的；其次，员工使用的相关信息是否能够构成对方的商业秘密，企业本身是很难把握的，如对方诉至法院，法院会基于员工提供的信息以及对方提供的证据来判定员工透露的信息是否构成商业秘密侵权，由于企业本身不掌握对方可能提供什么证据，很难在事前判定员工带入工作的一些信息是否构成商业秘密；最后，从司法实践上看，即使对方无证据证明员工未提供相关商业秘密信息，不构成商业秘密侵权，但是员工如前期与对方签订了竞业禁止协议，之后该员工因企业的人才挖掘而违反竞业禁止协议的，企业仍然可能基于《反不正当竞争法》第 2 条的规定而被要求承担相关责任。

而对于员工本人来说，如签订了竞业禁止协议或者保密协议之后又跳槽到竞争对手处就职，因构成违反竞业禁止协议，可能被要求退还竞业禁止报酬并被承担相关违约责任；另外，员工透露的信息构成商业秘密的，还可能与跳槽后的企业共同承担商业秘密侵权责任。

因此，作为企业，在遇到优秀的竞争对手员工，希望能挖掘其为企业服务时，建议企业同员工签订相关的协议，要求其不能违反与前单位签订的竞业禁止协议，并且不能披露、使用前单位的相关商业秘密；另外，企业也应当规范员工和自身的行为，避免员工在企业中使用、透露或者允许他人使用其之前用人单位的相关商业秘密。

【相关法条】

《反不正当竞争法》

第二条　经营者在生产经营活动中，应当遵循自愿、平等、公平、诚信的原则，遵守法律和商业道德。

本法所称的不正当竞争行为，是指经营者在生产经营活动中，违反本法规定,扰乱市场竞争秩序,损害其他经营者或者消费者的合法权益的行为。

本法所称的经营者,是指从事商品生产、经营或者提供服务(以下所称商品包括服务)的自然人、法人和非法人组织。

第九条 经营者不得实施下列侵犯商业秘密的行为:

(一)以盗窃、贿赂、欺诈、胁迫、电子侵入或者其他不正当手段获取权利人的商业秘密;

(二)披露、使用或者允许他人使用以前项手段获取的权利人的商业秘密;

(三)违反保密义务或者违反权利人有关保守商业秘密的要求,披露、使用或者允许他人使用其所掌握的商业秘密;

(四)教唆、引诱、帮助他人违反保密义务或者违反权利人有关保守商业秘密的要求,获取、披露、使用或者允许他人使用权利人的商业秘密。

经营者以外的其他自然人、法人和非法人组织实施前款所列违法行为的,视为侵犯商业秘密。

第三人明知或者应知商业秘密权利人的员工、前员工或者其他单位、个人实施本条第一款所列违法行为,仍获取、披露、使用或者允许他人使用该商业秘密的,视为侵犯商业秘密。

本法所称的商业秘密,是指不为公众所知悉、具有商业价值并经权利人采取相应保密措施的技术信息、经营信息等商业信息。

6. 企业通过购买竞争对手产品获得对方的技术信息,是否构成侵犯商业秘密?

【风险提示与建议】

企业通过购买竞争对手产品获得竞争对方的技术信息,是否构成侵犯商业秘密,要看企业获得的技术信息是否能够为公众所获知,即其是否能满足商业秘密的“秘密性”,通过反向工程能够获得的信息,并不必然能够避免商业秘密侵权,反向工程获得信息的难度通常会被作为司法实践考虑的因素:(1)如果反向工程获得的信息仅涉及产品的尺寸、结构、材料、部件等简单组合的内容,那么该信息无疑是能够被公众所获知的;(2)如果反向工程获得的信息是通过对产品的拆卸、观察和一般测绘,则一般的司法实践仍然认为其属于公众能够获知的信息,从而避开了商业秘密侵权;(3)如果竞争对方在生产产品时对相关技术信息已经刻意采取了加密的方式防止其被泄露,那么在实践中,该信息被认定为商业秘密的可能性较大。

另外需要注意的是,所谓"反向工程",是指通过技术手段对从公开渠道、以合法的方式取得的产品进行拆卸、测绘、分析等而获得该产品的有关技术信息。当事人以不正当手段知悉了他人的商业秘密之后,又以反向工程为由主张获取行为合法的,法院不予支持。由于此类纠纷通常较为专业、复杂且重大,企业在遇到此类纠纷时,建议及时寻求专业律师的帮助,以便更好地应对相关纠纷。

【相关法条】

《反不正当竞争法》

第九条 经营者不得实施下列侵犯商业秘密的行为:

(一)以盗窃、贿赂、欺诈、胁迫、电子侵入或者其他不正当手段获取权利人的商业秘密;

(二)披露、使用或者允许他人使用以前项手段获取的权利人的商业秘密;

(三)违反保密义务或者违反权利人有关保守商业秘密的要求,披露、使用或者允许他人使用其所掌握的商业秘密;

(四)教唆、引诱、帮助他人违反保密义务或者违反权利人有关保守商业秘密的要求,获取、披露、使用或者允许他人使用权利人的商业秘密。

经营者以外的其他自然人、法人和非法人组织实施前款所列违法行为的,视为侵犯商业秘密。

第三人明知或者应知商业秘密权利人的员工、前员工或者其他单位、个人实施本条第一款所列违法行为,仍获取、披露、使用或者允许他人使用该商业秘密的,视为侵犯商业秘密。

本法所称的商业秘密,是指不为公众所知悉、具有商业价值并经权利人采取相应保密措施的技术信息、经营信息等商业信息。

最高人民法院《关于审理侵犯商业秘密民事案件适用法律若干问题的规定》

第三条 权利人请求保护的信息在被诉侵权行为发生时不为所属领域的相关人员普遍知悉和容易获得的,人民法院应当认定为反不正当竞争法

第九条第四款所称的不为公众所知悉。

第四条 具有下列情形之一的,人民法院可以认定有关信息为公众所知悉:

(一)该信息在所属领域属于一般常识或者行业惯例的;

(二)该信息仅涉及产品的尺寸、结构、材料、部件的简单组合等内容,所属领域的相关人员通过观察上市产品即可直接获得的;

(三)该信息已经在公开出版物或者其他媒体上公开披露的;

(四)该信息已通过公开的报告会、展览等方式公开的;

(五)所属领域的相关人员从其他公开渠道可以获得该信息的。

将为公众所知悉的信息进行整理、改进、加工后形成的新信息,符合本规定第三条规定的,应当认定该新信息不为公众所知悉。

第十四条 通过自行开发研制或者反向工程获得被诉侵权信息的,人民法院应当认定不属于反不正当竞争法第九条规定的侵犯商业秘密行为。

前款所称的反向工程,是指通过技术手段对从公开渠道取得的产品进行拆卸、测绘、分析等而获得该产品的有关技术信息。

被诉侵权人以不正当手段获取权利人的商业秘密后,又以反向工程为由主张未侵犯商业秘密的,人民法院不予支持。

7. 对于商业秘密,企业应当采取哪些保密措施?

【风险提示与建议】

对于企业来说,商业秘密的保密措施是一个核心又复杂的问题,司法实践中,出现过权利人在与员工签订了一个总的大范围的保密协议之后,主张具体信息的商业秘密保护而被法院驳回的案例。因此,商业秘密的保密措施,是一个非常值得企业关注的问题。企业采取的保密措施应当与商业秘密本身相匹配,具体而言,要考虑以下因素:(1)商业秘密及其载体的性质;(2)权利人保密的意愿;(3)保密措施的可识别程度;(4)他人通过不正当方式获取商业秘密的难易程度。

通常,企业采取的相应保密措施,可以包括下列情形:(1)签订保密协议或者在合同中约定保密义务。此处要注意的是,除了与员工签订一个总的保密协议之外，对于具体的商业秘密涉及的合同、文件也应当注明保密条款；或者明确就相关信息签订一个独立的保密协议。(2)通过章程、规章制度、培训等方式提出保密要求。此处要注意的是，章程、规章制度应当经过民主公示程序，并明确告知员工，才能保证规章制度形成的程序没有瑕疵。(3)对能够接触、获取商业秘密的供应商、客户、访客等提出保密要求；这条可以在相关涉密文件中注明保密声明，以达到告知的效果。(4)以标记、分类、隔离、封存等方式，对商业秘密及其载体进行区分和管理。(5)对能够接触、获取商业秘密的电子设备、网络设备、存储设备、软件等，采取禁止或者限制访问、存储、复制等措施。(6)要求离职员工登记、返还、删除、销毁其接触或者获取的商业秘密及其载体，继续承担保密义务。

企业除了要在平时的工作中注意梳理日常文件的保密性措施之外，对于企业的一些核心技术员工，还可以以签订竞业禁止协议的方式规避员工通过跳槽、自立门户等方式对外或者对第三人披露相关商业秘密。如此处理后，当员工违背相关竞业禁止义务时，企业除了通过商业秘密侵权指控的方式进行维权外，还可以通过要求员工承担竞业禁止违约责任的方式进行规制。

【相关法条】

《反不正当竞争法》

第九条　经营者不得实施下列侵犯商业秘密的行为：

(一)以盗窃、贿赂、欺诈、胁迫、电子侵入或者其他不正当手段获取权利人的商业秘密；

(二)披露、使用或者允许他人使用以前项手段获取的权利人的商业秘密；

(三)违反保密义务或者违反权利人有关保守商业秘密的要求，披露、使用或者允许他人使用其所掌握的商业秘密；

(四)教唆、引诱、帮助他人违反保密义务或者违反权利人有关保守商业秘密的要求，获取、披露、使用或者允许他人使用权利人的商业秘密。

经营者以外的其他自然人、法人和非法人组织实施前款所列违法行为的，视为侵犯商业秘密。

第三人明知或者应知商业秘密权利人的员工、前员工或者其他单位、个人实施本条第一款所列违法行为，仍获取、披露、使用或者允许他人使用该商业秘密的,视为侵犯商业秘密。

本法所称的商业秘密,是指不为公众所知悉、具有商业价值并经权利人采取相应保密措施的技术信息、经营信息等商业信息。

8. 企业对员工离职竞业限制补偿金的具体数额应如何约定?

【风险提示与建议】

竞业限制协议中应当约定竞业限制补偿金,在竞业限制期限内企业需按照约定按月给予离职员工经济补偿。

关于竞业限制补偿金的金额具体该如何约定,各地规定的标准不一,一般不低于员工在劳动合同解除或者终止前 12 个月平均工资的 30%。以深圳为例,员工岗位涉及技术类的,竞业限制补偿金应约定不低于员工在劳动合同解除或者终止前 12 个月平均工资的 50%;员工岗位涉及经营类的,竞业限制补偿金应约定不低于员工在劳动合同解除或者终止前 12 个月平均工资的 30%;员工岗位无法区分技术或者经营类的,竞业限制补偿金应约定不低于员工在劳动合同解除或者终止前 12 个月平均工资的 50%。

【相关法条】

《劳动合同法》

第二十三条 用人单位与劳动者可以在劳动合同中约定保守用人单位的商业秘密和与知识产权相关的保密事项。

对负有保密义务的劳动者,用人单位可以在劳动合同或者保密协议中与劳动者约定竞业限制条款,并约定在解除或者终止劳动合同后,在竞业限制期限内按月给予劳动者经济补偿。劳动者违反竞业限制约定的,应当按照约定向用人单位支付违约金。

最高人民法院《关于审理劳动争议案件适用法律问题的解释(一)》

第三十六条 当事人在劳动合同或者保密协议中约定了竞业限制,但未约定解除或者终止劳动合同后给予劳动者经济补偿,劳动者履行了竞业限制义务,要求用人单位按照劳动者在劳动合同解除或者终止前十二个月平均工资的 30% 按月支付经济补偿的,人民法院应予支持。

前款规定的月平均工资的 30% 低于劳动合同履行地最低工资标准的,

按照劳动合同履行地最低工资标准支付。

《深圳经济特区企业技术秘密保护条例》

第二十四条 竞业限制协议约定的补偿费，按月计算不得少于该员工离开企业前最后十二个月月平均工资的二分之一。约定补偿费少于上述标准或者没有约定补偿费的，补偿费按照该员工离开企业前最后十二个月月平均工资的二分之一计算。

9. 如果员工违反竞业限制协议，企业有权从哪些方面全面主张自己的合法权益？

【风险提示与建议】

在面临员工违反竞业限制协议的情况时，企业常常因为未全面主张其应有的合法权益而遭受本可避免的损失，概括来说，应对员工违反竞业限制协议的情况，企业可以从以下几个方面最大化保障自身的权益：

(1)停止支付竞业限制补偿并要求员工停止违约。一旦发现员工违反竞业限制协议并掌握有效证据，企业应即刻书面通知员工本企业将不再支付竞业限制补偿，并要求员工立即停止违约行为，严格履行竞业限制协议。

(2)主张员工支付合同约定的违约金，主张员工赔偿损失。在员工违反竞业限制义务的情况下，企业有权主张员工按竞业限制协议支付违约金，如企业有证据证明员工违反竞业限制义务行为对企业造成的损失远高于约定违约金的，可以主张损失赔偿。

(3)主张涉案竞争性公司连带承担违约金、投诉其行政违法。一般认为合同具有相对性，非合同主体一方将不会受到合同的约束，但在竞业限制协议案件中，部分地区司法实践及法律法规支持“在竞争性公司明知涉案员工负有竞业限制义务情况下，仍然招用该员工的，应当承担连带责任”这一特殊情况，以充分保护企业的知识产权，并赋予行政机关处罚该类情况的权利(如《深圳经济特区企业技术秘密保护条例》)，从权益保护的角度最大化考虑，企业在掌握证据的情况下，可以主动主张涉案竞争性公司连带承担违约金，或投诉至当地行政部门要求处罚。

(4)主张员工返还其未履行竞业限制义务期间的经济补偿。根据合同的公平原则及各地的司法实践，在竞业限制案件中，员工未履行竞业限制义务的，视为员工未履行其合同对价，企业有权要求员工返还其未履行竞业限制义务期间的经济补偿。

(5)申请法院采取行为保全措施〔1〕。企业在竞业限制案件中，为了防止损失的扩大，可以主动申请法院采取行为保全措施，要求法院裁定禁止员工继续实施违反竞业限制约定的行为，以防止因员工继续实施该行为给用人单位造成难以弥补的损害。

【相关法条】

《劳动合同法》

第二十三条 用人单位与劳动者可以在劳动合同中约定保守用人单位的商业秘密和与知识产权相关的保密事项。

对负有保密义务的劳动者，用人单位可以在劳动合同或者保密协议中与劳动者约定竞业限制条款，并约定在解除或者终止劳动合同后，在竞业限制期限内按月给予劳动者经济补偿。劳动者违反竞业限制约定的，应当按照约定向用人单位支付违约金。

第九十条 劳动者违反本法规定解除劳动合同，或者违反劳动合同中约定的保密义务或者竞业限制，给用人单位造成损失的，应当承担赔偿责任。

《民事诉讼法》

第一百零三条 人民法院对于可能因当事人一方的行为或者其他原因，使判决难以执行或者造成当事人其他损害的案件，根据对方当事人的申请，可以裁定对其财产进行保全、责令其作出一定行为或者禁止其作出一定行为；当事人没有提出申请的，人民法院在必要时也可以裁定采取保全措施。

人民法院采取保全措施，可以责令申请人提供担保，申请人不提供担保的，裁定驳回申请。

人民法院接受申请后，对情况紧急的，必须在四十八小时内作出裁定；裁定采取保全措施的，应当立即开始执行。

---

〔1〕 最高人民法院民事审判第一庭编著：《最高人民法院劳动争议司法解释(四)理解与适用》，人民法院出版社 2013 年版，第 209 页。

《深圳经济特区企业技术秘密保护条例》

第二十一条 有下列侵权行为的，市知识产权主管部门应当责令立即停止侵权，并处违法经营额等额罚款，没有违法经营额或者违法经营额难以确定的，根据情节对个人处五万元以上十万元以下罚款，对单位处十万元以上二十万元以下罚款：

（一）对技术秘密负有保密义务的人，未经技术秘密合法拥有人书面同意，披露、使用或者允许他人使用该技术秘密的；

（二）负有竞业限制义务的人，未经合法拥有技术秘密企业书面同意，在生产、经营同类且有竞争关系的产品的企业任职或者自己生产、经营同类且有竞争关系的产品的；

（三）明知他人负有竞业限制义务不得到本企业任职，仍然招用该人的。

第三十五条 负有竞业限制义务的员工违反竞业限制约定的，应当按照约定向用人单位支付违约金。

负有竞业限制义务的员工违反竞业限制协议，同时违反保密义务给企业造成损害的，受损害的企业有权要求支付违约金，并可以依照本条例第三十条的规定提出赔偿损失请求。

具有业务竞争关系的相关企业知道或者应当知道该员工负有竞业限制义务，仍然招用该员工的，应当承担连带责任。

10. 员工以其近亲属名义从事违反竞业限制义务的活动，是否可以认定违反了竞业限制协议？

【风险提示与建议】

实践中，为规避企业的竞业限制协议约束，常出现员工以夫妻另一方等近亲属名义从事违反竞业限制义务行为的情况，在此种情况下，企业有机会主张员工实质性违反竞业限制义务。但需要注意的是，该竞业限制义务并不能直接约束除员工以外的近亲属个人从事或不从事某些工作或业务，即实质还是约束员工本身不得假借近亲属名义直接或者间接参与约定的竞争性业务，而并不是单纯扩大竞业限制行为的约束范围。因此，企业应综合考虑该种情况下的举证要点与方向。

以夫妻为例,如企业结合综合证据能够证明员工与其配偶因特殊关系存在,就竞争性业务的经营存在不可避免的信息、渠道、利益共享之情况,在没有相反证据的情况下,可以认定员工配偶从事违反员工竞业限制行为与涉案员工密不可分,意即此种情况下可以推定员工本人实质上从事了约定的竞争性业务,违反了竞业限制义务。

例如,在赵某与永和酒楼劳动合同纠纷案[1]中,法院认为,赵某虽主张未实际经营涉案的快餐店,但该快餐店的经营者覃某与赵某系夫妻关系,对外亦使用赵某的姓氏"赵"作为快餐店的招牌标识,经营收入所得亦为夫妻共同财产,结合永和酒楼提供的录音证明,法院认为赵某提供的劳动合同和社保清单均不能排除其参与经营快餐店的可能,故采信永和酒楼的主张,认定赵某参与了快餐店的运营。

再如,在罗某华诉威迩徕德公司劳动合同纠纷案[2]中,法院认为,在夫妻婚姻关系存续期间,夫妻一方进行投资、收益的行为,一般可以推定另一方参与投资经营行为。即使双方财产上相互独立,但对于信息、渠道等仍存在共享,罗某华的妻子从事同一行业对于威迩徕德公司的经营难免产生影响。此外,夫妻一方的收益一般均用于家庭生活,罗某华亦可从中受益,该公司的经营状况及经营成果和罗某华也密不可分。由此可见,罗某华所应遵守的竞业限制约定包括对于家庭成员的约束。尤其罗某华作为产品研发部门的管理人员,可以接触、掌握威迩徕德公司的产品规格、工艺等机密信息,更应尽到相应的忠诚义务,避免利益冲突的情况发生,而罗某华对其妻子设立和威迩徕德公司经营范围重合的公司的行为并未阻止,亦未告知威迩徕德公司,其行为已经违反了竞业限制的约定。

又如,在卢某与伟诚公司竞业限制纠纷案[3]中,法院认为,尽管卢某转让了其所持有的汇卓公司的股份,但在其妻刘某东持有汇卓公司51%的股份的情况下,有足够理由可以认定卢某间接参与了汇卓公司竞标湛江项目,为汇卓公司竞标湛江项目提供了顾问或者咨询服务。因此,法院对卢某实施了违反竞业限制行为的事实予以认定。

---

〔1〕 参见广东省深圳市中级人民法院民事判决书,(2016)粤03民终14594号。
〔2〕 参见上海市第一中级人民法院民事判决书,(2018)沪01民终1118号。
〔3〕 参见广东省珠海市中级人民法院民事判决书,(2014)珠中法民一终字第132号。

另外，如果企业提供的证据仅能证明员工及其近亲属之间具有亲属关系，综合证据无法推定员工本身有直接或间接参与竞争性业务的情况，则不能仅因亲属关系、员工亲属从事竞争性业务，就认定员工或其亲属违反竞业限制协议，即竞业限制义务不能直接约束员工之外的第三人，即使竞业限制协议有此类明确约定，也属无效条款。如北京市第一中级人民法院在2019年发布的“涉竞业限制劳动争议十大典型案例”第二则案例所述：《劳动合同法》第24条第1款规定，竞业限制的人员限于用人单位的高级管理人员、高级技术人员和其他负有保密义务的人员。竞业限制的范围、地域、期限由用人单位与劳动者约定，竞业限制的约定不得违反法律、法规的规定。而本案中，将竞业限制人员范围扩大到劳动者的亲属，显然违反法律规定，故该约定应为无效。同时根据合同法规定，合同部分无效，不影响其他部分效力的，其他部分仍然有效，故竞业限制协议中的其他部分仍然有效，韩某应继续履行竞业限制义务。

综上，建议如企业发现员工以其近亲属名义从事违反竞业限制义务的活动，举证方向应以证明员工本身违反竞业限制协议为主旨，综合、全面提供员工本身利用其近亲属直接或间接从事违反竞业限制义务活动的证据，用于推定员工实质上参与违反竞业限制义务的行为。

【相关法条】

《劳动合同法》

第二十四条　竞业限制的人员限于用人单位的高级管理人员、高级技术人员和其他负有保密义务的人员。竞业限制的范围、地域、期限由用人单位与劳动者约定，竞业限制的约定不得违反法律、法规的规定。

在解除或者终止劳动合同后，前款规定的人员到与本单位生产或者经营同类产品、从事同类业务的有竞争关系的其他用人单位，或者自己开业生产或者经营同类产品、从事同类业务的竞业限制期限，不得超过二年。

11. 企业未同员工约定竞业限制补偿金是否影响竞业限制协议效力？

【风险提示与建议】

在未约定补偿金的情况下，国内外各地司法实践对于竞业限制协议的效力和约束力存在较大争议，在我国的司法实践和理论中也有不同观点，主要观点有三点：无效、对劳动者不发生效力、有效。

最高人民法院民事审判第一庭编著的《最高人民法院新劳动争议司法解释（一）理解与适用》一书中认为，从合同解释的规则及理论来看，未约定经济补偿金的竞业限制条款不属于无效条款，也不宜认定未约定经济补偿金的竞业限制条款对劳动者不发生效力，应当认定为有效。针对司法实践中对于如何确定此类竞业限制条款下的经济补偿金存在裁判不统一的现象，参考其他国家的立法例和我国的审判实践，明确规定按照劳动者在劳动合同解除或终止前 12 个月平均工资的 30% 确定。但同时，针对未约定经济补偿金，用人单位也未实际支付，劳动者请求用人单位支付经济补偿金而用人单位明确表示拒绝的情况，或者未约定经济补偿金，用人单位也未实际支付且达到 3 个月期限的情况，劳动者有权解除合同。

但需要注意的，部分地区的地方规定、指导意见及司法裁判中确实存在规定"未约定补偿金情况下竞业限制协议不具有法律约束力"的情况（如江苏等地）。实践中，建议企业设置统一的竞业限制协议模板条款，完善竞业限制补偿金约定内容，避免因未约定补偿金而在未来的维权活动中与员工产生不必要的争议，在实际发起竞业限制相关法律行动之前，应根据实际情况充分检索当地规定、指导意见及司法裁判，结合法律规定及当地具体实践采取合适的法律行动方案。

【相关法条】

最高人民法院《关于审理劳动争议案件适用法律问题的解释（一）》

第三十六条 当事人在劳动合同或者保密协议中约定了竞业限制，但未约定解除或者终止劳动合同后给予劳动者经济补偿，劳动者履行了竞业限制义务，要求用人单位按照劳动者在劳动合同解除或者终止前十二个月平均工资的 30% 按月支付经济补偿的，人民法院应予支持。

前款规定的月平均工资的 30% 低于劳动合同履行地最低工资标准的，按照劳动合同履行地最低工资标准支付。

第三十八条 当事人在劳动合同或者保密协议中约定了竞业限制和经济补偿，劳动合同解除或者终止后，因用人单位的原因导致三个月未支付经济补偿，劳动者请求解除竞业限制约定的，人民法院应予支持。

江苏省高级人民法院、江苏省劳动人事争议仲裁委员会《关于审理劳动争议案件的指导意见》

第十三条第一款 用人单位与劳动者约定了竞业限制条款但未约定经济补偿,或者约定了经济补偿但未按约定支付的,该竞业限制条款对劳动者不具有法律约束力。

12. 企业未向离职员工支付竞业限制补偿金是否影响竞业限制协议约束力?

【风险提示与建议】

根据我国法律规定,当事人在劳动合同或者保密协议中约定了竞业限制和经济补偿,如劳动者履行了竞业限制义务,用人单位应当向其支付约定的竞业限制经济补偿金,如因用人单位原因导致 3 个月未支付经济补偿的,劳动者可以请求解除竞业限制约定,解除后竞业限制约定对双方均没有约束力。实践中,当因企业原因导致劳动者 3 个月未获得经济补偿时,员工可能会采用催告、通知、诉讼的方式解除竞业限制协议。值得注意的是,即使解除竞业限制协议,员工亦有权主张公司支付其拖欠的经济补偿。

【相关法条】

最高人民法院《关于审理劳动争议案件适用法律问题的解释(一)》

第三十七条 当事人在劳动合同或者保密协议中约定了竞业限制和经济补偿,当事人解除劳动合同时,除另有约定外,用人单位要求劳动者履行竞业限制义务,或者劳动者履行了竞业限制义务后要求用人单位支付经济补偿的,人民法院应予支持。

第三十八条 当事人在劳动合同或者保密协议中约定了竞业限制和经济补偿,劳动合同解除或者终止后,因用人单位的原因导致三个月未支付经济补偿,劳动者请求解除竞业限制约定的,人民法院应予支持。

13. 企业是否可以主动解除竞业限制协议?

【风险提示与建议】

根据我国法律规定,用人单位可以以通知、诉讼的方式主动解除竞业限制协议,但劳动者有权主张用人单位额外向其支付3个月的竞业限制经济补偿,因此企业在考虑解除员工竞业限制协议的同时,应充分考虑额外的经济补偿风险。

【相关法条】

最高人民法院《关于审理劳动争议案件适用法律问题的解释(一)》

第三十九条 在竞业限制期限内,用人单位请求解除竞业限制协议的,人民法院应予支持。

在解除竞业限制协议时,劳动者请求用人单位额外支付劳动者三个月的竞业限制经济补偿的,人民法院应予支持。

14. 企业的商业秘密若遭侵权,有哪些救济途径?

【风险提示与建议】

负有保密义务的主体违反企业保密约定或保密要求,或者他人以不正当手段获取企业的商业秘密,或者披露、使用或允许他人使用以前项手段获取的企业的商业秘密等行为,均构成侵害商业秘密的违法行为。

当企业的商业秘密遭到其他主体的侵害时,可以寻求以下方式的救济:

(1)行政保护。向行政机关进行举报投诉,请求其进行查处,并给予侵害人一定的处罚。该方法程序简单、处罚有力度,而且行政机关在查处中所获取的证据材料可以作为诉讼中有力的证据。

(2)司法救济。分为刑事诉讼和民事诉讼,其中刑事诉讼程序处罚力度最大,具有很高的震慑作用。在刑事诉讼中,司法机关可以对犯罪嫌疑人采取人身强制措施。在企业的商业秘密受到侵害时,分析行为人的情节、后果等要件后,涉嫌商业秘密犯罪的,企业可以向公安机关提供线索,进行举报,启动刑事诉讼程序。根据情况而定,企业也可以向法院提起民事诉讼,请求法院判令侵害人停止侵权行为，并赔偿企业的经济损失。

【相关法条】

《反不正当竞争法》

第九条　经营者不得实施下列侵犯商业秘密的行为：

（一）以盗窃、贿赂、欺诈、胁迫、电子侵入或者其他不正当手段获取权利人的商业秘密；

（二）披露、使用或者允许他人使用以前项手段获取的权利人的商业秘密；

（三）违反保密义务或者违反权利人有关保守商业秘密的要求，披露、使用或者允许他人使用其所掌握的商业秘密；

（四）教唆、引诱、帮助他人违反保密义务或者违反权利人有关保守商业秘密的要求，获取、披露、使用或者允许他人使用权利人的商业秘密。

经营者以外的其他自然人、法人和非法人组织实施前款所列违法行为的，视为侵犯商业秘密。

第三人明知或者应知商业秘密权利人的员工、前员工或者其他单位、个人实施本条第一款所列违法行为，仍获取、披露、使用或者允许他人使用该商业秘密的，视为侵犯商业秘密。

本法所称的商业秘密，是指不为公众所知悉、具有商业价值并经权利人采取相应保密措施的技术信息、经营信息等商业信息。

《刑法》

第二百一十九条　有下列侵犯商业秘密行为之一，情节严重的，处三年以下有期徒刑，并处或者单处罚金；情节特别严重的，处三年以上十年以下有期徒刑，并处罚金：

（一）以盗窃、贿赂、欺诈、胁迫、电子侵入或者其他不正当手段获取权利人的商业秘密的；

（二）披露、使用或者允许他人使用以前项手段获取的权利人的商业秘密的；

（三）违反保密义务或者违反权利人有关保守商业秘密的要求，披露、使用或者允许他人使用其所掌握的商业秘密的。

明知前款所列行为，获取、披露、使用或者允许他人使用该商业秘密的，以侵犯商业秘密论。

本条所称权利人，是指商业秘密的所有人和经商业秘密所有人许可的商业秘密使用人。

最高人民检察院、公安部《关于修改侵犯商业秘密刑事案件立案追诉标准的决定》

为依法惩治侵犯商业秘密犯罪，加大对知识产权的刑事司法保护力度，维护社会主义市场经济秩序，将《最高人民检察院、公安部关于公安机关管辖的刑事案件立案追诉标准的规定（二）》第七十三条侵犯商业秘密刑事案件立案追诉标准修改为：【侵犯商业秘密案（刑法第二百一十九条）】侵犯商业秘密，涉嫌下列情形之一的，应予立案追诉：

（一）给商业秘密权利人造成损失数额在三十万元以上的；

（二）因侵犯商业秘密违法所得数额在三十万元以上的；

（三）直接导致商业秘密的权利人因重大经营困难而破产、倒闭的；

（四）其他给商业秘密权利人造成重大损失的情形。

前款规定的造成损失数额或者违法所得数额，可以按照下列方式认定：

（一）以不正当手段获取权利人的商业秘密，尚未披露、使用或者允许他人使用的，损失数额可以根据该项商业秘密的合理许可使用费确定；

（二）以不正当手段获取权利人的商业秘密后，披露、使用或者允许他人使用的，损失数额可以根据权利人因被侵权造成销售利润的损失确定，但该损失数额低于商业秘密合理许可使用费的，根据合理许可使用费确定；

（三）违反约定、权利人有关保守商业秘密的要求，披露、使用或者允许他人使用其所掌握的商业秘密的，损失数额可以根据权利人因被侵权造成销售利润的损失确定；

（四）明知商业秘密是不正当手段获取或者是违反约定、权利人有关保守商业秘密的要求披露、使用、允许使用，仍获取、使用或者披露的，损失数额可以根据权利人因被侵权造成销售利润的损失确定；

（五）因侵犯商业秘密行为导致商业秘密已为公众所知悉或者灭失的，损失数额可以根据该项商业秘密的商业价值确定。商业秘密的商业价值，可以根据该项商业秘密的研究开发成本、实施该项商业秘密的收益综合确定；

（六）因披露或者允许他人使用商业秘密而获得的财物或者其他财产性利益，应当认定为违法所得。

前款第二项、第三项、第四项规定的权利人因被侵权造成销售利润的损失，可以根据权利人因被侵权造成销售量减少的总数乘以权利人每件产品的合理利润确定；销售量减少的总数无法确定的，可以根据侵权产品销售量乘以权利人每件产品的合理利润确定；权利人因被侵权造成销售量减少的总数和每件产品的合理利润均无法确定的，可以根据侵权产品销售量乘以每件侵权产品的合理利润确定。商业秘密系用于服务等其他经营活动的，损失数额可以根据权利人因被侵权而减少的合理利润确定。

商业秘密的权利人为减轻对商业运营、商业计划的损失或者重新恢复计算机信息系统安全、其他系统安全而支出的补救费用，应当计入给商业秘密的权利人造成的损失。

15. 企业没有同员工签署保密协议，可否对涉嫌侵犯企业保密信息的员工主张商业秘密侵权？

【风险提示与建议】

实践中，部分企业认为没有与员工签署保密协议便不能主张员工侵犯商业秘密。实际上，签署保密协议只是企业可以采取的保密措施中的一种，企业仍可以证明已"采取其他合理保密措施"，主张其保密信息符合商业秘密构成要件，法院应根据所涉信息及载体的特性、权利人保密的意愿、保密措施的可识别程度、他人通过正当方式获得该信息的难易程度等因素认定权利人是否采取了保密措施。

一般来说，具有下列情形之一，在正常情况下足以防止商业秘密泄露的，应当认定权利人采取了相应保密措施：(1)签订保密协议或者在合同中约定保密义务的；(2)通过章程、培训、规章制度、书面告知等方式，对能够接触、获取商业秘密的员工、前员工、供应商、客户、来访者等提出保密要求的；(3)对涉密的厂房、车间等生产经营场所限制来访者或者进行区分管理的；(4)以标记、分类、隔离、加密、封存、限制能够接触或者获取的人员范围等方式，对商业秘密及其载体进行区分和管理的；(5)对能够接触、获取商业秘密的计算机设备、电子设备、网络设备、存储设备、软件等，采取禁止或者限制使用、访问、存储、复制等措施的；(6)要求离职员工登记、返还、清除、销毁其接触或者获取的商业秘密及其载体,继续承担保密义务的;(7)采取其他合理保密措施的。

【相关法条】

最高人民法院《关于审理侵犯商业秘密民事案件适用法律若干问题的规定》

第五条 权利人为防止商业秘密泄露,在被诉侵权行为发生以前所采取的合理保密措施,人民法院应当认定为反不正当竞争法第九条第四款所称的相应保密措施。

人民法院应当根据商业秘密及其载体的性质、商业秘密的商业价值、保密措施的可识别程度、保密措施与商业秘密的对应程度以及权利人的保密意愿等因素,认定权利人是否采取了相应保密措施。

第六条 具有下列情形之一,在正常情况下足以防止商业秘密泄露的,人民法院应当认定权利人采取了相应保密措施:

(一)签订保密协议或者在合同中约定保密义务的;

(二)通过章程、培训、规章制度、书面告知等方式,对能够接触、获取商业秘密的员工、前员工、供应商、客户、来访者等提出保密要求的;

(三)对涉密的厂房、车间等生产经营场所限制来访者或者进行区分管理的;

(四)以标记、分类、隔离、加密、封存、限制能够接触或者获取的人员范围等方式,对商业秘密及其载体进行区分和管理的;

(五)对能够接触、获取商业秘密的计算机设备、电子设备、网络设备、存储设备、软件等,采取禁止或者限制使用、访问、存储、复制等措施的;

(六)要求离职员工登记、返还、清除、销毁其接触或者获取的商业秘密及其载体,继续承担保密义务的;

(七)采取其他合理保密措施的。

16. 企业如何主张涉商业秘密的赔偿数额?

【风险提示与建议】

根据我国法律的规定,针对侵犯商业秘密行为,受侵权人可首先按照其受到的实际损失确定赔偿数额;实际损失难以计算的,可依据侵权人实际获益确定;针对严重恶意侵犯商业秘密的,还可按照前述确定的数额以一倍以上五倍以下确定赔偿数额。如按照前述计算方式确实难以计算的,仍可由法院视情节判决给予权利人500万元以下的赔偿。前述赔偿数额还可加上为制止侵权行为所支付的合理开支。

另外,针对因侵权行为导致商业秘密已为公众所知悉的,可根据该项商业秘密的商业价值确定损害赔偿额。商业秘密的商业价值可根据其研究开发成本、实施该项商业秘密的收益、可得利益、可保持竞争优势的时间等因素确定。

【相关法条】

《反不正当竞争法》

第十七条 经营者违反本法规定,给他人造成损害的,应当依法承担民事责任。

经营者的合法权益受到不正当竞争行为损害的,可以向人民法院提起诉讼。

因不正当竞争行为受到损害的经营者的赔偿数额,按照其因被侵权所受到的实际损失确定;实际损失难以计算的,按照侵权人因侵权所获得的利益确定。经营者恶意实施侵犯商业秘密行为,情节严重的,可以在按照上述方法确定数额的一倍以上五倍以下确定赔偿数额。赔偿数额还应当包括经营者为制止侵权行为所支付的合理开支。

经营者违反本法第六条、第九条规定,权利人因被侵权所受到的实际损失、侵权人因侵权所获得的利益难以确定的,由人民法院根据侵权行为的情节判决给予权利人五百万元以下的赔偿。

最高人民法院《关于审理侵犯商业秘密民事案件适用法律若干问题的规定》

第十九条 因侵权行为导致商业秘密为公众所知悉的,人民法院依法确定赔偿数额时,可以考虑商业秘密的商业价值。

人民法院认定前款所称的商业价值,应当考虑研究开发成本、实施该项商业秘密的收益、可得利益、可保持竞争优势的时间等因素。

17. 侵犯商业秘密刑事案件中，权利人主张损失赔偿是否需要提起刑事附带民事诉讼？

【风险提示与建议】

根据目前的司法实践和法律规定，在侵犯商业秘密刑事案件中，权利人主张损失赔偿通过退赔程序即可，不应提起刑事附带民事诉讼。法院审理附带民事诉讼案件的受案范围，应只限于被害人因人身权利受到犯罪行为侵犯和财物被犯罪行为损毁而遭受的物质损失，不包括因犯罪分子非法占有、处置被害人财产而使其遭受的物质损失。对因犯罪分子非法占有、处置被害人财产而使其遭受的物质损失，应当根据《刑法》第 64 条的规定处理，即应通过追缴赃款赃物、责令退赔的途径解决。对于侵犯商业秘密罪而言，其中不涉及因人身权利遭受侵犯、财物被毁而遭受物质损失，因而不应属于法院受理刑事附带民事诉讼的范围。

【相关法条】

《刑法》

第六十四条 犯罪分子违法所得的一切财物，应当予以追缴或者责令退赔；对被害人的合法财产，应当及时返还；违禁品和供犯罪所用的本人财物，应当予以没收。没收的财物和罚金，一律上缴国库，不得挪用和自行处理。

最高人民法院《关于适用〈中华人民共和国刑事诉讼法〉的解释》

第一百七十五条第一款 被害人因人身权利受到犯罪侵犯或者财物被犯罪分子毁坏而遭受物质损失的，有权在刑事诉讼过程中提起附带民事诉讼；被害人死亡或者丧失行为能力的，其法定代理人、近亲属有权提起附带民事诉讼。

第一百七十六条 被告人非法占有、处置被害人财产的，应当依法予以追缴或者责令退赔。被害人提起附带民事诉讼的，人民法院不予受理。追缴、退赔的情况，可以作为量刑情节考虑。

最高人民法院《关于适用刑法第六十四条有关问题的批复》

……

根据刑法第六十四条和《最高人民法院关于适用〈中华人民共和国刑事

诉讼法〉的解释》第一百三十八条、第一百三十九条[1]的规定，被告人非法占有、处置被害人财产的，应当依法予以追缴或者责令退赔。据此，追缴或者责令退赔的具体内容，应当在判决主文中写明；其中，判决前已经发还被害人的财产，应当注明。被害人提起附带民事诉讼，或者另行提起民事诉讼请求返还被非法占有、处置的财产的，人民法院不予受理。

18. 技术秘密可以作为技术出资吗？出资过程中有何注意点？

【风险提示与建议】

商业秘密中的技术秘密，是指不为公众所知悉、能为权利人带来经济利益，并且权利人已经采取保密措施的，尚未公开也未申请专利的信息，如产品配方、工艺流程、技术规范、技术秘诀、设计、图纸、试验数据和记录、计算机程序、管理制度和方法等。其因具有价值性，故可以作为技术出资。一般的商业秘密出资通常也叫专有技术出资，其在出资过程中，相对于专利权、商标权等其他技术出资具有以下特点：(1)专有技术的边界难以界定；(2)专有技术的价值因其秘密性，对其价值的评估可能缺乏公允；(3)专有技术在出资以后，原权利人仍然知晓相关技术内容，并且随着相关技术秘密的转让，知悉技术秘密的人在不断增加，不但存在泄密的风险，也存在同业竞争的问题。

司法实践中，技术秘密出资通常比较容易出现纠纷等问题，可能出现的风险在于商业秘密出资因出资不实而被债权人或者其他股东追责；以及商业秘密在出资之后，企业自己又另行许可他人使用或向外透露，或者由第三人另行向他人透露商业秘密导致企业利益的实际损害。

因此，企业在考虑商业秘密出资的过程中，特别需要注意以下几点：(1)对商业秘密的交付方式应当明确约定，如不明确约定，对于出资方来说，可能有出资不实的风险，对于被出资方来说，如果未约定明确的交付方式，

[1] 此批复中适用的是2012年最高人民法院《关于适用〈中华人民共和国刑事诉讼法〉的解释》，相关规定参见2021年最高人民法院《关于适用〈中华人民共和国刑事诉讼法〉的解释》第175条、第176条。

也难以判断出资方是否出资完毕，面临审计风险；(2)出资后对出资人自行使用相关技术出资的限制应当明确约定，在实践中，经常出现出资人在进行商业秘密出资之后，自己又另行使用或者将该商业秘密另行透露给第三人，导致商业秘密实际上的价值受到贬损，造成企业实际损失的情形；(3)除了权利人自己向第三人透露商业秘密之外，对他人向外透露商业秘密导致商业秘密实际上失去价值的情况应当予以明确约定；(4)出资过程中注意验资，如果出资过程中未对商业秘密进行验资，而是仅通过协议定价，则出资过程中可能产生出资不实的问题。

【相关法条】

《反不正当竞争法》

第九条第四款 本法所称的商业秘密，是指不为公众所知悉、具有商业价值并经权利人采取相应保密措施的技术信息、经营信息等商业信息。

《公司法》

第二十七条 股东可以用货币出资，也可以用实物、知识产权、土地使用权等可以用货币估价并可以依法转让的非货币财产作价出资；但是，法律、行政法规规定不得作为出资的财产除外。

对作为出资的非货币财产应当评估作价，核实财产，不得高估或者低估作价。法律、行政法规对评估作价有规定的，从其规定。

第五章

集成电路布图设计篇

1. 哪些人可以享有集成电路布图设计专有权？哪些产品可以获得集成电路布图设计专有权？

【风险提示与建议】

中国自然人、法人或者非法人组织创作的，具有独创性的布图设计，在依法完成集成电路布图设计登记后，可以取得集成电路布图设计专有权。所有具有独创性的，包括至少一个有源元件的两个以上元件和部分或全部互连线路的集成电路布图，或者为了制造集成电路而准备的前述配置的具有独创性的集成电路布图，按照国家要求提交相关申请登记文件并获得集成电路布图设计登记证书之后，均可以获得集成电路布图设计专有权。

一般来说，只有进行登记后的集成电路布图设计才能够获得集成电路布图专有权的保护。而一般的集成电路布图设计也通常采用集成电路布图设计专有权制度而非著作权制度来进行保护，这是由于对集成电路布图是否能够采用著作权制度保护存在较大争议，即使集成电路布图整体设计构成著作权意义上的作品，但简单的局部设计也难以被认定构成著作权意义上的作品，并且，将版图的整体和部分制造成为集成电路的行为能否构成著作权法意义上的复制也是值得商榷的。因此著作权制度较难保护集成电路布图设计。当然，除了集成电路布图设计本身之外，集成电路中的存储器存储的软件可以采用著作权法进行保护。

综上所述，为了全面地保护集成电路布图设计，企业应当及时对其进行登记申请，取得集成电路布图设计专有权，利用集成电路布图设计专有权而非著作权制度对集成电路布图设计进行保护。

【相关法条】

《集成电路布图设计保护条例》

第二条　本条例下列用语的含义：

（一）集成电路，是指半导体集成电路，即以半导体材料为基片，将至少有一个是有源元件的两个以上元件和部分或者全部互连线路集成在基片之中或者基片之上，以执行某种电子功能的中间产品或者最终产品；

（二）集成电路布图设计（以下简称布图设计），是指集成电路中至少有一个是有源元件的两个以上元件和部分或者全部互连线路的三维配置，或者为制造集成电路而准备的上述三维配置；

（三）布图设计权利人，是指依照本条例的规定，对布图设计享有专有权的自然人、法人或者其他组织；

……

第三条 中国自然人、法人或者其他组织创作的布图设计，依照本条例享有布图设计专有权。

外国人创作的布图设计首先在中国境内投入商业利用的，依照本条例享有布图设计专有权。

外国人创作的布图设计，其创作者所属国同中国签订有关布图设计保护协议或者与中国共同参加有关布图设计保护国际条约的，依照本条例享有布图设计专有权。

第七条 布图设计权利人享有下列专有权：

（一）对受保护的布图设计的全部或者其中任何具有独创性的部分进行复制；

（二）将受保护的布图设计、含有该布图设计的集成电路或者含有该集成电路的物品投入商业利用。

第八条 布图设计专有权经国务院知识产权行政部门登记产生。

未经登记的布图设计不受本条例保护。

2. 如何获得集成电路布图设计专有权?

【风险提示与建议】

申请人在集成电路布图设计首次商业利用之日起2年内，向国家知识产权局提出集成电路布图设计专有权登记申请，提交布图设计登记申请表、布图设计复制件或者图样、布图设计已经投入商业利用的证明，及含有该布图设计的集成电路布图样品，经国家知识产权局核准并获得集成电路布图设计登记证书后，获得集成电路布图设计专有权。

值得注意的是，专利权人取得集成电路布图设计专有权后，在侵权发生时其维权的依据即为在国家知识产权局的登记文件，如果登记文件不足以反映侵权方侵权的事实，则无法进行有效维权。因此，在提交集成电路布图设计申请时，除满足国家知识产权局的硬性要求之外，还应当尽可能地向国家知识产权局提供清楚的电子版文件或样品，以反映布图设计局部细节内容，为后续维权提供有效依据。

在处理布图设计专有权侵权纠纷案件时，如果现有涉案复制件或者图样纸件放大的倍数尚不足以完整、清晰地反映布图设计的内容，也可以通过专业机构对登记时提交的含有该布图设计的集成电路样品进行反向剖析，提取其中的三维配置信息，在确认样品与复制件或图样中的布图设计一致的情况下，辅助确定复制件或者图样中布图设计的保护内容。

复制件或图样作为获得登记的布图设计必须提交的文件，其法律地位显然高于芯片样品，没有在复制件或图样中体现的图层等布图设计信息，不应作为布图设计请求保护的内容。而对于芯片样品，可以通过技术手段精确还原出其所包含的布图设计的详细信息。因此，如果基于客观原因，复制件或图样中的确存在某些无法识别的布图设计细节，可以参考芯片样品进行确定。这体现了以复制件和图样为基础，以集成电路样品为补充的思想。

例如，某案中，请求人在登记时提交了布图设计的电子版图样，同时提交了集成电路样品 4 片。根据鉴定意见，请求人以电子版图样而进行的独创性说明，与通过技术鉴定而从样品中提取的布图设计吻合。因此，样品所包含的布图设计可以作为该案布图设计的电子版图样的补充，用来确定涉案布图设计的保护范围。

【相关法条】

《集成电路布图设计保护条例》

第八条　布图设计专有权经国务院知识产权行政部门登记产生。

未经登记的布图设计不受本条例保护。

第十六条　申请布图设计登记，应当提交：

（一）布图设计登记申请表；

（二）布图设计的复制件或者图样；

（三）布图设计已投入商业利用的，提交含有该布图设计的集成电路样品；

（四）国务院知识产权行政部门规定的其他材料。

第十七条　布图设计自其在世界任何地方首次商业利用之日起 2 年内，

未向国务院知识产权行政部门提出登记申请的，国务院知识产权行政部门不再予以登记。

第十八条 布图设计登记申请经初步审查，未发现驳回理由的，由国务院知识产权行政部门予以登记，发给登记证明文件，并予以公告。

3. 企业若准备作集成电路布图设计登记，涉密信息应如何申请？

【风险提示与建议】

由于集成电路布图设计不仅保护整体具有独创性的设计，也保护其中具有独创性的局部，其保护范围相对比较广，所以企业在涉及集成电路布图的研发时，应当尽早布局集成电路布图设计登记申请。

在布图设计登记公告以后，公众可以请求查阅该布图设计的复制件或者图样的纸件。因此在布图设计登记布局时，企业应当考虑其布图设计的保密性要求。如果涉及保密信息，在登记申请时可以对保密信息加以注明，并将保密图层的复制件或者图纸样件置于另一个保密文件袋中进行提交。除侵权诉讼或者行政处理程序需要外，任何人不得查阅或者复制该保密信息。

另外，在申请时提交的电子图档和芯片样品不能被公众查阅，所以在登记时，除提交纸质复制件外，如果布图设计尚未投入商业利用，应当尽可能提交电子图档；如果布图设计已经投入商业利用，应当尽可能提交芯片样品，以便满足后续维权需要。

【相关法条】

《集成电路布图设计保护条例实施细则》

第十五条 涉及保密信息的申请

布图设计在申请日之前没有投入商业利用的，该布图设计登记申请可以有保密信息，其比例最多不得超过该集成电路布图设计总面积的50%。含有保密信息的图层的复制件或者图样页码编号及总页数应当与布图设计登记申请表中所填写的一致。

布图设计登记申请有保密信息的，含有该保密信息的图层的复制件或者图样纸件应当置于在另一个保密文档袋中提交。除侵权诉讼或者行政处理程序需要外，任何人不得查阅或者复制该保密信息。

第三十九条　公众查阅和复制

布图设计登记公告后,公众可以请求查阅该布图设计登记簿或者请求国家知识产权局提供该登记簿的副本。公众也可以请求查阅该布图设计的复制件或者图样的纸件。

本细则第十四条所述的电子版本的复制件或者图样,除侵权诉讼或者行政处理程序需要外,任何人不得查阅或者复制。

4. 集成电路布图设计登记申请时,企业应当注意的事项有哪些?

【风险提示与建议】

集成电路布图设计登记申请的提交方式有纸件申请和电子申请两种,现将注意事项分述如下。

(1)纸件申请主要有以下关键事项需要注意

第一,提供完整的纸质复制件或者图样,复制件或者图样的纸件应当至少放大到用该布图设计生产的集成电路的 20 倍以上。部分企业认为,只要提供了清晰的电子图档或者芯片样品,就不用提供完整的纸质件了;也有部分企业认为,纸质件能够被公众所查阅,故出于保密考虑不愿意提供完整清楚的纸质件。以上认识都是不正确的。我国的集成电路布图设计制度虽然规定可以提供电子图档和芯片样品,但电子图档和芯片样品仅能作为维权时的参考,而并非直接依据,集成电路布图设计的纸质复制件和图样才是维权的直接依据,若未能提供完整的纸质复印件和图样,则无法进行有效维权。如果担心泄密问题,可以在申请时对不超过全部内容 50% 的纸质复制件和图样提交相应的保密请求。

第二,提供清晰的电子图档。由于通常纸质件的打印条件有限,对于部分细微连接和构造可能无法清楚展示,如果仅仅提供纸质复印件,在鉴定时极有可能被鉴定机构认为纸件无法清楚辨认细节而无法鉴定,进而无法进行有效维权。因此,企业在申请时应当提供清晰的电子图档。

第三,如果集成电路布图设计已经进行商业利用,应提供芯片样品。如果已经进行商业利用但未提供芯片样品,将成为布图设计登记的一个瑕疵,不仅在申请时会不予受理,在后续维权时也极有可能被对方以此为理由质疑登记的有效性,[1]从而为后续维权造成阻碍。因此,如果企业的集成电路布图设计已经投入商业利用,则一定要提供芯片样品。这里所说的商业利用,是指为商业目的进口、销售或者以其他方式提供受保护的布图设计、含有该布图设计的集成电路或含有该集成电路的物品的行为。

第四,提供集成电路样品的,应当提交4件样品并按照规范包装和标记。集成电路样品是集成电路布图设计专有权维权参考,在维权时可能需要对提交国家知识产权局的样品进行解剖和比对,因此,应当提交4件样品,以便满足后期维权需求,并且每一件样品均应当规范标记和包装,防止其在国家知识产权局库存时受潮损坏,从而影响后续维权。

(2)电子申请主要有以下关键事项需要注意

第一,只有集成电路电子申请系统的用户,才能使用集成电路电子申请网站(vlsi. cnipa. gov. cn)提交集成电路电子申请。成为电子申请系统用户,需要与国家知识产权局签订电子申请系统用户注册协议,办理有关注册手续,获得用户代码和密码。为方便广大用户,所有专利电子申请系统的注册用户均可直接使用集成电路电子申请系统;未注册的用户,经办理注册手续后方可使用。办理注册的方式包括当面注册、邮寄注册和网上注册3种。其中,当面注册包括专利局受理大厅注册和代办处注册。用户注册应提交电子申请用户注册请求书、电子申请用户注册协议和相关证明文件(如加盖公章的代理机构注册证的复印件等)等材料。

第二,文件上传。除登记申请表以外的其他申请文件或中间文件应当以Zip压缩包的形式上传。Zip压缩包内不得有文件夹,包内文件应当为tiff/tif格式的文件。一种文件类别制作一个压缩包。tiff/tif文件应当以1. tiff、2. tiff、3. tiff等连续的数字命名。上传文件不得大于150MB。根据《集成电路布图设计保护条例》及其实施细则的规定,应当以原件形式提交的相关文件,申请人可以只提交原件的电子扫描文件;确因条件限制无法提交电子扫描文件的,可以提交原件。上传文件后,用户可以下载压缩包文

[1] 例如,申请人为了掩盖集成电路布图设计已经投入商业利用满两年的事实而向国家知识产权局提交了集成电路布图设计登记申请并通过了国家知识产权局的登记审查。在后期维权过程中,对方当事人以涉案布图设计于申请日前在先商业利用的芯片为依据,主张该登记的布图设计属于现有布图设计,不具有独创性,涉案布图设计因而存在被撤销的风险。

件,解压后进行检查,以确保文件内容完整、准确,文件编号无误,图片显示正常。

第三,如果用户上传的图样文件格式正确、编号无误,系统将自动显示图样各页的情况,供用户挑选、标记保密页。

第四,电子申请提交样品的条件和方式与纸件申请相同。

【相关法条】

《集成电路布图设计保护条例实施细则》

第十四条　复制件或者图样

按照条例第十六条规定提交的布图设计的复制件或者图样应当符合下列要求:

(一)复制件或者图样的纸件应当至少放大到用该布图设计生产的集成电路的20倍以上;申请人可以同时提供该复制件或者图样的电子版本;提交电子版本的复制件或者图样的,应当包含该布图设计的全部信息,并注明文件的数据格式;

……

第十六条　集成电路样品

布图设计在申请日之前已投入商业利用的,申请登记时应当提交4件含有该布图设计的集成电路样品,并应当符合下列要求:

(一)所提交的4件集成电路样品应当置于能保证其不受损坏的专用器具中,并附具填写好的国家知识产权局统一编制的表格;

(二)器具表面应当写明申请人的姓名、申请号和集成电路名称;

(三)器具中的集成电路样品应当采用适当的方式固定,不得有损坏,并能够在干燥器中至少存放十年。

第十七条　不予受理

布图设计登记申请有下列情形的,国家知识产权局不予受理,并通知申请人:

(一)未提交布图设计登记申请表或者布图设计的复制件或者图样的,已投入商业利用而未提交集成电路样品的,或者提交的上述各项不一致的;

……

5. 企业提交布图设计登记时是否注意到法律对布图设计复制件或者图样的完整性要求？

【风险提示与建议】

根据《集成电路布图设计保护条例》的规定，集成电路，是指半导体集成电路，即以半导体材料为基片，将至少有一个是有源元件的两个以上元件和部分或者全部互连线路集成在基片之中或者基片之上，以执行某种电子功能的中间产品或者最终产品。布图设计，是指集成电路中至少有一个是有源元件的两个以上元件和部分或者全部互连线路的三维配置，或者为制造集成电路而准备的上述三维配置。根据上述规定，布图设计应当包含以下内容：两个以上半导体元件，且至少有一个有源元件；互连线路；元件的大小、位置及其互相的空间位置关系；各互连线路的尺寸大小、位置、走向及其互相的空间位置关系；元件与元件、元件与连线的连接关系等；在基片上制造的这些元件、连线组成的电路应当能够执行某种电子功能。上述内容相同的，应当认定为布图设计相同。

进行布图设计创作是为了制造具有某种电子功能的集成电路产品，设计者根据选定的某种集成电路制造技术、工艺的要求，对制造集成电路中各元件、连线时需要进行技术处理的基片中各相应区域的物理尺寸、空间位置等以图样形式进行定义。其中，图形中的物理尺寸决定元件、连线等电路结构的大小，图形中的空间位置决定元件、连线等电路结构的相互位置及连接关系。这些经定义的内容和信息按顺序分别记录（或体现）在不同的各层图样中。在制造集成电路的过程中，以这些图样为依据，制备相应的光刻掩模版，再依据光刻掩模版的图样按顺序对基片进行光刻等一系列技术处理（相关的技术处理包括光刻、杂质扩散、离子注入、薄膜淀积、溅射金属等制备技术和工艺），即可制造出符合图样定义的电子元件、连线，并形成电路。在特定的集成电路制造技术、工艺条件下，布图设计图样一旦确定，在基片上制造出来的元件及其数量，连线及其排布，元件与元件、元件与连线的空间位置关系及其相互连接关系也随之确定，元件、连线的三维配置即布图设计便得以确定。这时，相应的电路、电路功能、电路性能亦被确定。所以，布图设计可以由图样确定并体现，也可以由相应的光刻掩模版体现。图样中的信息可以通过相应的电子文件体现。在制造集成电路时，相应的各层图样不可缺少。以上即是企业提交布图设计登记时法律对布图设计复制件或者图样的完整性要求。

例如，在提交布图设计登记时仅提交了两层金属层图样：图样一 Metal－1 和图样二 Metal－2。[1]从技术角度理解，仅依金属层图样，不可能制造出集成电路，也不可能制造出能执行电子功能的集成电路中间产品，形成不了《集成电路布图设计保护条例》规定的布图设计。从法律角度理解，《集成电路布图设计保护条例》并不单独保护未形成布图设计整体的局部内容，故企业提交的不完整的布图设计即使被国家知识产权局审查授权，但因其布图设计不完整、保护范围不确定，无法获得我国法律保护，相应的集成电路布图设计登记亦应被撤销。

【相关法条】

《集成电路布图设计保护条例》

第二条　本条例下列用语的含义：

（一）集成电路，是指半导体集成电路，即以半导体材料为基片，将至少有一个是有源元件的两个以上元件和部分或者全部互连线路集成在基片之中或者基片之上，以执行某种电子功能的中间产品或者最终产品；

（二）集成电路布图设计（以下简称布图设计），是指集成电路中至少有一个是有源元件的两个以上元件和部分或者全部互连线路的三维配置，或者为制造集成电路而准备的上述三维配置；

……

《集成电路布图设计保护条例实施细则》

第二十九条　撤销程序

布图设计登记公告后，发现登记的布图设计专有权不符合集成电路布图设计保护条例第二条第（一）、（二）项、第三条、第四条、第五条、第十二条或者第十七条规定的，由专利复审委员会撤销该布图设计专有权。

……

---

[1] 参见昂宝电子公司因与被南京智浦芯联公司、深圳芯联公司、深圳梓坤嘉科技公司侵害集成电路布图设计专有权纠纷案，江苏省高级人民法院（2013）苏知民终字第0181号民事判决书。

6. 在提交集成电路布图设计登记的时候要填写创作完成日和首次商业利用日,企业是否清楚这两个日期有何意义?

【风险提示与建议】

根据《集成电路布图设计保护条例》第 4 条的规定,受保护的布图设计应当具有独创性,即该布图设计是创作者自己的智力劳动成果,并且在其创作时该布图设计在布图设计创作者和集成电路制造者中不是公认的常规设计;受保护的由常规设计组成的布图设计,其组合作为整体应当符合前述条件。

由于该条所称的布图设计的独创性要求布图设计在创作时在布图设计创作者和集成电路制造者中不是公认的常规设计,因此,判断布图设计是否具有独创性,应当以该布图设计创作完成日为判断时间点。由于布图设计投入商业利用或者进行登记时必然已创作完成,当创作完成日无法确定时,可以将能够确定的首次商业利用日或申请日推定为创作完成日。一般而言,布图设计虽然登记了创作完成日和商业利用日,但上述日期均为布图设计登记申请公司自行申报,若无相应证据佐证,客观上无法确认在上述日期登记的布图设计是否已经完成。而布图设计创作完成日越早,越易于认定为具有独创性,故在布图设计登记申请公司未能实际提交证据证明相关布图设计实际创作完成日或商业利用日的情况下,在具体的个案中可以将其申请日推定为创作完成日。[1]

【相关法条】

《集成电路布图设计保护条例》

第四条 受保护的布图设计应当具有独创性,即该布图设计是创作者自己的智力劳动成果,并且在其创作时该布图设计在布图设计创作者和集成电路制造者中不是公认的常规设计。

受保护的由常规设计组成的布图设计,其组合作为整体应当符合前款规定的条件。

---

〔1〕 参见深圳明微公司与国家知识产权局原专利复审委员会集成电路布图设计撤销行政纠纷案,北京市第一中级人民法院(2012)一中知行初字第 47 号行政判决书。

7. 集成电路布图设计登记需要的时限是多长？官方费用是多少？

【风险提示与建议】

集成电路布图设计登记通常的时限在4～10个月，部分登记申请由于补正答复等可能需要更长的时间。集成电路布图登记费为1000元/件。

为了尽可能地缩短集成电路布图登记时间，企业在申请时应当尽可能提交符合规范的申请文件，避免因补正、审查意见等造成的时限延长。同时，为了快速且顺利地完成集成电路布图设计登记，并且在后续能够进行有效维权，建议企业选择专业的代理机构进行集成电路布图设计登记申请。

【相关法条】

《专利和集成电路布图设计缴费服务指南》

集成电路布图设计费用标准

金额单位：人民币元

费用种类	简称	集成电路布图设计
布图设计登记费（每件）	登	1000
布图设计登记复审请求费（每件）	布复	1000
恢复布图设计登记权利请求费（每件）	布恢	500
著录事项变更手续费（每件每次）	变	50
延长期限请求费（每件每次）	布延	150
非自愿许可使用布图设计请求费（每件）	布非	150
非自愿许可使用布图设计支付报酬裁决费（每件）	布非裁	150

8. 企业若就集成电路布图设计问题涉诉，是否知道布图设计独创性的举证规则是什么？

【风险提示与建议】

独创性是集成电路布图设计受到保护所需满足的要件，其标准应当介乎专利法的创造性和著作权法的独创性之间。无论是判断享有专有权的布图设计的独创性部分，还是判断反向工程的布图设计是否具有独创性，都需要满足《集成电路布图设计保护条例》第 4 条的规定。

具体来说，首先，要具备独立创作性，即布图设计是创作者独立创作；其次，要具备非常规设计性，即对于布图设计创作者和集成电路制造者来说，该项布图设计作为整体或者其部分与公认的常规设计对比，二者在图层数量、布局、连线、模块、元件等技术细节上具有实质性区别；最后，符合独创性的布图设计应不属于现有布图设计。[1]

公认的常规设计，是指在创作布图设计时布图设计创作者和集成电路制造者能够从布图设计领域的教科书、技术词典、技术手册、通用标准、通用模块等资料中获取的设计，以及根据基本的设计原理容易想到的设计。

现有布图设计，应是在申请日或者首次商业利用日之前（以较前日期为准）公众能够获知的布图设计。换句话说，现有布图设计应在申请日或者首次商业利用日以前处于能够为公众获得的状态，并包含能够使公众从中得知布图设计的版图布局。例如，可以公开查阅的已公告布图设计，或者通过对市场上购买的集成电路芯片实施反向工程获得的布图设计。要注意的是，处于保密状态的布图设计不属于现有布图设计。所谓保密状态，不仅包括受保密规定或者协议约束的情形，还包括社会观念或者商业习惯上被认为应承担保密义务的情形，即默契保密的情形。然而，如果负有保密义务的人违反规定、协议或者默契泄露秘密，导致保密的布图设计被公开，使公众能够得知这些布图设计，则这些布图设计也就构成现有布图设计的一部分。[2]

---

〔1〕 参见国家知识产权局《集成电路布图设计审查与执法指南（试行）》第二部分第 3 节。

〔2〕 参见国家知识产权局《集成电路布图设计审查与执法指南（试行）》第二部分第 3 节。

布图设计的专有权人应当对其主张保护的集成电路布图设计具有独创性承担举证责任,但是其并无必要也不可能穷尽所有的相关常规布图设计来证明其主张保护的布图设计属于非常规设计。只要布图设计的专有权人提供的证据以及所作的说明可以证明其主张保护的布图设计不属于常规设计,则应当认为布图设计的专有权人已经完成了初步的举证责任。此时,举证责任转移到被控侵权人,由其举证反驳布图设计的独创性。被控侵权人主张相关布图设计是常规设计的,则其只要能够提供一份相同或者实质性相似的常规布图设计,即足以推翻布图设计的专有权人关于非常规设计的主张。将专有权人布图设计与被控侵权人提供的常规设计进行比较时,应当关注图层数量、布局、连线、模块、元件等技术细节上是否具有实质性的区别。

实践中,受保护的由常规设计组成的布图设计,其组合作为整体符合独创性的条件也是允许的。例如,在微盟公司与泉芯公司侵害集成电路布图设计专有权纠纷案[1]中,微盟公司主张涉案 ME6206 芯片的布图设计是采用常规设计并通过不同的组合方式,达到一定的优化功能,即“ME6206 是具有过流和短路保护的 CMOS 降压型电压稳压器”,而泉芯公司亦未对涉案 ME6206 芯片的布图设计独创性提出抗辩,据此,法院认定涉案 ME6206 芯片的布图设计具有独创性。

另外,布图设计独创性的标准与芯片实现的功能并没有直接关系,完全有可能存在由常规设计组成的布图设计实现一个崭新的芯片功能的情况,也可能存在通过自主设计出非常规设计的布图来实现与其他芯片完全相同功能的情形。

【相关法条】

《集成电路布图设计保护条例》

第四条　受保护的布图设计应当具有独创性,即该布图设计是创作者自己的智力劳动成果,并且在其创作时该布图设计在布图设计创作者和集成电路制造者中不是公认的常规设计。

受保护的由常规设计组成的布图设计,其组合作为整体应当符合前款规定的条件。

---

〔1〕 参见广东省高级人民法院民事判决书,(2014)粤高法民三终字第 1231 号。

9. 企业该如何规避侵犯他人集成电路布图设计的风险?

【风险提示与建议】

集成电路布图设计侵权行为的构成有三个要件:(1)对方完成了集成电路布图设计登记;(2)企业接触了对方的集成电路布图设计或者具备接触对方集成电路布图设计的可能性;(3)企业对该已经登记的集成电路布图设计中具有独创性的部分进行了复制,或者将受保护的布图设计、含有该布图设计的集成电路或含有该集成电路的物品投入商业利用。企业在获得含有受保护的布图设计的集成电路或者含有该集成电路的物品时,不知道也没有合理理由应当知道其中含有非法复制的布图设计,而将其投入商业利用的,不视为侵权。

因此,在排查企业自身是否构成对集成电路布图设计专有权的侵权时,可以针对上述内容分别进行评估:(1)对方是否已经完成了相应的布图登记,该登记是否具有撤销的可能性?(2)对方的集成电路布图设计是否已经投入商业利用,企业自身是否有与之接触的可能性?(3)对方的布图设计登记是否能够有效与企业的产品进行对应?如果能够进行对应,该对应部分是否具备独创性?是否由权利人独立创作?是否与现有设计不同?(4)企业是否知晓自己经营的集成电路产品涉嫌侵权?是否具有合法来源?

以上内容,实际判断是比较复杂的,尤其对于独创性和是否侵权的判断,往往是司法实践中最常见的争议焦点,因此建议企业在完成上述内容的初步判断后,尽快选择聘请专业律师进行指导、代理。

【相关法条】

《集成电路布图设计保护条例》

第七条 布图设计权利人享有下列专有权:

(一)对受保护的布图设计的全部或者其中任何具有独创性的部分进行复制;

(二)将受保护的布图设计、含有该布图设计的集成电路或者含有该集成电路的物品投入商业利用。

第二十三条 下列行为可以不经布图设计权利人许可,不向其支付报酬:

（一）为个人目的或者单纯为评价、分析、研究、教学等目的而复制受保护的布图设计的；

（二）在依据前项评价、分析受保护的布图设计的基础上，创作出具有独创性的布图设计的；

（三）对自己独立创作的与他人相同的布图设计进行复制或者将其投入商业利用的。

第二十四条　受保护的布图设计、含有该布图设计的集成电路或者含有该集成电路的物品，由布图设计权利人或者经其许可投放市场后，他人再次商业利用的，可以不经布图设计权利人许可，并不向其支付报酬。

第三十三条　在获得含有受保护的布图设计的集成电路或者含有该集成电路的物品时，不知道也没有合理理由应当知道其中含有非法复制的布图设计，而将其投入商业利用的，不视为侵权。

前款行为人得到其中含有非法复制的布图设计的明确通知后，可以继续将现有的存货或者此前的订货投入商业利用，但应当向布图设计权利人支付合理的报酬。

10. 企业的集成电路布图设计被侵权怎么办？

【风险提示与建议】

集成电路布图设计专有权人享有对受保护的布图设计的全部或者其中任何具有独创性的部分进行复制的专有权利，以及将受保护的布图设计、含有该布图设计的集成电路或者含有该集成电路的物品投入商业利用的专有权利。因此，任何人未经专有权人许可不得实施上述两种行为，一旦实施就构成侵权。

专有权人发现集成电路布图设计涉嫌被侵权时，首先，应当保全证据，保全范围包括对方侵权行为的证据和对方侵权赔偿相关的证据；其次，将对方的侵权产品与自身布图设计登记内容进行摸底比对，确定对方产品中哪一部分构成侵权，该部分是否具有独创性，为后续提出独创性声明和主张提供依据；再次，审查企业自身的集成电路布图设计产品是否已经投入商业利用，对方是否有可能接触到企业所登记的集成电路布图设计，从而构成侵权;最后,与对方协商或者直接利用行政程序、司法程序进行维权。

【相关法条】

《集成电路布图设计保护条例》

第七条 布图设计权利人享有下列专有权:

(一)对受保护的布图设计的全部或者其中任何具有独创性的部分进行复制;

(二)将受保护的布图设计、含有该布图设计的集成电路或者含有该集成电路的物品投入商业利用。

11. 企业在进行集成电路布图设计侵权诉讼时,生产被诉侵权产品的光刻掩模版能否作为侵权比对的对象?

【风险提示与建议】

布图设计专有权的保护范围应当以布图设计授权文件所确定的三维配置为准。权利人所提交的布图设计的复制件或者图样,或者特定情况下提交的集成电路样品均可用于确定这种三维配置。复制件或者图样附具的文字说明,可以用来解释布图设计。在薄膜、塑料或玻璃基体材料上制作各种功能图形并精确定位,以便用于光致抗蚀剂涂层选择性曝光的一种结构,称为光刻掩模版。结合前述第5问的说明可知,光刻掩模版通过一定技术手段实现了布图设计图样图形的转移,其固定了封装后的集成电路的布图设计。因此,可以用权利人所主张权利的复制件或者图样与用于制作被诉侵权产品的光刻掩模版进行比较,进行侵权比对。[1]

【相关法条】

《集成电路布图设计保护条例》

第二条 本条例下列用语的含义:

(一)集成电路,是指半导体集成电路,即以半导体材料为基片,将至少有一个是有源元件的两个以上元件和部分或者全部互连线路集成在基片之

[1] 参见华润矽威公司诉南京源之峰公司侵犯集成电路布图设计专有权纠纷案,江苏省南京市中级人民法院(2009)宁民三初字第435号民事判决书。

中或者基片之上，以执行某种电子功能的中间产品或者最终产品；

（二）集成电路布图设计（以下简称布图设计），是指集成电路中至少有一个是有源元件的两个以上元件和部分或者全部互连线路的三维配置，或者为制造集成电路而准备的上述三维配置；

……

12. 企业在进行集成电路布图设计侵权诉讼时，对于集成电路布图设计的相同性或者实质相似性判断应考虑哪些因素？

【风险提示与建议】

首先，根据《集成电路布图设计保护条例》第5条的规定，对布图设计的保护，不延及思想、处理过程、操作方法或者数学概念。其中，区别部分中的“思想、处理过程、操作方法或者数学概念”属于不予保护范围，不予考虑，如制作工艺所产生的面积差异、寸方差异等，均属于条例不予保护的范畴。举例而言，布图设计中的M1、M2、M3层以及PL层的MOS管尺寸等的不同即属于细微的或次要的差异，系因使用不同工艺造成的差别，亦不足以影响对布图设计间相同或者实质性相似的判断。另外，法律也不保护唯一或有限的表达，属于唯一或有限的表达的区别部分内容也应剔除。

其次，侵权比对时，互连线路虽然是集成电路布图设计考量时的参考因素之一，但布图设计的侧重点在于有源元件和元件与互连线路的三维配置，也就是说，除了考虑互连线路的三维配置外，互连线路连接着的元件所呈现的组合在三维空间的配置在判断布图设计是否相同或实质性相似时更为重要。[1]

再次，实际鉴定中，由于多环节存在的误差，即使是同一个厂家使用同一集成电路布图设计文件所生产出来的芯片，版图相似度亦不可能达到100%，相关合理误差参考均值为4.2%。[2] 例如，根据芯片版图相似度高

---

〔1〕 参见上诉人钜泉光电公司、上诉人锐能公司因侵害集成电路布图设计专有权纠纷案，上海市高级人民法院（2014）沪高民三（知）终字第12号民事判决书。

〔2〕 参见上诉人泉芯公司因与被上诉人微盟公司侵害集成电路布图设计专有权纠纷案，广东省高级人民法院（2014）粤高法民三终字第1231号民事判决书。

达96.91%的鉴定意见,且该相似度仍在合理误差参考均值范围之内,可以推定被比对的两款设计使用的是同一布图设计。

最后,当局部判断相同或者实质相似时,即使该局部布图设计仅占整个芯片布图设计的很小部分,如不到1%,亦可判断为被控侵权产品侵犯了涉案的集成电路布图设计。《集成电路布图设计保护条例》并未将那些基本电路或者起辅助性功能的布图设计排除在受保护的布图设计之外,这些布图设计如果具有独创性,且不属于公认的常规设计,同样应受到保护。

需要说明的是,对于《集成电路布图设计保护条例》中规定的"具有独创性的部分",该"部分"不应是个别元件或个别连接,而应具有相对独立的模块。具体而言,相对独立的模块一般应当具备以下两个条件:(1)相对于其他部分而言,该部分具有某种相对独立的电子功能;(2)该部分在复制件或图样中,相对于其他部分应具有相对清晰、可以划分的边界。也就是说,只有具备上述两个条件,才能成为"具有独创性的部分"的判断客体。

【相关法条】

《集成电路布图设计保护条例》

第五条 本条例对布图设计的保护,不延及思想、处理过程、操作方法或者数学概念等。

第七条 布图设计权利人享有下列专有权:

(一)对受保护的布图设计的全部或者其中任何具有独创性的部分进行复制;

(二)将受保护的布图设计、含有该布图设计的集成电路或者含有该集成电路的物品投入商业利用。

13. 集成电路布图设计侵权诉讼中,如何判断被诉企业知道或者应当知道被诉产品侵权?

【风险提示与建议】

被诉行为是否构成侵权,应当如何举证与抗辩,在集成电路布图设计侵权诉讼中非常重要,直接决定被诉侵权企业是否应承担相应法律责任。被诉企业主张其获得含有受保护的布图设计的集成电路或者含有该集成电路的物品时，不知道也没有合理理由应当知道其中含有非法复制的布图设计，而将其投入商业利用的，法院应判定原告承担证明被诉企业存在知道或者应当知道的主观状态的举证责任。鉴于布图设计登记申请经初步审查，未发现驳回理由的，即由国务院知识产权行政部门予以登记，发给登记证明文件，并予以公告。但公告内容通常仅包括专有权的相关著录项目信息，而不包括布图设计的具体内容，公众若希望了解具体内容，仍需办理查阅手续。故原告企业需要提交证据证明被诉企业查阅了布图设计的具体内容或者提交被诉企业知悉涉案被控产品侵权的其他证据。〔1〕

【相关法条】

《集成电路布图设计保护条例》

第三十三条　在获得含有受保护的布图设计的集成电路或者含有该集成电路的物品时，不知道也没有合理理由应当知道其中含有非法复制的布图设计，而将其投入商业利用的，不视为侵权。

前款行为人得到其中含有非法复制的布图设计的明确通知后，可以继续将现有的存货或者此前的订货投入商业利用，但应当向布图设计权利人支付合理的报酬。

14. 企业对集成电路产品换标使用是否构成侵权？

【风险提示与建议】

企业为避免消费者对同品牌、同型号产品进行比价，有时候会对正常购进的产品换标销售，如将原正常购进的产品的标识“JZ”变更成“QX”。这种行为仅改变了产品名称而并未改变芯片产品，相关企业对合法获得的芯片产品进行重新贴标后销售，仍然属于《集成电路布图设计保护条例》第2条第5项规定的商业利用行为，但不属于侵权行为。〔2〕

〔1〕 参见再审申请人微盟公司因与被申请人泉芯公司侵害集成电路布图设计专有权纠纷案，最高人民法院（2016）最高法民申1491号民事裁定书。

〔2〕 参见上诉人泉芯公司因与被上诉人微盟公司侵害集成电路布图设计专有权纠纷案，广东省高级人民法院（2014）粤高法民三终字第1231号民事判决书。

【相关法条】

《集成电路布图设计保护条例》

第二十四条 受保护的布图设计、含有该布图设计的集成电路或者含有该集成电路的物品，由布图设计权利人或者经其许可投放市场后，他人再次商业利用的，可以不经布图设计权利人许可，并不向其支付报酬。

15. 企业如何模仿他人芯片而不构成侵权？

【风险提示与建议】

如果企业要模仿他人芯片而不构成侵权，一种可能是获得布图设计权利人的许可而复制其布图设计；另一种可能是在反向工程的基础上重新设计出具有独创性的布图设计，即通过对他人芯片的逐层摄片分析研究其中的电路原理，然后再进行重新设计或替换设计，这个过程中的分析和设计是要投入较多的时间和成本的。而在发展迅速的集成电路行业，竞争对手这些时间和成本的投入能够保证被模仿的企业可以在一定的时间内仍然保有自己的竞争优势，这也是法律允许反向工程的原因所在。但是，法律并不允许在反向工程的基础上直接复制他人的布图设计，因为这将大幅度减少竞争对手在时间和成本上的投入，从而极大地削弱被模仿企业的竞争优势，最终将降低整个集成电路行业创新的积极性。[1]

【相关法条】

《集成电路布图设计保护条例》

第二十三条 下列行为可以不经布图设计权利人许可，不向其支付报酬：

（一）为个人目的或者单纯为评价、分析、研究、教学等目的而复制受保护的布图设计的；

（二）在依据前项评价、分析受保护的布图设计的基础上，创作出具有独创性的布图设计的；

---

〔1〕 参见上诉人钜泉光电公司、上诉人锐能公司因侵害集成电路布图设计专有权纠纷案，上海市高级人民法院(2014)沪高民三(知)终字第12号民事判决书。

（三）对自己独立创作的与他人相同的布图设计进行复制或者将其投入商业利用的。

16. 企业欲申请撤销他人的集成电路布图设计，国务院知识产权行政部门应依申请还是依职权启动撤销审查程序？

【风险提示与建议】

根据《集成电路布图设计保护条例》第 20 条的规定，布图设计获准登记后，国务院知识产权行政部门发现该登记不符合本条例规定的，应当予以撤销，通知布图设计权利人，并予以公告。参照《集成电路布图设计保护条例实施细则》的规定，《集成电路布图设计保护条例》所称的国务院知识产权行政部门是指国家知识产权局专利局，专利局复审和无效审理部负责对布图设计专有权撤销案件的审查。据此，专利局复审和无效审理部具有对不符合《集成电路布图设计保护条例》规定的布图设计予以撤销的职权。

《集成电路布图设计保护条例》虽未规定社会公众可以请求专利局复审和无效审理部撤销已登记的布图设计，但由于专利局复审和无效审理部具有撤销布图设计的职权，当社会公众认为布图设计不符合该条例的规定时，可以向专利局复审和无效审理部反映其意见，并可提交相应证据。这也正是专利局复审和无效审理部发现布图设计登记不符合该条例规定的途径之一。故专利局复审和无效审理部可以接受企业针对布图设计的撤销申请文件并进行撤销审查。

由于布图设计是否撤销系由专利局复审和无效审理部依职权进行审查，其可不受提出撤销意见的人所提理由和证据的限制，并可自行调查收集证据，亦有权决定采取对事实和证据进行调查的方式。例如，专利局复审和无效审理部接受撤销申请人的意见陈述、证据并通知布图设计专有权人参加口头审理，均应视为其进行事实调查的方式。专利局复审和无效审理部在收到社会公众认为布图设计不符合条例规定的意见，并以此作为主要理由和证据作出撤销布图设计的决定前，给予提出意见的社会公众陈述意见和参加口头审理的机会，也有利于专利局复审和无效审理部及布图设计专有权人更为充分地了解社会公众意见的内容，保障专有权人的听证权利。[1]

【相关法条】

《集成电路布图设计保护条例》

第二十条 布图设计获准登记后，国务院知识产权行政部门发现该登记不符合本条例规定的，应当予以撤销，通知布图设计权利人，并予以公告。布图设计权利人对国务院知识产权行政部门撤销布图设计登记的决定不服的，可以自收到通知之日起3个月内向人民法院起诉。

17. 企业想研究竞争对手的集成电路布图设计，如何办理查阅手续？

【风险提示与建议】

企业为研究、发展需要，或者因诉讼的原因，可以考虑查阅竞争对手的集成电路布图设计。一般而言，查阅过竞争对手的集成电路布图设计即意味着已经知晓竞争对手相应的集成电路布图设计的具体内容，但实际上查阅权限却有诸多限制，集成电路布图设计也并非如同专利那样进行完全的公开且容易造成善意使用抗辩的障碍，故办理查阅手续须谨慎。

集成电路布图设计登记后，将在《中国知识产权报》和国家知识产权局官方网站（www. cnipa. gov. cn）上予以公告，公众可通过上述途径对布图设计专有权进行查询。但上述公告内容仅包括专有权的相关著录项目信息，公众若希望了解某项布图设计专有权的图样等具体内容，可以办理查阅手续。布图设计登记公告后，公众即可请求查阅该布图设计的复制件或者图样的纸件。公众查阅时，仅允许在指定的地点查阅纸件文件，文件不得复制、拍照或带出房间。申请人请求保密的图纸、布图设计的电子件及集成电路样品不允许查阅。这一点同司法、行政机关的调阅权限具有很大的不同，布图设计审查过程中及布图设计登记公告后，若该布图设计涉及侵权诉讼或行政处理，允许司法机关、行政部门查阅、复制该布图设计的复制件或者

〔1〕参见深圳明微公司与国家知识产权局原专利复审委员会集成电路布图设计撤销行政纠纷案，北京市第一中级人民法院（2012）一中知行初字第47号行政判决书。

图样的纸件、电子数据及布图设计登记簿、调取集成电路样品。

公众若查阅布图设计的图纸,需提前一周电话预约,告知案卷申请号。若是个人查阅,需要出示身份证,并提供身份证复印件;若是企业查阅,需要提供介绍信(委托书),查阅人出示身份证,并提供身份证复印件。

其他具体信息可登录集成电路布图设计电子平台查阅"集成电路申请常见问题解答"(vlsi. cnipa. gov. cn/jichengdianlu/standard/1601. jsp)。

【相关法条】

《集成电路布图设计保护条例》

第三十三条第一款 在获得含有受保护的布图设计的集成电路或者含有该集成电路的物品时,不知道也没有合理理由应当知道其中含有非法复制的布图设计,而将其投入商业利用的,不视为侵权。

《集成电路布图设计保护条例实施细则》

第十四条 复制件或者图样

按照条例第十六条规定提交的布图设计的复制件或者图样应当符合下列要求:

(一)复制件或者图样的纸件应当至少放大到用该布图设计生产的集成电路的20倍以上;申请人可以同时提供该复制件或者图样的电子版本;提交电子版本的复制件或者图样的,应当包含该布图设计的全部信息,并注明文件的数据格式;

……

第十五条 涉及保密信息的申请

……

布图设计登记申请有保密信息的,含有该保密信息的图层的复制件或者图样纸件应当置于在另一个保密文档袋中提交。除侵权诉讼或者行政处理程序需要外,任何人不得查阅或者复制该保密信息。

第三十九条 公众查阅和复制

布图设计登记公告后,公众可以请求查阅该布图设计登记簿或者请求国家知识产权局提供该登记簿的副本。公众也可以请求查阅该布图设计的复制件或者图样的纸件。

本细则第十四条所述的电子版本的复制件或者图样,除侵权诉讼或者行政处理程序需要外,任何人不得查阅或者复制。

第六章

不正当竞争及其他篇

1. 企业之间经营产品、服务种类不同，相互间能否构成不正当竞争？司法实践中认定的竞争关系都有哪些特殊表现形态？

【风险提示与建议】

根据《反不正当竞争法》第2条的规定，经营者，是指从事商品生产、经营或者提供服务的自然人、法人和非法人组织。不正当竞争行为，是指经营者在生产经营活动中，违反《反不正当竞争法》的规定，扰乱市场竞争秩序，损害其他经营者或者消费者的合法权益的行为。最高人民法院《关于适用〈中华人民共和国反不正当竞争法〉若干问题的解释》第2条规定，与经营者在生产经营活动中存在可能的争夺交易机会、损害竞争优势等关系的市场主体，法院可以认定为《反不正当竞争法》第2条规定的"其他经营者"。

由此可见，《反不正当竞争法》的根本目的在于建立和维护公平、诚实信用的市场竞争秩序。因此，经营者之间是否具有经营同类产品、服务的直接竞争关系，并不是适用《反不正当竞争法》的先决条件。《反不正当竞争法》着眼于对整个市场竞争秩序的维护，其所要规范的并不仅限于狭义上的经营同类商品或替代商品（或服务）的竞争对手所实施的违反公认的商业道德的侵权行为。

百度公司诉奥商公司、联通青岛公司、联通山东公司、鹏飞旅游服务公司不正当竞争纠纷案[1]对反不正当竞争类案件中竞争关系的认定具有重要指导意义。原告百度公司是中文搜索引擎服务商，每天有大量的网民访问百度网站查询信息。被告奥商网络公司、联通青岛公司、联通山东公司利用技术手段，让网络用户在登录百度网站进行关键词搜索时，在正常搜索结果显示前强行弹出奥商公司发布的广告页面，进行推广宣传。原告认为，被告的前述行为构成不正当竞争。被告认为，其与原告经营的服务类别不同，从而不存在竞争关系，故其行为不构成不正当竞争。法院审理后认为，原告、被告从事的服务类别虽然不完全相同，但被告实施的在百度搜索结果出现之前弹出广告的商业行为与百度公司的搜索模式存在竞争关系。被告的

〔1〕 参见《最高人民法院公报》2010年第8期案例。

做法属于利用原告提供的搜索引擎服务来为自己牟利的行为,这种行为损害了百度公司的合法利益,同时也违背了诚实信用、公平交易的市场行为准则和公认的商业道德,是一种不正当竞争行为。最高人民法院在裁判摘要中揭示:确定市场主体之间竞争关系的存在,不以二者属同一行业或服务类别为限,如果二者在市场竞争中存在一定联系或者一方的行为不正当地妨碍了另一方的正当经营活动并损害其合法权益,则应肯定二者之间存在竞争关系。

实务中,一方面,市场竞争手段的多样化使不正当竞争行为不再局限于经营对手之间的直接竞争行为,非直接竞争对手之间也存在不正当损害其他经营者利益的情况;另一方面,现代反不正当竞争法的保护对象已从竞争者扩大到消费者和其他市场参与者。但鉴于司法实践中的普遍认知,即"当事人之间具有竞争关系是认定不正当竞争行为的前提"[1],故在非同业经营者之间、经营者与其他市场参与者之间认定竞争关系就成为适用反不正当竞争需要首要解决的问题。对非同业或者非直接竞争关系中"竞争关系"的认定,根据司法实践可归纳为以下几种表现形态:

(1)原告与被告之间没有直接竞争关系,但原告下属企业与被告存在同业竞争,法院据此认定原告、被告之间具有竞争关系。例如,在中国药科大学诉福瑞科技公司不正当竞争侵权纠纷案[2]中,原告是一所教育部直属重点大学,而被告从事保健品的销售。被告未经许可擅自使用原告之名称进行虚假宣传并误导消费者。法院据此认定,原告通过附属企业在药品市场上从事经营活动,与被告发生了同业竞争,原告、被告间具有竞争关系。

(2)原告、被告的商品或服务种类虽然不同,但二者的商品或服务的功能、用途、消费群体存在交叉、重叠的情形,法院据此认定原告、被告之间具有竞争关系。例如,在显臣制药公司诉振华伟业公司、秋臣公司等不正当竞争侵权纠纷案[3]中,原告开发的显臣粉刺净产品在市面上具有一定的知名度。被告为使其生产的秋臣痘痘消拓展业务、占领市场,利用原告的产品进行虚假宣传。法院认为,就本案而言,虽然显臣公司生产的显臣粉刺净属于

---

[1] 周樨平:《反不正当竞争法中竞争关系的认定及其意义——基于司法实践的考察》,载《经济法论丛》2011年第2期。

[2] 参见《最高人民法院公报》2005年第6期案例。

[3] 参见北京市第一中级人民法院民事判决书,(2002)一中民初字第2603号。

药品，而秋臣公司生产的秋臣痘痘消属于化妆品，两种产品从产品分类上不属于相同类的产品，但是，两种产品都是用于治疗粉刺、暗疮的，其功能和用途有所交叉，消费群体亦会有所重叠，故两种产品在市场上具有竞争关系。

(3)原告、被告相互间从事的行业、领域并不相同，但原告有可能通过拓展经营范围将业务扩展到被告的领域，法院据此认定原告、被告之间存在竞争关系。例如，在熙可公司诉天科公司不正当竞争侵权纠纷案[1]中，原告与被告经营的医疗器械种类并不相同。法院认定，尽管双方目前销售的产品各有侧重，但是市场的开拓、经营通常具有步骤性、渐进性。原告自己的销售计划已经将被告销售的产品作为公司下一步发展的方向和目标，故双方存在潜在的竞争。法院鉴于原告、被告双方具有潜在的同业竞争关系，进而认定双方具有竞争关系。

(4)被告的行为虽然没有为自己获取竞争优势，但其以不正当的方式破坏了原告的竞争优势，法院据此认定原告、被告存在竞争关系。例如，在登海种业公司诉宣化农药公司不正当竞争侵权纠纷案[2]中，原告从事玉米种子的培育和销售，系登海系列玉米植物新品种的权利人。被告生产的农药包装上标注有“本剂在登海系列品种的玉米田使用时，应先征得当地农技部门同意，或试验确认安全后，方可使用”的内容。法院认为，被告的行为会使消费者在购买登海系列玉米品种时，产生需注意该玉米与除草剂品牌的匹配性，该玉米种植不方便的消费心理，损害了登海公司的商誉，破坏了登海公司的竞争优势。“不正当竞争行为并非仅限于经营同类商品或服务的竞争对手之间争夺交易机会的行为，以不正当的手段谋取竞争优势或者破坏他人竞争优势的行为均可构成。”

(5)被告因不正当地获取竞争优势而产生的竞争关系。不劳而获的“搭便车”行为、通过制造混淆而攀附他人的商业信誉等行为导致可能的混淆发生在不相关的非同业领域，此时即属因不正当地获取竞争优势导致原被告间产生竞争关系的情形。例如，在金斯顿男子篮球俱乐部诉金斯顿服饰公司不正当竞争纠纷案[3]中，“金斯顿”是原告金斯顿篮球俱乐部所拥有之知

---

〔1〕 参见上海市高级人民法院民事判决书，(2002)沪高民三(知)字第80号。

〔2〕 参见济南市中级人民法院民事判决书，(2005)济民三初字第143号。

〔3〕 参见济南市中级人民法院民事判决书，(2005)济民三初字第5号。

名商标。被告经营“金斯顿”运动休闲服,其在网站中利用原告之品牌和山东男子篮球队做营销宣传、推广。法院认定被告的行为构成不正当竞争,对于竞争关系,法院阐述道:“被告所辩称的原告和被告从事不同的行业从而不存在竞争关系,是被告对竞争者含义的曲解,没有正确、全面地理解法律条文。本案的原告和被告之间是否存在竞争关系在于被告是否通过不正当手段获取竞争优势,而不取决于被告和原告是否从事同一行业。”

(6)因被告虚假宣传、原告合理信赖而产生的竞争关系。例如,在兰州金蝶诉金蝶中国公司不正当竞争侵权纠纷案[1]中,原告系被告软件产品的经销商,被告对其产品虚假宣传,致使原告误认为被告的金蝶 K/3 软件支持 Oracle 数据库,于是在其设计开发的信息系统中使用该软件,从而导致其所开发的信息系统存在严重问题。庭审过程中,对本案适用《反不正当竞争法》还是《合同法》(已失效)或《消费者权益保护法》存在争议,法院最终认定本案原告作为经营者,同时又是金蝶软件产品的消费者,其合法权益同样应受《反不正当竞争法》的保护。

(7)被告违背诚实信用原则、破坏竞争秩序,原告、被告间因此产生竞争关系。例如,在浚泓公司诉强生中国公司、强生上海公司等不正当竞争侵权纠纷案[2]中,原告是被告的经销商,在合作经销合同没有终止、原告尚不知情的情况下,被告单方向相关客户发函,称其已与原告终止合作业务,原告继续经销其产品的行为是欺骗行为,被告此举造成了原告商誉损失。法院认定,虽然原告、被告非直接竞争对手,但被告行为的目的是终止与原告的合作后降低其商业信誉并扶植另一经销商,主观上具有不正当竞争之故意,客观上实施了诋毁原告商誉的行为,构成了不正当竞争。对于竞争关系,法院阐述道:“凡经营者违背了自愿、平等、公平、诚实信用原则和公认的商业道德,扰乱社会经济秩序,损害竞争对手之外的经营者的商业信誉,其行为同样也会构成不正当竞争行为。经营者之间是否具有同业竞争关系,并不是构成不正当竞争的先决条件。”

综上所述,从我国和国际的司法实践来看,对竞争关系从宽泛的角度理解甚至不考虑竞争关系是大势所趋,但不考虑竞争关系亦存在当事人滥诉

---

〔1〕 参见甘肃省高级人民法院民事判决书,(2007)甘民三终字第 00007 号。
〔2〕 参见广东省高级人民法院民事判决书,(2004)粤高法民三终字第 282 号。

之虞，故中国当前司法实践系从相对宽泛的角度来把握竞争关系的认定这一问题。因此，企业避免不正当竞争被诉侵权的最好办法就是依法诚信、公平经营，原告、被告之间不存在"竞争关系"的抗辩主张存在诸多适用障碍。

【相关法条】

《反不正当竞争法》

第二条　经营者在生产经营活动中，应当遵循自愿、平等、公平、诚信的原则，遵守法律和商业道德。

本法所称的不正当竞争行为，是指经营者在生产经营活动中，违反本法规定，扰乱市场竞争秩序，损害其他经营者或者消费者的合法权益的行为。

本法所称的经营者，是指从事商品生产、经营或者提供服务（以下所称商品包括服务）的自然人、法人和非法人组织。

最高人民法院《关于适用〈中华人民共和国反不正当竞争法〉若干问题的解释》

第二条　与经营者在生产经营活动中存在可能的争夺交易机会、损害竞争优势等关系的市场主体，人民法院可以认定为反不正当竞争法第二条规定的"其他经营者"。

2. 我国《反不正当竞争法》中规定的经营者必须是国内企业或者个人，或者必须在国内有经营场所吗？

【风险提示与建议】

答案是否定的。

实际上，从我国《反不正当竞争法》对经营者的定义来看，该法既未限定可以主张权利的主体为国内企业、组织或者个人，也未限定侵权的主体为国内（特指内地，不包括我国港澳台地区，下同）企业、组织或者个人，当然也并未限定相关的主体必须在国内有相应的经营场所。原则上，只要权利主张方与被诉方之间在国内存在竞争关系（不要求二者之间存在经营同类产品或者服务的直接竞争关系），就受我国《反不正当竞争法》的调整和约束。

境外企业的商品可以通过在内地设立的机构向内地合法进行销售和宣传，从而使得其相关产品设备在内地占有一定的市场份额，因此，从商品提供者的角度来看，相关境外企业属于我国《反不正当竞争法》所称的“经营者”，其享有的合法权益受我国《反不正当竞争法》的保护。

《保护工业产权巴黎公约》不要求公约参加国的企业必须在其他公约参加国中有经营场所其权利才受保护，故相关主体是外国企业，或在中国没有经营场所等，以上事实均不影响法院对其经营者地位的确认，也不影响该企业依据我国《反不正当竞争法》主张权利。

【相关法条】

《反不正当竞争法》

第二条第三款 本法所称的经营者，是指从事商品生产、经营或者提供服务（以下所称商品包括服务）的自然人、法人和非法人组织。

3. 如何防范及消除企业字号同他人字号或者商标冲突的风险？

【风险提示与建议】

企业字号是企业成立时向登记主管机关依法登记注册的企业名称中最具有显著性的部分，在某种程度上能够起到标识商品、服务来源的作用。字号与商标的作用有时能够形成重叠，对于企业来说是非常有价值的无形资产，因此企业在确定、申请登记自身字号时，应当就自身确立的字号与全国范围内现行的商标注册数据以及相同行政区域内企业名称数据进行检索，防止与第三方在先注册字号或者商标形成冲突。

如果企业字号已经与第三方的在先注册商标形成冲突，则企业首先应确认自身对字号的规范使用，标明包括字号在内的企业名称全称，避免在商品上以简写、缩写或者放大等方式对字号进行突出商标性使用；另外，还应当从客户的角度审视企业字号使用与在先的商标产品或者服务是否具备产生混淆的可能性，如果已经产生混淆的可能性，则可以视情况采取变更名称、购买在先注册商标等措施避免后续因冲突给企业造成进一步损失。

如果企业字号与第三方的在后注册商标形成冲突，则应当尽早对在后注册的商标提出异议或者无效请求。

如果企业字号已经与第三方的在先字号形成冲突，则应当考虑以下几点：(1)对方与自身产品或者服务是否相关联；(2)对方的字号是否具有一定知名度；(3)是否可能导致相关公众发生误认。如果对方企业字号具有一定知名度且双方具有一定的竞争关系，容易导致公众误认的，则应当考虑停止使用字号，更换字号，或者采取其他防止相关公众产生误认的措施，以避免导致更大程度的风险。

【相关法条】

《企业名称登记管理规定》

第六条　企业名称由行政区划名称、字号、行业或者经营特点、组织形式组成。跨省、自治区、直辖市经营的企业，其名称可以不含行政区划名称；跨行业综合经营的企业，其名称可以不含行业或者经营特点。

第二十二条　利用企业名称实施不正当竞争等行为的，依照有关法律、行政法规的规定处理。

《商标法》

第三十二条　申请商标注册不得损害他人现有的在先权利，也不得以不正当手段抢先注册他人已经使用并有一定影响的商标。

第五十八条　将他人注册商标、未注册的驰名商标作为企业名称中的字号使用，误导公众，构成不正当竞争行为的，依照《中华人民共和国反不正当竞争法》处理。

《反不正当竞争法》

第六条　经营者不得实施下列混淆行为，引人误认为是他人商品或者与他人存在特定联系：

……

（二）擅自使用他人有一定影响的企业名称（包括简称、字号等）、社会组织名称（包括简称等）、姓名（包括笔名、艺名、译名等）；

……

最高人民法院《关于审理注册商标、企业名称与在先权利冲突的民事纠纷案件若干问题的规定》

第四条　被诉企业名称侵犯注册商标专用权或者构成不正当竞争的，人民法院可以根据原告的诉讼请求和案件具体情况，确定被告承担停止使用、规范使用等民事责任。

4. 企业有一定影响的字号被他人用作企业名称，企业如何维护自己的合法权益？

【风险提示与建议】

根据《反不正当竞争法》第6条第2项的规定，经营者不得实施擅自使用他人有一定影响的企业名称（包括简称、字号等）、社会组织名称（包括简称等）、姓名（包括笔名、艺名、译名等）行为，引人误认为是他人商品或者与他人存在特定联系。由此可见，在企业名称字号方面，先注册字号的企业，具有一定的在先权优势。

对于“企业名称”的范围以及“有一定影响”的认定标准，最高人民法院《关于适用〈中华人民共和国反不正当竞争法〉若干问题的解释》进一步作了界定，该司法解释第9条规定，市场主体登记管理部门依法登记的企业名称，以及在中国境内进行商业使用的境外企业名称，法院可以认定为《反不正当竞争法》第6条第2项规定的“企业名称”。有一定影响的个体工商户、农民专业合作社（联合社）以及法律、行政法规规定的其他市场主体的名称（包括简称、字号等），法院可以依照《反不正当竞争法》第6条第2项予以认定。

该司法解释第4条规定，具有一定的市场知名度并具有区别商品来源的显著特征的标识，法院可以认定为《反不正当竞争法》第6条规定的“有一定影响的”标识。法院认定《反不正当竞争法》第6条规定的标识是否具有一定的市场知名度，应当综合考虑中国境内相关公众的知悉程度，商品销售的时间、区域、数额和对象，宣传的持续时间、程度和地域范围，标识受保护的情况等因素。第11条规定，经营者擅自使用与他人有一定影响的企业名称（包括简称、字号等）、社会组织名称（包括简称等）、姓名（包括笔名、艺名、译名等），引人误认为是他人商品或者与他人存在特定联系，当事人主张属于《反不正当竞争法》第6条第2项规定的情形的，法院应予支持。

因此，如果企业的字号被他人用作企业名称，首先，企业需要调查对方企业背景，看对方何时注册字号，以及对方企业是否与本企业业务具有关联；其次，及时搜集自身字号的知名度证据，做好诉讼维权准备；最后，确定维权策略，采用发律师函、谈判或其他具体维权行动。实际操作中，建议聘请专业律师进行专业处理，以方便进行有效维权。

【相关法条】

《反不正当竞争法》

第六条　经营者不得实施下列混淆行为，引人误认为是他人商品或者与他人存在特定联系：

……

（二）擅自使用他人有一定影响的企业名称（包括简称、字号等）、社会组织名称（包括简称等）、姓名（包括笔名、艺名、译名等）；

……

最高人民法院《关于适用〈中华人民共和国反不正当竞争法〉若干问题的解释》

第四条　具有一定的市场知名度并具有区别商品来源的显著特征的标识，人民法院可以认定为反不正当竞争法第六条规定的"有一定影响的"标识。

人民法院认定反不正当竞争法第六条规定的标识是否具有一定的市场知名度，应当综合考虑中国境内相关公众的知悉程度，商品销售的时间、区域、数额和对象，宣传的持续时间、程度和地域范围，标识受保护的情况等因素。

第九条　市场主体登记管理部门依法登记的企业名称，以及在中国境内进行商业使用的境外企业名称，人民法院可以认定为反不正当竞争法第六条第二项规定的"企业名称"。

有一定影响的个体工商户、农民专业合作社（联合社）以及法律、行政法规规定的其他市场主体的名称（包括简称、字号等），人民法院可以依照反不正当竞争法第六条第二项予以认定。

第十一条　经营者擅自使用与他人有一定影响的企业名称（包括简称、字号等）、社会组织名称（包括简称等）、姓名（包括笔名、艺名、译名等）、域名主体部分、网站名称、网页等近似的标识，引人误认为是他人商品或者与他人存在特定联系，当事人主张属于反不正当竞争法第六条第二项、第三项规定的情形的，人民法院应予支持。

最高人民法院《关于审理注册商标、企业名称与在先权利冲突的民事纠纷案件若干问题的规定》

第四条　被诉企业名称侵犯注册商标专用权或者构成不正当竞争的，

人民法院可以根据原告的诉讼请求和案件具体情况，确定被告承担停止使用、规范使用等民事责任。

5. 他人将企业的字号、商标或者域名作为搜索引擎的搜索关键词吸引客户流量，是否构成不正当竞争？

【风险提示与建议】

《反不正当竞争法》第 2 条第 2 款规定："本法所称的不正当竞争行为，是指经营者在生产经营活动中，违反本法规定，扰乱市场竞争秩序，损害其他经营者或者消费者的合法权益的行为。"这是关于不正当竞争行为的定义和一般规定，该法第二章则列举了具体的不正当竞争行为。最高人民法院《关于适用〈中华人民共和国反不正当竞争法〉若干问题的解释》第 1 条规定："经营者扰乱市场竞争秩序，损害其他经营者或者消费者合法权益，且属于违反反不正当竞争法第二章及专利法、商标法、著作权法等规定之外情形的，人民法院可以适用反不正当竞争法第二条予以认定。"上述规定均属认定不正当竞争行为的法律依据。

竞争者公司通过网络搜索引擎的推广服务，将与他人字号、商标[1]或者域名相同的字样作为关键词供网络用户搜索，并链接至其所经营的网站或者网页。该结果可能不足以让用户对二者所提供商品及服务的来源产生混淆，但用户在输入前述关键词寻找相关信息时，在查询结果（推广链接）中却能发现竞争者公司设置的网站链接。该等事实表明竞争者公司主观上具有利用前述字号、商标或者域名的良好信誉和市场影响力吸引相关网络用户，进而增加其网站或者网页的点击率，谋取不正当的交易机会的"搭便车"的故意，客观上使权利人公司网站或者网页的潜在客户减少，该行为损害了字号、商标或者域名权利人的商业利益。虽然《不正当竞争法》第二章所列举的具体不正当竞争行为难以涵盖互联网领域全部的不正当竞争行为方式，但上述行为违反了诚实信用原则，故上述行为构成对字号、商标或者域

〔1〕 参见商机在线公司、意典美闻公司等商业贿赂不正当竞争纠纷案，最高人民法院（2014）民申字第 2000 号民事判决书。

名权利人公司的不正当竞争。当然,针对商标权而言,若上述情形足以让用户对二者所提供商品及服务的来源产生混淆或者误认,则将他人企业的商标作为搜索引擎关键词的行为即构成商标侵权而非不正当竞争侵权。

【相关法条】

《反不正当竞争法》

第二条　经营者在生产经营活动中,应当遵循自愿、平等、公平、诚信的原则,遵守法律和商业道德。

本法所称的不正当竞争行为,是指经营者在生产经营活动中,违反本法规定,扰乱市场竞争秩序,损害其他经营者或者消费者的合法权益的行为。

本法所称的经营者,是指从事商品生产、经营或者提供服务(以下所称商品包括服务)的自然人、法人和非法人组织。

最高人民法院《关于适用〈中华人民共和国反不正当竞争法〉若干问题的解释》

第一条　经营者扰乱市场竞争秩序,损害其他经营者或者消费者合法权益,且属于违反反不正当竞争法第二章及专利法、商标法、著作权法等规定之外情形的,人民法院可以适用反不正当竞争法第二条予以认定。

6. 什么是商业诋毁?商业诋毁构成不正当竞争侵权吗?如何看待通过随附《民事起诉状》和《案件受理通知书》式、发函式商业诋毁?

【风险提示与建议】

市场主体间的商业诋毁按照以下条件进行认定:

首先,通过不恰当地替换概念、片面宣传和对比等方式,散布不真实或不公正的商业言论并使相关消费者产生错误认识。而这种错误认识的结果,不仅损害了竞争相对方等经营者的合法权益,而且言论发布企业凭此不正当地获取相关市场中的交易机会和竞争优势,此种商业言论发布行为即构成《反不正当竞争法》所指的商业诋毁行为。另外,最高人民法院《关于适用〈中华人民共和国反不正当竞争法〉若干问题的解释》第20条规定,经营者传播他人编造的虚假信息或误导性信息,损害竞争对手商誉的,也构成《反不正当竞争法》所指的商业诋毁行为。

其次,商业诋毁行为所针对的商事主体应当有其特定的指向对象,即相关公众能够根据接收到的信息分辨出诋毁者指称的具体对象,并能够对受害人产生清晰的印象记忆;或者即使没有指名道姓,也能使相关公众辨别出具体的竞争对手的身份。

总之,商业诋毁是一种欺骗性的信息传播行为,经营者通过散布具有攻击性的言论,使社会公众对其他经营者产生不良的社会评价。鉴于该行为违反了《反不正当竞争法》禁止经营者编造、传播虚假信息或者误导性信息,损害竞争对手的商业信誉、商品声誉的相关规定,故商业诋毁构成不正当竞争侵权。

对于实践中出现的通过随附《民事起诉状》和《案件受理通知书》式的商业诋毁要特别注意。虽然相关商业言论中并未出现竞争对手公司名称及与其有关的标识等,亦未明确指明系针对竞争对手公司,但文后随附的《民事起诉状》和《案件受理通知书》,以相关公众的一般认知,易使相关公众将商业言论发表方在文中所提到的恶评与《民事起诉状》和《案件受理通知书》所载明的竞争对手公司联系起来。此时,商业言论发表方的行为即构成商业诋毁。[1]

此外,权利人为维护自身合法权益可以发送侵权警告,但发函者应当尽到谨慎注意义务,不能逾越权利行使的界限,避免以误导方式损害竞争对手的商业信誉和商品声誉,否则亦可能构成发函式商业诋毁。例如,在产品的销售商和使用者并不会因生产商的不正当竞争行为而承担连带责任,产品的使用者也不会承担商标侵权责任的情形下,企业发送的律师函或者告知函将不正当竞争和商标侵权一并列入侵权警告内容发送给产品的销售商和使用者,声称销售商和使用者可能因此成为共同侵权人而承担连带责任,该引人误解的表述容易使受函者受到误导从而拒绝交易相关产品;又如,企业在律师函或者告知函中将非有一定影响的商品说成是有一定影响的商品、将涉嫌侵权直接当作侵权来表述的情形均属于捏造虚伪事实。企业发送的

---

〔1〕 参见中源信息公司、中晟信息公司商业贿赂不正当竞争纠纷案,最高人民法院(2015)民申字第3340号民事裁定书。

律师函或者告知函属于以上情形的，亦有可能构成发函式商业诋毁。[1]

【相关法条】

《反不正当竞争法》

第十一条　经营者不得编造、传播虚假信息或者误导性信息，损害竞争对手的商业信誉、商品声誉。

最高人民法院《关于适用〈中华人民共和国反不正当竞争法〉若干问题的解释》

第二十条　经营者传播他人编造的虚假信息或者误导性信息，损害竞争对手的商业信誉、商品声誉的，人民法院应当依照反不正当竞争法第十一条予以认定。

7. 如何界定“虚假或者引人误解的商业宣传”？企业在商业广告中如何避免“虚假或者引人误解的商业宣传”？

【风险提示与建议】

根据我国相关法律法规的规定，因经营者所宣传的内容不真实或者采用了不正当的宣传方式，使宣传对象对商品或服务产生错误的认识，并进一步影响其购买决策的，即为“虚假或者引人误解的商业宣传”。

在市场经营中，“虚假或者引人误解的商业宣传”的表现形式有：

(1)企业对其商品、服务的性能、功能、质量、销售状况、用户评价、曾获荣誉等作虚假或者引人误解的商业宣传，欺骗、误导消费者，或者通过组织虚假交易等方式，帮助其他主体进行虚假或者引人误解的商业宣传。

(2)对商品作片面的宣传或者对比，如只谈优点，对缺点避而不谈。

(3)将科学上未定论的观点、现象等当作定论的事实用于商业宣传。

(4)以歧义性语言或者其他引人误解的方式进行商业宣传。但以明显的夸张方式宣传商品，不足以造成相关公众误解的，不属于“虚假或者引人误解的商业宣传”行为。

---

〔1〕参见回波医疗器械公司、福瑞医疗科技公司商业诋毁纠纷案，最高人民法院(2018)最高法民申2647号民事裁定书。

企业在广告宣传过程中,应当根据日常生活经验,以消费者的一般注意力为判断标准,避免上述所说的行为。

【相关法条】

《反不正当竞争法》

第八条 经营者不得对其商品的性能、功能、质量、销售状况、用户评价、曾获荣誉等作虚假或者引人误解的商业宣传,欺骗、误导消费者。

经营者不得通过组织虚假交易等方式,帮助其他经营者进行虚假或者引人误解的商业宣传。

最高人民法院《关于适用〈中华人民共和国反不正当竞争法〉若干问题的解释》

第十六条 经营者在商业宣传过程中,提供不真实的商品相关信息,欺骗、误导相关公众的,人民法院应当认定为反不正当竞争法第八条第一款规定的虚假的商业宣传。

第十七条 经营者具有下列行为之一,欺骗、误导相关公众的,人民法院可以认定为反不正当竞争法第八条第一款规定的"引人误解的商业宣传":

(一)对商品作片面的宣传或者对比;

(二)将科学上未定论的观点、现象等当作定论的事实用于商品宣传;

(三)使用歧义性语言进行商业宣传;

(四)其他足以引人误解的商业宣传行为。

人民法院应当根据日常生活经验、相关公众一般注意力、发生误解的事实和被宣传对象的实际情况等因素,对引人误解的商业宣传行为进行认定。

8. 企业如何识别因虚假宣传而引发的不正当竞争侵权纠纷?

【风险提示与建议】

虚假宣传行为的主体一般是商品的生产者和经营者;宣传的形式包括广告、海报、传单、产品说明等,采取的手段是不公平、不正当的,一般是虚假、欺骗、夸大等方式。侵害的对象有时是特定的,有时则是泛指的,它不仅侵害了同业竞争的企业和消费者的利益,而且破坏了正常的市场竞争秩序;

虚假宣传行为的目的都很明确，就是利用不正当的手段为自己的商品找到市场，挤掉别人的商品，使自己能够获得更多的交易机会和更大的市场份额。

在市场经济条件下，侵权人为了获得竞争优势或者其他有利条件，可以采用的虚假宣传的手段和方式多样，但引人误解的虚假宣传其本质是引人误解，只要宣传行为足以产生引人误解的效果，就构成了《反不正当竞争法》第8条规定的引人误解的虚假宣传。尽管如此，认定被诉侵权人是否最终应承担侵权责任，还需考察被诉侵权人是否对经营者造成了直接损害这一事实。简言之，反不正当竞争法上的虚假宣传侵权责任须符合以下三个条件：(1)经营者之间具有竞争关系；(2)有关宣传内容足以造成相关公众误解；(3)损害其他经营者利益。

“损害其他经营者利益”在司法实践中曾被一度明确为“对作为经营者的原告造成了直接损害”。例如，在黄金假日公司与携程计算机公司、携程商务公司、康辉公司、携程国际旅行社虚假宣传纠纷案[1]中，在“经营者之间具有竞争关系”这一要件已经成立的情况下，针对“有关宣传内容足以造成相关公众误解”“对经营者造成了直接损害”这两个要件，最高人民法院作出如下认定：

对于引人误解和直接损害的后果问题，上诉人黄金假日公司指控的是被上诉人携程计算机公司和携程商务公司的有关宣传行为构成所谓的市场混淆行为，即消费者会对该二被上诉人之间在提供相关服务的主体身份及其经营资质上发生混淆或者误认。对此，该二被上诉人在经营中对各自的身份表示确有不当之处，有混同使用或者模糊称谓其经营主体身份的行为，如大量使用“携程”和“携程旅行网”的简称，有关的宣传容易使人对市场上的“携程”是否是一家、“携程”到底是指谁、“携程旅行网”到底是谁在经营等产生疑问和困惑，可能会造成相关公众对该二被上诉人身份的混淆或者误认。即使是在本案审理过程中，被上诉人提交的有关诉讼文书中也有使用“携程”的简称，让人难以区分到底是指代携程计算机公司还是携程商务公司。但是，不论相关公众是否会对该二被上诉人之间主体身份及其经营资质发生混淆或者误认，上诉人并未举证证明该二被上诉人的有关行为包

[1] 参见最高人民法院民事判决书，(2007)民三终字第2号。

括上述误导性后果使上诉人自身受到了直接的损害，不能简单地以相关公众可能产生上述与上诉人无关的误导性后果而代替上诉人对自身受到损害的证明责任。因此，本案不能得出被上诉人携程计算机公司和携程商务公司对被控之可能存在的所谓市场混淆行为构成对黄金假日公司不正当竞争的结论。

随着司法对此类案件的深入实践，“损害其他经营者利益”不再局限于“对作为经营者的‘原告’造成了‘直接’损害”，而是呈现被损害的经营者主体泛化并对损害的“直接”要求弱化之趋势。即虚假宣传只要对相关的经营者主体造成损害，不要求必须针对作为经营者主体的原告，亦不要求必须是“直接”的损害，间接的、潜在的、可能的对作为原告的经营者和非原告的经营者的损害都在规制、禁止之列，原告皆可诉之。

在加多宝中国公司、广东加多宝公司与广药集团、大健康公司虚假宣传纠纷案[1]中，关于加多宝中国公司和广东加多宝公司再审主张虚假宣传的行为人承担民事责任的前提是该虚假宣传行为给被侵权人造成直接损害的问题，最高人民法院做了如下阐述：

从《反不正当竞争法》规制虚假宣传的目的看，《反不正当竞争法》是通过制止对商品或者服务的虚假宣传行为，来维护公平的市场竞争秩序。一方面，从不正当竞争行为人的角度分析，侵权人通过对产品或者服务的虚假宣传，如对产地、性能、用途、生产期限、生产者等进行不真实或者片面的宣传，获取市场竞争优势和市场机会，损害其他经营者的合法利益；另一方面，从消费者角度分析，正是由于侵权人对商品或者服务的虚假宣传，易使消费者发生误认误购，损害其他经营者的合法利益。因此，《反不正当竞争法》并不以被侵权人的直接损害为要件判断虚假宣传行为是否成立。

另外需要注意的问题是，构成违反行政许可法律、法规的非法经营行为，并不必然同时构成不正当竞争行为，从而需要承担民事责任。违反有关行政许可法律、法规的非法经营行为，一般属于应当承担行政责任乃至刑事责任的问题，应当依法由相应的行政主管部门或者刑事司法机关审查认定。只有在违反有关行政许可法律、法规的非法经营行为同时构成民事侵权行为的情况下，才涉及应否承担民事责任的问题。也就是说，非法经营并不当

---

〔1〕 参见最高人民法院民事裁定书，(2015)民申字第2802号。

然等于民事侵权，民事诉讼原告不能仅以被告存在非法经营行为来代替对民事侵权行为的证明责任。在前述黄金假日公司与携程计算机公司、携程商务公司、康辉公司、携程国际旅行社虚假宣传纠纷案中，最高人民法院在查证被上诉人携程计算机公司和携程商务公司是否违规从事机票销售代理业务从而构成虚假宣传侵权问题时即持上述观点。

【相关法条】

《反不正当竞争法》

第八条第一款　经营者不得对其商品的性能、功能、质量、销售状况、用户评价、曾获荣誉等作虚假或者引人误解的商业宣传，欺骗、误导消费者。

第二十条　经营者违反本法第八条规定对其商品作虚假或者引人误解的商业宣传，或者通过组织虚假交易等方式帮助其他经营者进行虚假或者引人误解的商业宣传的，由监督检查部门责令停止违法行为，处二十万元以上一百万元以下的罚款；情节严重的，处一百万元以上二百万元以下的罚款，可以吊销营业执照。

经营者违反本法第八条规定，属于发布虚假广告的，依照《中华人民共和国广告法》的规定处罚。

最高人民法院《关于适用〈中华人民共和国反不正当竞争法〉若干问题的解释》

第十六条　经营者在商业宣传过程中，提供不真实的商品相关信息，欺骗、误导相关公众的，人民法院应当认定为反不正当竞争法第八条第一款规定的虚假的商业宣传。

第十七条　经营者具有下列行为之一，欺骗、误导相关公众的，人民法院可以认定为反不正当竞争法第八条第一款规定的“引人误解的商业宣传”：

（一）对商品作片面的宣传或者对比；

（二）将科学上未定论的观点、现象等当作定论的事实用于商品宣传；

（三）使用歧义性语言进行商业宣传；

（四）其他足以引人误解的商业宣传行为。

人民法院应当根据日常生活经验、相关公众一般注意力、发生误解的事实和被宣传对象的实际情况等因素，对引人误解的商业宣传行为进行认定。

第十八条　当事人主张经营者违反反不正当竞争法第八条第一款的规

定并请求赔偿损失的,应当举证证明其因虚假或者引人误解的商业宣传行为受到损失。

9. 抄袭他人商业模式是否构成不正当竞争?

【风险提示与建议】

商业模式一般为管理学概念,具有商业性和经济性双重属性。随着科技快速发展,商业和科技的结合导致其含义也在逐步发生改变,在一般认知概念中,商业模式,是指一个企业满足消费者需求的系统,这个系统组织管理企业的各种资源(资金、原材料、人力资源、作业方式、销售方式、信息、品牌和知识产权、企业所处的环境、创新力,又称输入变量),形成能够提供消费者无法自力而必须购买的产品和服务(输出变量),因而具有自己能复制且别人不能复制,或者自己在复制中占据市场优势地位的特性。我国法律尚未明确将"商业模式"作为一种确切的法益客体进行保护,思想层面的商业活动模式无法通过有形形式进行复制并为大众所认知,因此商业模式的创造者或所有者要获取法律保护,必须使其商业模式具备法律规定的"有形"权利载体,如商事法律中规定的股东和投资人权利、合同法中规定的合同权利,知识产权相关法律中规定的商业秘密、企业名称权、商标权、著作权和专利权等"有形"权利载体,即必须要有法律法规明文规定的具体的商业模式范畴的法益客体。

任何领域以及行业的发展一般都是在吸收、借鉴前人成果的基础上进行改进得来的,但是又不能放任他人抄袭,否则也会阻碍该领域及行业的创新发展。为此,我国通过制定《专利法》《商标法》《著作权法》《反不正当竞争法》等专门法,赋予特定主体对特定法律利益的专有权,排除他人在该利益上的模仿和利用。与此同时,《反不正当竞争法》主要通过对不遵守诚实信用原则的行为以及违反商业道德的行为予以规制,从禁止和救济的消极角度保护相关权益。因此,商业模式中涉及企业专利、商标、作品等内容的,受上述专门法保护;如他人抄袭企业商业模式的行为涉及违反《反不正当竞争法》有关规定的,则应当受到《反不正当竞争法》的规制。

【相关法条】

最高人民法院《关于适用〈中华人民共和国反不正当竞争法〉若干问题的解释》

第一条　经营者扰乱市场竞争秩序，损害其他经营者或者消费者合法权益，且属于违反反不正当竞争法第二章及专利法、商标法、著作权法等规定之外情形的，人民法院可以适用反不正当竞争法第二条予以认定。

10. 企业进行有奖销售要如何避免违规？

【风险提示与建议】

原国家工商行政管理总局《关于网站在提供网上购物服务中从事有奖销售活动是否构成不正当竞争行为问题的答复》对网上购物服务中的有奖销售行为的初步界定如下：为招揽广告客户、提高网站知名度及提高登录者的点击率，附带性地提供物品、金钱或者其他经济上的利益行为，构成有奖销售，应依照《反不正当竞争法》予以规制。

2019 年 8 月 30 日，国家市场监督管理总局发布《规范有奖销售等促销行为暂行规定（征求意见稿）》，第 10 条规定："本规定所称有奖销售，是指经营者以销售商品、提供服务（以下所称商品包括提供服务）或者获取竞争优势为目的，向消费者或者相关公众（以下所称消费者包括相关公众）提供奖金、物品或者其他利益的行为，包括抽奖式和附赠式等有奖销售。抽奖式有奖销售是指经营者以抽签、摇号、比赛等带有偶然性或者不确定性的方法，决定消费者是否中奖的有奖销售行为。附赠式有奖销售是指经营者向满足一定条件的消费者提供奖金、物品或者其他利益的有奖销售行为。经政府或者政府有关部门依法批准的有奖募捐及其他彩票发售活动，不适用本规定。"

第 11 条规定："经营者为了推广移动客户端、招揽客户、提高知名度、获取流量、提高点击率等，附带性地提供物品、奖金或者其他利益的行为，视为本规定所称的有奖销售。"

该《规范有奖销售等促销行为暂行规定》虽未正式公布实施，但对于界定有奖销售行为具有很强的参考。企业为了促进效益，希望通过各式各样的有奖销售的形式来提升人气和销量，或者直接以抽奖的形式回馈消费者，在法律上统称为有奖销售。就有奖销售而言,有很多违规“红线”,企业应当避免“踩雷”。

实践中,应当注意以下几方面的典型问题:第一,应当“充分告知”。举办有奖销售,应当明确公布奖项种类、参与条件、参与方式、开奖时间、开奖方式、奖金金额或者奖品价格、奖品品名、奖品种类、奖品数量或者中奖概率、兑奖时间、兑奖条件、兑奖方式、奖品交付方式、弃奖条件、主办方及其联系方式等信息,不得变更,不得附加条件,不得影响兑奖,但有利于消费者的除外。在现场即时开奖的有奖销售活动中,对超过500元奖项的兑奖情况,应当随时公示。第二,不得“欺诈”。不得采用谎称有奖或者故意让内定人员中奖的欺骗方式进行有奖销售。第三,禁止“巨额奖项”。抽奖式的有奖销售,最高奖的金额不能超过5万元。

进入互联网时代,有奖销售的形式更加多种多样,从直接面向消费者,给予消费者奖励的形式转换为通过面向公众设置奖项、抽取“锦鲤”等以获得流量的方式进行有奖销售,但是实质上仍然是通过设置奖项吸取流量,招揽客户,与传统的有奖销售没有本质区别,仍然应当受到相关法律的规制。

【相关法条】

《反不正当竞争法》

第十条 经营者进行有奖销售不得存在下列情形:

(一)所设奖的种类、兑奖条件、奖金金额或者奖品等有奖销售信息不明确,影响兑奖;

(二)采用谎称有奖或者故意让内定人员中奖的欺骗方式进行有奖销售;

(三)抽奖式的有奖销售,最高奖的金额超过五万元。

第二十二条 经营者违反本法第十条规定进行有奖销售的,由监督检查部门责令停止违法行为,处五万元以上五十万元以下的罚款。

11. 企业的字号、简称若被他人注册为相同或相似的网络域名,企业应如何寻求救济?

【风险提示与建议】

根据我国有关规定,企业名称组成结构应当为:行政区划名称、字号、行业或者经营特点、组织形式。企业名称中，字号是区别不同企业的核心所在，因此字号、简称对区别不同商品或者服务的提供者起着重要作用。当他人将企业的字号、简称注册为相同或相似的网络域名时，可能会误导相关公众，使人误认为其与字号、简称所有人存在某种联系，从而损害企业的利益。此时企业可以向行政机关进行举报投诉，请求行政机关进行查处，或者向法院提起民事诉讼，请求法院判令侵害人停止侵权行为，并赔偿企业经济损失。但无论是哪一种救济方式，都应当满足以下条件，企业的请求才能获得支持：

（1）企业字号、简称需要具有一定影响力，即须具有一定的市场知名度并为相关公众所知悉。

（2）他人擅自将企业字号、简称注册为相同或相似的网络域名的行为足以引人误认为他人商品或服务来源于企业，或者与企业存在特定联系。

【相关法条】

《企业名称登记管理规定》

第六条　企业名称由行政区划名称、字号、行业或者经营特点、组织形式组成。跨省、自治区、直辖市经营的企业，其名称可以不含行政区划名称；跨行业综合经营的企业，其名称可以不含行业或者经营特点。

《反不正当竞争法》

第六条　经营者不得实施下列混淆行为，引人误认为是他人商品或者与他人存在特定联系：

……

（二）擅自使用他人有一定影响的企业名称（包括简称、字号等）、社会组织名称（包括简称等）、姓名（包括笔名、艺名、译名等）；

……

12. 企业域名如何保护？如果对方在域外注册相关域名，如何规制？

【风险提示与建议】

随着互联网的不断发展，域名作为企业的重要无形资产，发挥着越来越重要的作用,域名是互联网用户在网络中的名称和地址,具有识别功能,是域名注册人在互联网上代表自己的标志。企业应当重视对企业域名的保护,在选择域名的时候,应当尽可能加强域名显著部分与自身商标、字号或其他显著标志之间的联系,已经注册域名并且运行但尚未注册商标或者字号的,可以通过将域名显著部分注册为商标的方式进行保护。

与字号或者商标相关的域名被抢注的情形在司法实践中是较为常见的,当企业拟将自身商标或者字号、商号等相关的显著部分注册为域名,却发现被人抢注时,可以通过《商标法》和《反不正当竞争法》相关制度进行维权保护。

部分侵权人行为比较隐蔽,不注册中国境内的域名,而是注册域外的域名。这种情况下,如果对方为中国企业,虽然域名注册地在域外,但仍然可以由中国法院管辖,利用中国法作为准据法进行处理;如果对方为外国企业、在中国无住所的,其在域外注册企业相关域名时,就需要按照实际情况依据相应的域外相关法律解决,或者按照国际相关域名争议解决政策来解决。

【相关法条】

《反不正当竞争法》

第六条 经营者不得实施下列混淆行为,引人误认为是他人商品或者与他人存在特定联系:

(一)擅自使用与他人有一定影响的商品名称、包装、装潢等相同或者近似的标识;

(二)擅自使用他人有一定影响的企业名称(包括简称、字号等)、社会组织名称(包括简称等)、姓名(包括笔名、艺名、译名等);

(三)擅自使用他人有一定影响的域名主体部分、网站名称、网页等;

(四)其他足以引人误认为是他人商品或者与他人存在特定联系的混淆行为。

最高人民法院《关于审理涉及计算机网络域名民事纠纷案件适用法律若干问题的解释》

第四条 人民法院审理域名纠纷案件,对符合以下各项条件的,应当认定被告注册、使用域名等行为构成侵权或者不正当竞争:

(一)原告请求保护的民事权益合法有效;

（二）被告域名或其主要部分构成对原告驰名商标的复制、模仿、翻译或音译；或者与原告的注册商标、域名等相同或近似，足以造成相关公众的误认；

（三）被告对该域名或其主要部分不享有权益，也无注册、使用该域名的正当理由；

（四）被告对该域名的注册、使用具有恶意。

第五条 被告的行为被证明具有下列情形之一的，人民法院应当认定其具有恶意：

（一）为商业目的将他人驰名商标注册为域名的；

（二）为商业目的注册、使用与原告的注册商标、域名等相同或近似的域名，故意造成与原告提供的产品、服务或者原告网站的混淆，误导网络用户访问其网站或其他在线站点的；

（三）曾要约高价出售、出租或者以其他方式转让该域名获取不正当利益的；

（四）注册域名后自己并不使用也未准备使用，而有意阻止权利人注册该域名的；

（五）具有其他恶意情形的。

被告举证证明在纠纷发生前其所持有的域名已经获得一定的知名度，且能与原告的注册商标、域名等相区别，或者具有其他情形足以证明其不具有恶意的，人民法院可以不认定被告具有恶意。

第七条 人民法院认定域名注册、使用等行为构成侵权或者不正当竞争的，可以判令被告停止侵权、注销域名，或者依原告的请求判令由原告注册使用该域名；给权利人造成实际损害的，可以判令被告赔偿损失。

侵权人故意侵权且情节严重，原告有权向人民法院请求惩罚性赔偿。

13. 对于他人抢注企业注册商标为域名的行为该如何认定？

【风险提示与建议】

由于域名有较强的识别性，网络中的访问者一般凭借域名来区分信息服务的提供者，因此域名日益成为企业在互联网上的重要标志。域名的这一特性使其在商业领域具有重要的知识产权意义,企业往往尽可能使用其商标或商号作为域名,使访问者可以通过域名识别网站创立者的商品和服务。

当企业的商标被他人抢注为域名时,分两种情况进行处理:(1)企业的商标为驰名商标,则对方为商业目的使用复制、模仿、翻译或音译商标的域名行为即可能被认定为商标侵权;(2)企业的商标为非驰名注册商标,则应当满足以下条件:①企业注册商标合法有效;②被抢注的域名与企业的注册商标相同或近似,足以造成相关公众的误认;③抢注者对域名显著部分不享有权益,也无注册、使用该域名的正当理由;④抢注者对该域名的注册、使用具有恶意。

当然,每个案件的情况不同,对于以上要件的认定也是不同的。建议企业在遇到具体案件时,可以咨询相关专业律师,在专业指导意见下进行有效维权,以取得相应的效果。

【相关法条】

最高人民法院《关于审理涉及计算机网络域名民事纠纷案件适用法律若干问题的解释》

第四条 人民法院审理域名纠纷案件,对符合以下各项条件的,应当认定被告注册、使用域名等行为构成侵权或者不正当竞争:

(一)原告请求保护的民事权益合法有效;

(二)被告域名或其主要部分构成对原告驰名商标的复制、模仿、翻译或音译;或者与原告的注册商标、域名等相同或近似,足以造成相关公众的误认;

(三)被告对该域名或其主要部分不享有权益,也无注册、使用该域名的正当理由;

(四)被告对该域名的注册、使用具有恶意。

第五条 被告的行为被证明具有下列情形之一的,人民法院应当认定其具有恶意;

(一)为商业目的将他人驰名商标注册为域名的;

(二)为商业目的注册、使用与原告的注册商标、域名等相同或近似的域名,故意造成与原告提供的产品、服务或者原告网站的混淆,误导网络用户访问其网站或其他在线站点的;

（三）曾要约高价出售、出租或者以其他方式转让该域名获取不正当利益的；

（四）注册域名后自己并不使用也未准备使用，而有意阻止权利人注册该域名的；

（五）具有其他恶意情形的。

被告举证证明在纠纷发生前其所持有的域名已经获得一定的知名度，且能与原告的注册商标、域名等相区别，或者具有其他情形足以证明其不具有恶意的，人民法院可以不认定被告具有恶意。

14. 不正当竞争侵权纠纷案件如商业秘密侵权案件是否适用股东代表诉讼？

【风险提示与建议】

股东代表诉讼源于英国衡平法，也被称为派生诉讼、衍生诉讼和传来诉讼，是指当公司怠于通过诉讼追究给公司利益造成损害的经营者的责任以维护公司利益时，具备法定资格的股东有权以自己的名义代表公司提起诉讼，而所得赔偿归于公司的一种诉讼机制。经过100余年的发展，股东代表诉讼已被普通法系和大陆法系的多数国家采用。股东代表诉讼具有以下两个特点：

首先，原告必须是公司的股东。股东代表诉讼的原告必须是公司的股东，一人或多人都可以提起股东代表诉讼。但并非只要是公司的股东，在任何条件下都可以提起股东代表诉讼，不同国家对该制度有不同的限制，旨在防止某些恶意股东进行滥诉，作为原告的股东必须是有限责任公司的股东、股份有限公司连续180日以上单独或者合计持有公司1%以上股份的股东，并且作为原告的股东在起诉时及诉讼中均应符合持股条件。

其次，法院判决的结果直接由公司承担。股东作为名义上的诉讼方，对判决结果没有任何资格、权利和权益。也就是说，原告股东不能取得任何权益，法院对该案的判决结果都直接归结于公司承担，这是股东代位诉讼最典型的特征，这说明股东只是代表诉讼的过程而已。

根据侵犯人身份的不同与具体情况的不同，提起股东代表诉讼主要有以下两种情形：(1)公司董事、监事、高级管理人员的行为违反法律、行政法规或公司章程，给公司造成损失时股东代表公司提起诉讼；(2)公司董事、监事、高级管理人员以外的其他人侵犯公司合法权益，给公司造成损失时股东代表公司提起诉讼。

综上可知，股东代表诉讼案件主要发生在股份有限公司和责任有限公司中，主要是针对于股东、公司董事会(董事)、监事会(监事)和责任人各方之间的游戏规则，"游戏"的直接后果是获得的收益归公司，并使公司和全体股东受益或最大限度地减损。股东代表诉讼除原告的主体、判决的后果以及提起股东代表诉讼的前置程序同普通的侵权诉讼程序有差别外，对于其所针对的侵权行为主体和侵权事件法律并未做任何限制。故在不正当竞争侵权纠纷案件如商业秘密侵权案件发生时，在符合上述其他条件的情形下，股东代表当然可以提起相关的诉讼。企业(此处特指有限责任公司和股份有限公司)属于《反不正当竞争法》所称的经营者，企业遇到商业秘密侵权但却不起诉的情况下，符合条件的股东代表公司进行相应起诉并无不当〔1〕。

【相关法条】

《公司法》

第一百四十九条 董事、监事、高级管理人员执行公司职务时违反法律、行政法规或者公司章程的规定，给公司造成损失的，应当承担赔偿责任。

第一百五十一条 董事、高级管理人员有本法第一百四十九条规定的情形的，有限责任公司的股东、股份有限公司连续一百八十日以上单独或者合计持有公司百分之一以上股份的股东，可以书面请求监事会或者不设监事会的有限责任公司的监事向人民法院提起诉讼；监事有本法第一百四十九条规定的情形的，前述股东可以书面请求董事会或者不设董事会的有限责任公司的执行董事向人民法院提起诉讼。

监事会、不设监事会的有限责任公司的监事，或者董事会、执行董事收到前款规定的股东书面请求后拒绝提起诉讼，或者自收到请求之日起三十日内未提起诉讼，或者情况紧急、不立即提起诉讼将会使公司利益受到难以弥补的损害的，前款规定的股东有权为了公司的利益以自己的名义直接向人民法院提起诉讼。

---

〔1〕 参见李某商业贿赂不正当竞争纠纷案，最高人民法院(2018)最高法民再272号民事裁定书。

他人侵犯公司合法权益,给公司造成损失的,本条第一款规定的股东可以依照前两款的规定向人民法院提起诉讼。

《反不正当竞争法》

第二条第三款 本法所称的经营者,是指从事商品生产、经营或者提供服务(以下所称商品包括服务)的自然人、法人和非法人组织。

15. 技术开发合同应当如何订立?

【风险提示与建议】

技术开发合同是当事人就技术开发、转让、许可、咨询或者服务订立的确立相互之间权利和义务的合同。订立技术开发合同,应当有利于知识产权的保护和科学技术的进步,促进科学技术成果的研发、转化、应用和推广。技术开发合同的内容一般包括项目的名称,标的的内容、范围和要求,履行的计划、地点和方式,技术信息和资料的保密,技术成果的归属和收益的分配办法,验收标准和方法,名词和术语的解释等条款。

实践中,对于企业来说,技术开发合同较为主要的风险在于开发费用与报酬的约定问题、技术开发失败的风险责任承担问题,以及最终技术成果的归属问题(如相关专利申请权以及成果使用权的归属)。因此,企业方在拟定技术开发合同时,应当重点考虑这些条款,咨询专业律师,规避相关风险。

以下就技术开发合同的注意点列示如下:

(1)与履行合同有关的技术背景资料、可行性论证和技术评价报告、项目任务书和计划书、技术标准、技术规范、原始设计和工艺文件,以及其他技术文档,按照当事人的约定可以作为合同的组成部分。

(2)技术合同涉及专利的,应当注明发明创造的名称、专利申请人和专利权人、申请日期、申请号(专利号)以及专利权的有效期限。

(3)技术合同价款、报酬或者使用费的支付方式由当事人约定,可以采取一次总算、一次总付或者一次总算、分期支付,也可以采取提成支付或者提成支付附加预付入门费的方式。其中,约定提成支付的,可以按照产品价格、实施专利和使用技术秘密后新增的产值、利润或者产品销售额的一定比例提成,也可以按照约定的其他方式计算。提成支付的比例可以采取固定比例、逐年递增比例或者逐年递减比例。约定提成支付的，当事人可以约定查阅有关会计账目的办法。

(4)就技术开发合同而言，应当约定受托人违反约定造成研究开发工作停滞、延误或者失败的，承担违约责任。

(5)技术开发合同履行过程中，因出现无法克服的技术困难，致使研究开发失败或者部分失败的，该风险由当事人约定；没有约定或者约定不明确，不能达成补充协议的，风险由当事人合理分担。当事人一方发现可能致使研究开发失败或者部分失败的情形时，应当及时通知另一方并采取适当措施减少损失；没有及时通知并采取适当措施，致使损失扩大的，应当就扩大的损失承担责任。

(6)委托开发完成的发明创造，除法律另有规定或者当事人另有约定外，申请专利的权利属于研究开发人。研究开发人取得专利权的，委托人可以依法实施该专利。研究开发人转让专利申请权的，委托人享有以同等条件优先受让的权利。

(7)合作开发完成的发明创造，申请专利的权利归合作开发的当事人共有；当事人一方转让其共有的专利申请权的，其他各方享有以同等条件优先受让的权利。但是，当事人另有约定的除外。合作开发的当事人一方声明放弃其共有的专利申请权的，除当事人另有约定外，可以由另一方单独申请或者由其他各方共同申请。申请人取得专利权的，放弃专利申请权的一方可以免费实施该专利。合作开发的当事人一方不同意申请专利的，另一方或者其他各方不得申请专利。

【相关法条】

《民法典》

第五百一十条 合同生效后，当事人就质量、价款或者报酬、履行地点等内容没有约定或者约定不明确的，可以协议补充；不能达成补充协议的，按照合同相关条款或者交易习惯确定。

第八百五十一条 技术开发合同是当事人之间就新技术、新产品、新工艺、新品种或者新材料及其系统的研究开发所订立的合同。

技术开发合同包括委托开发合同和合作开发合同。

技术开发合同应当采用书面形式。

当事人之间就具有实用价值的科技成果实施转化订立的合同，参照适用技术开发合同的有关规定。

第八百五十七条 作为技术开发合同标的的技术已经由他人公开，致使技术开发合同的履行没有意义的，当事人可以解除合同。

第八百五十八条 技术开发合同履行过程中，因出现无法克服的技术困难，致使研究开发失败或者部分失败的，该风险由当事人约定；没有约定或者约定不明确，依据本法第五百一十条的规定仍不能确定的，风险由当事人合理分担。

当事人一方发现前款规定的可能致使研究开发失败或者部分失败的情形时，应当及时通知另一方并采取适当措施减少损失；没有及时通知并采取适当措施，致使损失扩大的，应当就扩大的损失承担责任。

第八百五十九条 委托开发完成的发明创造，除法律另有规定或者当事人另有约定外，申请专利的权利属于研究开发人。研究开发人取得专利权的，委托人可以依法实施该专利。

研究开发人转让专利申请权的，委托人享有以同等条件优先受让的权利。

第八百六十条 合作开发完成的发明创造，申请专利的权利属于合作开发的当事人共有；当事人一方转让其共有的专利申请权的，其他各方享有以同等条件优先受让的权利。但是，当事人另有约定的除外。

合作开发的当事人一方声明放弃其共有的专利申请权的，除当事人另有约定外，可以由另一方单独申请或者由其他各方共同申请。申请人取得专利权的，放弃专利申请权的一方可以免费实施该专利。

合作开发的当事人一方不同意申请专利的，另一方或者其他各方不得申请专利。

第八百六十一条 委托开发或者合作开发完成的技术秘密成果的使用权、转让权以及收益的分配办法，由当事人约定；没有约定或者约定不明确，依据本法第五百一十条的规定仍不能确定的，在没有相同技术方案被授予专利权前，当事人均有使用和转让的权利。但是，委托开发的研究开发人不得在向委托人交付研究开发成果之前，将研究开发成果转让给第三人。

16. 如何进行平台知识产权网络维权？

【风险提示与建议】

对于网络平台维权，首先，需要保全证据，保全证据的标准应当以能够固定侵权事实为标准，固定侵权事实后，可以进一步整理侵权证据，向平台或者网站发送网络侵权告知律师函，并随附相关证据作为依据，要求其采取断开链接的方式防止损失进一步扩大。其次，可以要求平台出具相关经营者信息，如平台拒绝出具，则可以采取诉讼的方式逼迫平台出具。

查实信息之后，可以采取诉讼、举报等方式进行维权。

【相关法条】

《民法典》

第一千一百九十四条 网络用户、网络服务提供者利用网络侵害他人民事权益的，应当承担侵权责任。法律另有规定的，依照其规定。

第一千一百九十五条 网络用户利用网络服务实施侵权行为的，权利人有权通知网络服务提供者采取删除、屏蔽、断开链接等必要措施。通知应当包括构成侵权的初步证据及权利人的真实身份信息。

网络服务提供者接到通知后，应当及时将该通知转送相关网络用户，并根据构成侵权的初步证据和服务类型采取必要措施；未及时采取必要措施的，对损害的扩大部分与该网络用户承担连带责任。

权利人因错误通知造成网络用户或者网络服务提供者损害的，应当承担侵权责任。法律另有规定的，依照其规定。

《电子商务法》

第四十二条 知识产权权利人认为其知识产权受到侵害的，有权通知电子商务平台经营者采取删除、屏蔽、断开链接、终止交易和服务等必要措施。通知应当包括构成侵权的初步证据。

电子商务平台经营者接到通知后，应当及时采取必要措施，并将该通知转送平台内经营者；未及时采取必要措施的，对损害的扩大部分与平台内经营者承担连带责任。

因通知错误造成平台内经营者损害的，依法承担民事责任。恶意发出错误通知，造成平台内经营者损失的，加倍承担赔偿责任。

第四十三条 平台内经营者接到转送的通知后，可以向电子商务平台经营者提交不存在侵权行为的声明。声明应当包括不存在侵权行为的初步证据。

电子商务平台经营者接到声明后，应当将该声明转送发出通知的知识产权权利人，并告知其可以向有关主管部门投诉或者向人民法院起诉。电子商务平台经营者在转送声明到达知识产权权利人后十五日内，未收到权利人已经投诉或者起诉通知的，应当及时终止所采取的措施。

第四十四条 电子商务平台经营者应当及时公示收到的本法第四十二条、第四十三条规定的通知、声明及处理结果。

第四十五条 电子商务平台经营者知道或者应当知道平台内经营者侵犯知识产权的，应当采取删除、屏蔽、断开链接、终止交易和服务等必要措施；未采取必要措施的，与侵权人承担连带责任。

17. 电商平台要求厂商统一购买某一标准化服务，如何规避？

【风险提示与建议】

电商平台要求厂商统一购买某一标准化服务，首先，应当以显著方式提请消费者注意，不得将搭售商品或者服务作为默认同意的选项。其次，需要考虑电商平台是否违反市场竞争即构成不正当竞争。例如，电商平台强制厂商购买某一标准化服务，并且恶意排除其使用市场上其他具有相同功能的服务，包括以下方式：(1)未经其他经营者同意，在其合法提供的网络产品或者服务中，插入链接、强制进行目标跳转；(2)误导、欺骗、强迫用户修改、关闭、卸载其他经营者合法提供的网络产品或者服务；(3)恶意对其他经营者合法提供的网络产品或者服务实施不兼容等。市场竞争是动态的交易机会的争夺，天然具有“损人利己”或“创造性破坏”的属性，参与竞争的主体在增加自身的交易机会、增强自身竞争优势的同时，造成的后果是掠取、减少他人的市场份额、破坏竞争对手利益，甚至对他人利益造成损害。市场竞争中，经营者通常可以根据市场需要和消费者需求自由选择商业模式，这是市场经济的必然要求。如果电商平台要求厂商统一购买某种标准化产品，否则就不允许厂商进驻平台，其实际上是将电商服务平台与该服务进行绑定的行为,影响用户选择,可能造成实质上的不正当竞争。破坏既有的竞争优势原则上属于竞争自由的范畴,但正当的市场竞争不应当是不劳而获。不正当地利用他人已经取得的市场成果为自己谋取商业机会、获取竞争优势的行为,属于不正当行为。

此外,如果电商平台在相关市场中具有支配地位,那么其强制购买行为可能构成垄断,根据《反垄断法》的规定,具有市场支配地位的竞争者没有正当理由搭售商品,或者在交易时附加其他不合理的交易条件,构成垄断。关于市场支配地位的认定,考虑下列因素:(1)该经营者在相关市场的市场份额,以及相关市场的竞争状况;(2)该经营者控制销售市场或者原材料采购市场的能力;(3)该经营者的财力和技术条件;(4)其他经营者对该经营者在交易上的依赖程度;(5)其他经营者进入相关市场的难易程度;(6)与认定该经营者市场支配地位有关的其他因素。除此之外,可以推定满足下列情况的经营者具备市场支配地位:(1)一个经营者在相关市场的市场份额达到1/2的;(2)两个经营者在相关市场的市场份额合计达到2/3 的;(3)三个经营者在相关市场的市场份额合计达到3/4 的。

当认定经营者构成垄断之后,可以依法提起反垄断诉讼或者向相关行政机关进行举报。但是在实践中,反垄断诉讼是非常专业且复杂的法律诉讼,因此建议公司在选择反垄断策略时,咨询相关专业律师。

【相关法条】

《反不正当竞争法》

第二条第一款、第二款 经营者在生产经营活动中,应当遵循自愿、平等、公平、诚信的原则,遵守法律和商业道德。

本法所称的不正当竞争行为,是指经营者在生产经营活动中,违反本法规定,扰乱市场竞争秩序,损害其他经营者或者消费者的合法权益的行为。

《反垄断法》

第二十二条 禁止具有市场支配地位的经营者从事下列滥用市场支配地位的行为:

(一)以不公平的高价销售商品或者以不公平的低价购买商品;

(二)没有正当理由,以低于成本的价格销售商品;

(三)没有正当理由,拒绝与交易相对人进行交易;

(四)没有正当理由,限定交易相对人只能与其进行交易或者只能与其指定的经营者进行交易；

（五）没有正当理由搭售商品，或者在交易时附加其他不合理的交易条件；

（六）没有正当理由，对条件相同的交易相对人在交易价格等交易条件上实行差别待遇；

（七）国务院反垄断执法机构认定的其他滥用市场支配地位的行为。

具有市场支配地位的经营者不得利用数据和算法、技术以及平台规则等从事前款规定的滥用市场支配地位的行为。

本法所称市场支配地位，是指经营者在相关市场内具有能够控制商品价格、数量或者其他交易条件，或者能够阻碍、影响其他经营者进入相关市场能力的市场地位。

第二十三条　认定经营者具有市场支配地位，应当依据下列因素：

（一）该经营者在相关市场的市场份额，以及相关市场的竞争状况；

（二）该经营者控制销售市场或者原材料采购市场的能力；

（三）该经营者的财力和技术条件；

（四）其他经营者对该经营者在交易上的依赖程度；

（五）其他经营者进入相关市场的难易程度；

（六）与认定该经营者市场支配地位有关的其他因素。

第二十四条　有下列情形之一的，可以推定经营者具有市场支配地位：

（一）一个经营者在相关市场的市场份额达到二分之一的；

（二）两个经营者在相关市场的市场份额合计达到三分之二的；

（三）三个经营者在相关市场的市场份额合计达到四分之三的。

有前款第二项、第三项规定的情形，其中有的经营者市场份额不足十分之一的，不应当推定该经营者具有市场支配地位。

被推定具有市场支配地位的经营者，有证据证明不具有市场支配地位的，不应当认定其具有市场支配地位。

《电子商务法》

第五条　电子商务经营者从事经营活动，应当遵循自愿、平等、公平、诚信的原则，遵守法律和商业道德，公平参与市场竞争，履行消费者权益保护、环境保护、知识产权保护、网络安全与个人信息保护等方面的义务，承担产品和服务质量责任，接受政府和社会的监督。

第十九条 电子商务经营者搭售商品或者服务,应当以显著方式提请消费者注意,不得将搭售商品或者服务作为默认同意的选项。

第七十七条 电子商务经营者违反本法第十八条第一款规定提供搜索结果,或者违反本法第十九条规定搭售商品、服务的,由市场监督管理部门责令限期改正,没收违法所得,可以并处五万元以上二十万元以下的罚款;情节严重的,并处二十万元以上五十万元以下的罚款。

18. 知识产权出资应当注意些什么?一般知识产权的排他许可是否可以作为一个出资设立企业的全部注册资本?

【风险提示与建议】

随着社会对知识产权的进一步重视,知识产权出资的形式越来越广泛。一般知识产权的排他许可作为知识产权的重要财产权益,可以作为企业的部分或者全部注册资本。

但是知识产权出资不同于一般的财产出资,在实际出资过程中有很多需要注意的问题,比较典型的有以下三个方面:(1)出资的形式与移转;(2)知识产权出资作价数额的合理确定;(3)知识产权权利不稳定时的处理。

首先,知识产权出资的形式和移转方式应该在出资合同中明确约定,并办理相应的官方移转手续,如果知识产权出资未明确约定转移形式和具体转移方式,出资人可能承担抽逃出资,出资不实的风险。

其次,知识产权出资作价额应当在出资时进行专业评估并进行备案,现在很多出资人以直接认缴作价的方式进行出资,在出现破产清算或者其他审计时,存在出资人出资不实的风险。

最后,由于知识产权不同于一般的财产性权益,存在权利不稳定的风险,对于知识产权出资人而言,如果出资时进行了转移,则出资已经完成,不能因为后续知识产权价值的变化而影响出资,但是对于其余股东和债权人而言,出资知识产权一旦被无效或者撤销,就不产生出资或者增资的实际效力,会对其余股东和债权人造成巨大的损失,为了规避这种情况,建议在出资合同中明确约定当出资的知识产权无效或者被撤销时如何处理。避免由此对企业财产、其余股东造成损失。

总之，对于知识产权出资应当谨慎处理，避免因一时之快，为后续纠纷“埋雷”。建议在实际操作过程中聘请专业律师进行处理，以尽早“排雷”，避免后续风险。

【相关法条】

《公司法》

第二十七条　股东可以用货币出资，也可以用实物、知识产权、土地使用权等可以用货币估价并可以依法转让的非货币财产作价出资；但是，法律、行政法规规定不得作为出资的财产除外。

对作为出资的非货币财产应当评估作价，核实财产，不得高估或者低估作价。法律、行政法规对评估作价有规定的，从其规定。

第二十八条　股东应当按期足额缴纳公司章程中规定的各自所认缴的出资额。股东以货币出资的，应当将货币出资足额存入有限责任公司在银行开设的账户；以非货币财产出资的，应当依法办理其财产权的转移手续。

股东不按照前款规定缴纳出资的，除应当向公司足额缴纳外，还应当向已按期足额缴纳出资的股东承担违约责任。

第三十条　有限责任公司成立后，发现作为设立公司出资的非货币财产的实际价额显著低于公司章程所定价额的，应当由交付该出资的股东补足其差额；公司设立时的其他股东承担连带责任。

最高人民法院《关于适用〈中华人民共和国公司法〉若干问题的规定（三）》

第十五条　出资人以符合法定条件的非货币财产出资后，因市场变化或者其他客观因素导致出资财产贬值，公司、其他股东或者公司债权人请求该出资人承担补足出资责任的，人民法院不予支持。但是，当事人另有约定的除外。

中国资产评估协会《专利资产评估指导意见》

第十一条　专利资产评估业务的评估对象是指专利资产权益，包括专利所有权和专利使用权。专利使用权是指专利实施许可权，具体包括专利权独占许可、独家许可、普通许可和其他许可形式。

执行专利资产评估业务，应当明确专利资产的权利属性。评估对象为专利所有权的，应当关注专利权是否已经许可他人使用及使用权的具体形式，并关注其对专利所有权价值的影响。评估对象为专利使用权的，应当明确专利使用权的许可形式、许可内容及许可期限。

中国资产评估协会《商标资产评估指导意见》

第十一条 商标资产评估对象是指受法律保护的注册商标权益。

执行商标资产评估业务,应当明确商标资产的权利属性。评估对象为商标专用权的,应当关注商标是否已经许可他人使用及具体许可形式。评估对象为商标许可权时,应当明确该权利的具体许可形式、内容和期限。

第十二条 注册商标包括商品商标、服务商标、集体商标、证明商标。商标资产评估涉及的商标通常为商品商标和服务商标。

第十四条 执行商标资产评估业务,应当关注商标资产的法律状态。商标资产的法律状态通常包括商标注册人及变更情况,商标续展情况,商标专用权质押情况,商标专用权权属纠纷及涉及诉讼情况等。

19. 具有重大研发成果的员工以专有技术出资入股,如何操作?

【风险提示与建议】

具有重大研发成果的员工以专有技术出资入股,涉及该重大研发成果权利归属问题,如果是员工自身完全享有权属的专有技术,企业可以按照一般的知识产权出资与员工进行合同约定;如果是企业分配给员工的工作任务所作出的专有技术,应当认为是职务发明创造,其权利应当归属于企业,员工本身不能以该重大研发成果进行出资,但是企业可以以员工为企业作出重大贡献为由进行股权激励,从而形成企业职工股。

进行股权激励的,如果是非上市企业,企业需要首先回购本企业股份以用于股权激励,该回购事项可以依照企业章程的规定或者股东大会的授权,经 2/3 以上董事出席的董事会会议决议。完成决议后,企业应当与员工签订股权激励合同,明确具体的股权激励方案,在股权激励合同中,应当约定持股比例、入股价格、出资来源、持股方式、股权分红、退股条件、退股期限、退股价格及其计算方式等如下条款。股权激励方案应当经董事会决议、股东会决议、职工代表大会决议通过并进行公示。

如果企业系上市企业,则需要对股权激励过程进行更为严格的规定,以符合《证券法》以及其他股权相关的行政管理办法。具体如下:

首先,回购股份应当通过公开的集中交易方式进行。上市企业具有下列情形之一的,不得实行股权激励:(1)最近一个会计年度财务会计报告被注册会计师出具否定意见或者无法表示意见的审计报告;(2)最近一个会计年度财务报告内部控制被注册会计师出具否定意见或无法表示意见的审计报告;(3)上市后最近36个月内出现过未按法律法规、企业章程、公开承诺进行利润分配的情形;(4)法律法规规定不得实行股权激励的;(5)中国证监会认定的其他情形。

其次,上市企业激励对象可以包括上市企业的董事、高级管理人员、核心技术人员或者核心业务人员,以及企业认为应当激励的对企业经营业绩和未来发展有直接影响的其他员工,但不应当包括独立董事和监事。外籍员工任职上市企业董事、高级管理人员、核心技术人员或者核心业务人员的,可以成为激励对象。单独或合计持有上市企业5%以上股份的股东或实际控制人及其配偶、父母、子女,不得成为激励对象。下列人员也不得成为激励对象:(1)最近12个月内被证券交易所认定为不适当人选;(2)最近12个月内被中国证监会及其派出机构认定为不适当人选;(3)最近12个月内因重大违法违规行为被中国证监会及其派出机构行政处罚或者采取市场禁入措施;(4)具有《公司法》规定的不得担任企业董事、高级管理人员情形的;(5)法律法规规定不得参与上市企业股权激励的;(6)中国证监会认定的其他情形。

最后,上市企业进行股权激励的,应当制定相关股权激励计划,具体计划中应当包括下列事项:(1)股权激励的目的。(2)激励对象的确定依据和范围。(3)拟授出的权益数量,拟授出权益涉及的标的股票种类、来源、数量及占上市企业股本总额的百分比;分次授出的,每次拟授出的权益数量、涉及的标的股票数量及占股权激励计划涉及的标的股票总额的百分比、占上市企业股本总额的百分比;设置预留权益的,拟预留权益的数量、涉及标的股票数量及占股权激励计划的标的股票总额的百分比。(4)激励对象为董事、高级管理人员的,其各自可获授的权益数量、占股权激励计划拟授出权益总量的百分比;其他激励对象(各自或者按适当分类)的姓名、职务、可获授的权益数量及占股权激励计划拟授出权益总量的百分比。(5)股权激励计划的有效期,限制性股票的授予日、限售期和解除限售安排,股票期权的授权日、可行权日、行权有效期和行权安排。(6)限制性股票的授予价格或者授予价格的确定方法,股票期权的行权价格或者行权价格的确定方法。(7)激励对象获授权益、行使权益的条件。(8)上市企业授出权益、激励对象行使权益的程序。(9)调整权益数量、标的股票数量、授予价格或者行权价格的方法和程序。(10)股权激励会计处理方法、限制性股票或股票期权公允价值的确定方法、涉及估值模型重要参数取值合理性、实施股权激励应当计提费用及对上市企业经营业绩的影响。(11)股权激励计划的变更、终止。(12)上市企业发生控制权变更、合并、分立以及激励对象发生职务变更、离职、死亡等事项时股权激励计划的执行。(13)上市企业与激励对象之间相关纠纷或争端解决机制。(14)上市企业与激励对象的其他权利义务。

总的来说,如果通过股权激励计划来奖励重大技术贡献员工,其具体操作流程极其复杂专业,建议企业在处理此类事项时积极寻求专业律师的帮助,以便于合法合规地处理相关事宜。

【相关法条】

《民法典》

第五百零九条　当事人应当按照约定全面履行自己的义务。

当事人应当遵循诚信原则,根据合同的性质、目的和交易习惯履行通知、协助、保密等义务。

当事人在履行合同过程中,应当避免浪费资源、污染环境和破坏生态。

《公司法》

第一百四十二条　公司不得收购本公司股份。但是,有下列情形之一的除外:

(一)减少公司注册资本;

(二)与持有本公司股份的其他公司合并;

(三)将股份用于员工持股计划或者股权激励;

(四)股东因对股东大会作出的公司合并、分立决议持异议,要求公司收购其股份;

(五)将股份用于转换上市公司发行的可转换为股票的公司债券;

(六)上市公司为维护公司价值及股东权益所必需。

公司因前款第(一)项、第(二)项规定的情形收购本公司股份的,应当经股东大会决议;公司因前款第(三)项、第(五)项、第(六)项规定的情形收购本公司股份的,可以依照公司章程的规定或者股东大会的授权,经三分之二以上董事出席的董事会会议决议。

公司依照本条第一款规定收购本公司股份后，属于第(一)项情形的，应当自收购之日起十日内注销；属于第(二)项、第(四)项情形的，应当在六个月内转让或者注销；属于第(三)项、第(五)项、第(六)项情形的，公司合计持有的本公司股份数不得超过本公司已发行股份总额的百分之十，并应当在三年内转让或者注销。

上市公司收购本公司股份的，应当依照《中华人民共和国证券法》的规定履行信息披露义务。上市公司因本条第一款第(三)项、第(五)项、第(六)项规定的情形收购本公司股份的，应当通过公开的集中交易方式进行。

公司不得接受本公司的股票作为质押权的标的。

《上市公司股权激励管理办法》

第七条　上市公司具有下列情形之一的，不得实行股权激励：

(一)最近一个会计年度财务会计报告被注册会计师出具否定意见或者无法表示意见的审计报告；

(二)最近一个会计年度财务报告内部控制被注册会计师出具否定意见或无法表示意见的审计报告；

(三)上市后最近36个月内出现过未按法律法规、公司章程、公开承诺进行利润分配的情形；

(四)法律法规规定不得实行股权激励的；

(五)中国证监会认定的其他情形。

第八条　激励对象可以包括上市公司的董事、高级管理人员、核心技术人员或者核心业务人员，以及公司认为应当激励的对公司经营业绩和未来发展有直接影响的其他员工，但不应当包括独立董事和监事。外籍员工任职上市公司董事、高级管理人员、核心技术人员或者核心业务人员的，可以成为激励对象。

单独或合计持有上市公司5%以上股份的股东或实际控制人及其配偶、父母、子女，不得成为激励对象。下列人员也不得成为激励对象：

(一)最近12个月内被证券交易所认定为不适当人选；

(二)最近12个月内被中国证监会及其派出机构认定为不适当人选；

(三)最近12个月内因重大违法违规行为被中国证监会及其派出机构行政处罚或者采取市场禁入措施；

（四）具有《公司法》规定的不得担任公司董事、高级管理人员情形的；

（五）法律法规规定不得参与上市公司股权激励的；

（六）中国证监会认定的其他情形。

第九条 上市公司依照本办法制定股权激励计划的，应当在股权激励计划中载明下列事项：

（一）股权激励的目的；

（二）激励对象的确定依据和范围；

（三）拟授出的权益数量，拟授出权益涉及的标的股票种类、来源、数量及占上市公司股本总额的百分比；分次授出的，每次拟授出的权益数量、涉及的标的股票数量及占股权激励计划涉及的标的股票总额的百分比、占上市公司股本总额的百分比；设置预留权益的，拟预留权益的数量、涉及标的股票数量及占股权激励计划的标的股票总额的百分比；

（四）激励对象为董事、高级管理人员的，其各自可获授的权益数量、占股权激励计划拟授出权益总量的百分比；其他激励对象（各自或者按适当分类）的姓名、职务、可获授的权益数量及占股权激励计划拟授出权益总量的百分比；

（五）股权激励计划的有效期，限制性股票的授予日、限售期和解除限售安排，股票期权的授权日、可行权日、行权有效期和行权安排；

（六）限制性股票的授予价格或者授予价格的确定方法，股票期权的行权价格或者行权价格的确定方法；

（七）激励对象获授权益、行使权益的条件；

（八）上市公司授出权益、激励对象行使权益的程序；

（九）调整权益数量、标的股票数量、授予价格或者行权价格的方法和程序；

（十）股权激励会计处理方法、限制性股票或股票期权公允价值的确定方法、涉及估值模型重要参数取值合理性、实施股权激励应当计提费用及对上市公司经营业绩的影响；

（十一）股权激励计划的变更、终止；

（十二）上市公司发生控制权变更、合并、分立以及激励对象发生职务变更、离职、死亡等事项时股权激励计划的执行；

（十三）上市公司与激励对象之间相关纠纷或争端解决机制；

(十四)上市公司与激励对象的其他权利义务。

第十条　上市公司应当设立激励对象获授权益、行使权益的条件。拟分次授出权益的,应当就每次激励对象获授权益分别设立条件;分期行权的,应当就每次激励对象行使权益分别设立条件。

激励对象为董事、高级管理人员的,上市公司应当设立绩效考核指标作为激励对象行使权益的条件。

20. 知识产权质押需要注意什么?

【风险提示与建议】

知识产权质押,是指知识产权权利人以合法拥有的专利权、注册商标专用权、著作权等知识产权中的财产权为质押标的物出质,以获取其他财产利益的行为。

从一般的司法实践来看,知识产权质押主要应当注意以下几个方面的问题:(1)设立知识产权质押的,应当签订明确的书面合同;(2)质押合同签订后,应当向有关部门办理质押登记,质押合同自登记之日起生效,质权自有关部门办理出质登记时设立;(3)质押过程中,如果合同未约定,未经质权人同意,出质人不得转让或者许可他人使用;(4)质押完成后,虽然质权人能够取得质权,但并不享有将知识产权许可或者转让给其他人的权利。当然,知识产权质押还涉及其他很多问题,上文仅就几个常见事项简述。

总体来说,知识产权质押相对于其他财产质押而言,权益涉及许可、侵权、转让等问题,非常复杂,因此建议企业在处理此类法律事项时,聘请专业律师进行处理,以更好地维护自身权益。

【相关法条】

《民法典》

第四百三十一条　质权人在质权存续期间,未经出质人同意,擅自使用、处分质押财产,造成出质人损害的,应当承担赔偿责任。

第四百四十四条　以注册商标专用权、专利权、著作权等知识产权中的财产权出质的,质权自办理出质登记时设立。

知识产权中的财产权出质后,出质人不得转让或者许可他人使用,但是出质人与质权人协商同意的除外。出质人转让或者许可他人使用出质的知识产权中的财产权所得的价款，应当向质权人提前清偿债务或者提存。

21. 什么是知识产权保险？知识产权保险对企业有何用途？

【风险提示与建议】

一方面，知识产权尤其是专利具有较强的技术和法律属性，维权难、维权周期长、维权成本高成为较为普遍的问题，直接影响权利人的维权热情。许多中小微企业便是因为上述问题最终放弃维权，未能阻止侵权行为，严重影响了企业的研发热情。另一方面，他人已存在的知识产权浩如烟海，从事生产、制造的企业，难免在经营过程中无意地侵犯到他人知识产权，导致企业需要额外支出诉讼费用及赔偿费用。知识产权保险则可帮助企业解决或弱化上述问题带来的不利影响。

在世界范围内，知识产权保险是一个早已存在的产品。通常来说，知识产权保险的承保范围既包括被保险人被控侵犯他人知识产权所产生的相应责任，也包括被保险人被他人侵犯知识产权时，主动提起诉讼所产生的相关责任。前者称为知识产权侵权保险，后者称为知识产权执行保险。[1]

我国的知识产权保险产品尚处于发展的初期。近几年，北京市开展了一些有关于知识产权保险的试点工作。根据《北京市知识产权保险试点工作管理办法》的规定，在北京市试点的知识产权保险产品为“试点专利执行保险”以及“试点专利被侵权损失保险”。其中，专利执行保险，是在投保专利被侵权时，赔偿被保险人因正常维权而产生的调查费用、法律费用等的保险。专利被侵权损失保险，是在投保专利被侵权时，赔偿被保险人因被侵权造成的直接经济损失的保险。由此可知，目前国内试点的保险险种主要针对专利权人，其目的主要是补偿专利权人维权费用，或用于在维权难以成功获赔的情形下补偿专利权人的一定经济损失，从而鼓励企业积极获得知识产权以及积极维权。

随着我国知识产权保护力度的不断加大，知识产权维权诉讼必然更加

〔1〕 参见史晓晨：《浅议知识产权保险》，载《东方企业文化》2013 年第 15 期。

频繁地发生,有投保需求的企业不妨关注。

【相关法条】

《北京市知识产权保险试点工作管理办法》

第七条　试点专利执行保险是指在投保专利被侵权时,赔偿被保险人因正常维权而产生的调查费用、法律费用等的保险。

当被保险人向法院提起诉讼请求、向仲裁机构提出仲裁请求、向管理专利工作的部门提出行政裁决请求后被立案或受理时,保险公司按照保险合同约定给予赔偿。

第八条　试点专利被侵权损失保险是指在投保专利被侵权时,赔偿被保险人因被侵权造成的直接经济损失的保险。

当被保险人提起维权请求,并经法院判决、裁定或调解书生效,或者仲裁机构的仲裁文书生效,或者管理专利工作的部门作出的行政裁决书或主持下达成的调解协议书生效后,保险公司按照保险合同约定给予赔偿。

编写说明

为了帮助企业识别风险，尽早做好知识产权的管理和风险控制，做好知识产权合规工作，大成律师事务所深圳办公室知识产权部集合部门力量撰写了本书。全书完成后由本部法学博士、前资深法官徐瑞顾问进行了审核、校对，以确保本书质量。

全书分工撰写如下：

专利篇的问题1、15、18～20、24、31、32、34、38～40、42、45、46、50、51由孙大勇完成；问题2、3、8、10、25、33由张勇、肖寒梅、卜韬完成；问题4、9、17、21～23由孙大勇、刘芸芸完成；问题5、6、16、26、28、30、37、41、43、48、49、54～56由孙大勇、周蓉完成；问题7、12～14、57由孙大勇、周芮完成；问题11、27、35、36、44、47、52、53由熊静完成，问题29由周蓉、刘芸芸、张勇完成。专利篇全篇由孙大勇统稿、编纂。

商标篇的问题1～4、6、9～12、15～22、24、25、30～36、38、40、45、48由王海风、王宣玲、李雪雁完成；问题5、7、29、42～44、47由孙大勇、刘孝璇完成；问题8、13、14、23、26～28、39、46由李海霞完成；问题37、41由张勇完成。商标篇全篇由王海风统稿、编纂。

著作权篇的问题4、15、16、24由张勇完成；问题9～11、13、17、22、25、31由孟海完成；问题1、3、6、7、12、14、23、26～28、42由朱刘飞、陈盼完成；问题2、5、8、18、21、29、30、32、34～36由赵龙完成；问题19、20、33、37～41由许秋霞完成。著作权篇全篇由赵龙统稿、编纂。

商业秘密与竞业禁止篇的问题1、2、8、14由孙大勇、周蓉完成；问题3～7、18由孙大勇、周芮完成；问题9～13、15～17由邓宏昌完成。商业秘密与竞业禁止篇全篇由孙大勇统稿、编撰。

集成电路布图设计篇的问题 1 ~4、7、9、10 由孙大勇、周芮完成;问题 5、6、8、11 ~17 由孙大勇完成。集成电路布图设计篇全篇由孙大勇统稿、编撰。

不正当竞争及其他篇问题 1、2、5、6 由孙大勇、刘孝璇完成;问题 3、12、13、15 ~20 由孙大勇、周芮完成;问题 4、10 由孙大勇、周芮、刘孝璇完成;问题 7、11 由孙大勇、周蓉完成;问题 9 由孙大勇、周蓉、刘孝璇完成;问题 8、14 由孙大勇完成;问题 21 由孙大勇、刘芸芸完成。不正当竞争及其他篇全篇由孙大勇统稿、编纂。

本书编写主要基于本部律师目前的司法实践和经验认知,疏漏之处在所难免。欢迎社会各界批评指正,多提宝贵意见,以便我们下一步更好地做好本书的修订、再版工作!

后记

很荣幸，大勇主任让我来写《企业知识产权合规实务与指引》这本书的后记。坦白讲，大勇律师提议由知识产权部编纂这本书时，我持支持的态度，但我对部门能够顺利完成这本书并没有抱很大希望。因为涉及的律师人数超过十个，协调是个大问题，每个律师对于处理此事的心态也不完全一样，能否顺利完成？完成的质量怎样？都是问号。2017 年，律所曾让我负责知识产权部工作，我当时提出做一本《2017 年大成深圳知识产权部年鉴》的想法，也得到了大多数同事的支持，大概历时半年完成了那本书。团队同事投入了巨大精力来做此事，做出来的东西却褒贬不一。因此，我对大勇律师牵头编纂《企业知识产权合规实务与指引》的勇气很赞赏，但对能否顺利完成，心里没底。没想到，大勇律师凭借强大的领导能力、协调能力和执行力，保质保量地完成了工作，可喜可贺。这次编纂工作，知识产权部精锐尽出，不仅使专利、商标、著作权、商业秘密与竞业禁止、集成电路布图设计以及不正当竞争等领域的重点难点问题得到了系统梳理，也使知识产权部优秀同仁得到了一次集体亮相和展示的机会。

十年前，我们刚刚组建知识产权部，闫洪师律师、李海霞律师还有我，部门就三个律师专注于知识产权业务，我们的专业化工作做得很艰难。既要推进专业化，又要抓创收，精力很难集中。部门要开展专业化活动，没经费，人手也跟不上。尽管闫洪师律师、李海霞律师以及我个人投入了很多精力，专业化的工作始终做得不温不火。

2015 年，随着大成与 Dentons 的合并，我们加快了人才引进工作，这些年来先后引进了孙大勇律师、熊静律师、王海风律师、徐瑞顾问、孟海律师、朱刘飞律师,培养了赵龙律师、许秋霞律师、任婉霞律师、周蓉律师、周芮律师、刘孝璇律师、陈盼律师、马祥程律师、黄磊律师……我们的知识产权队伍逐渐成长起来,开始正规化组织活动。通过团队化投入精力进行业务研究,系统开展业务交流,积极组织、参与各种活动,知识产权部在深圳律师界,广东律师界,大成中国区,甚至全国知识产权界,都有了一定的知名度。我想,在大勇律师的带领下,在全体知识产权部同仁的不懈努力下,知识产权部一定会越来越好,一定会成为大成深圳的一面旗帜!

致以良好祝愿。

张 勇

北京大成(深圳)律师事务所

高级合伙人

2023 年 2 月 12 日